创意写作书系

新闻写作的艺术

The Complete Guide to Article Writing

［美］纳维德·萨利赫（Naveed Saleh）　著

陶　娟　译

中国人民大学出版社

·北京·

“创意写作书系”顾问委员会

致父亲——我想念您。

序

在当下，写一本关于写作的书——或者更具体地说，关于新闻写作的书，实属不易。你也许期望这本书是一份调查。然而，对于一个处在不断变化的行业、领域，又谈何调查？报纸业在萎缩，越来越多的记者加入失业大军，曾经需要花钱去购买的新闻，如今在互联网上“免费”可得。

很显然，过去行之有效的东西也许会成为明日黄花。新闻业历史悠久，却日渐过时。为了生存，今天的记者必须要了解新媒体、捍卫新媒体。互联网、博客、社交媒体、智能手机新闻成为我们新的交际内容。今天的记者不仅要像从前那样关注风格与结构这方面的学习，还要关注并学习如何去设计网站，如何去搭建一个强大的社交网络。即使你“只是想写写文章”，也必须要培养各种各样的技巧，以便使自己的梦想成为现实。

但是，对于那些渴望成功、具备技巧、诚实和独具创意的人而言，这是一个奇妙的时代。过去那些威严的制度，如今已被美国西部典型的拓荒心态所替代。时代需要具有创业精神的人，需要勇于打破习俗的人。只有那些能抓住读者的注意力、产生数字营销收入的创意，才能够孕育成功。

希望通过本书，能够把我所了解到的关于写作的一切，毫无保留地教给你。当然，我会教给你有关写作的风格、结构、访谈、叙述、职业道德、投稿信、写作平台、如何出版，诸如此类的东西。但我也会帮助你了解新闻业的历史、现状，以及可能面临的未来。任何人如能理解本书中的概念，将会更深入地了解这一领域。我深信，这将帮助你成为一位更加优秀的作者，帮助你获取成功，最终你会看到你的名字出现在纸版作品或网络作品的署名处。

请不要泛泛地浏览这本书；请认真阅读全书，并将它作为一本参考书看待。

我要说的是，能用自己的文字以飨读者，我深感荣幸，我也会尽力确保书中的信息来自某些伟大的思想。请将本书中学到的知识尽情分享给你的朋友和同学们，因为这些知识都已得到证实。我花了几年的时间认真研究这本书；花了几个月的时间，与来自国家消费者杂志、行业杂志、报纸、大学机构等领域的专家深入交流；吸收借鉴了很多著作文章，包括乔恩·富兰克林（Jon Franklin）、罗伊·彼得·克拉克（Roy Peter Clark）、威廉·津瑟（William Zinsser）和威廉·E. 布隆代尔（William E. Blundell）①，等等；阅读了大量期刊和研究文章；甚至利用自己对于大众文化、金融、心理、医学以及其他领域的了解，来使得本书更富有趣味性。

作为更普遍意义上的新闻学监护人，对此，我也深感荣幸。新闻业是一个古老的行业——甚至比娼妓行业更为古老。早期的那些预言家们深信，自己是在为上帝代言。

我想，大多数撰写此类书籍的人，都花费了毕生的精力以期攀登职业的高峰，到达顶点歇息时才传道授业。书成为某些放大的自我的一种延续。我当然不能假装自己如此这般的饱经沧桑。事实上，我很早就认识到这一点，因而加倍努力，以期呈现出最好的作品。

起初，我接受的是科学（医学）写作的培训，因此，本书有时会倾向于从科学研究的视角来评估分析写作技巧。再者，我也觉得，每一种类型的作者都能从这种科学的视角中获益。但是，值得注意的是，也有一些不可思议的新闻学者从人文主义或创意写作的角度来看待写作技巧。我也尽力将这类看法一并介绍给读者，使读者可以更为全面地了解。

---

① 威廉·E. 布隆代尔在中国出版了的两本书：《蝴蝶飞不过沧海》（接力出版社，2006）和《〈华尔街日报〉是如何讲故事的》（华夏出版社，2006）。如无特别说明，本书脚注均为译者所做。

关于词语的使用，你会看到“作者”、“记者”或“文章”、“故事”等类似词语替换使用。（如果你正在读这本书，并且有兴趣成为一个撰稿人，可以自称“记者”——正如我后面提到的，新闻写作不需要从业执照。）在新闻领域，有很多词语缺乏清晰的、具有可操作性或实用性的定义，还有些词的定义很宽泛，比如“来源”一词，可以指人（受访者），也可以指书面材料。此外，“清晰”（coherent）这个词也有意思上的细微差别。一个“清晰的”解释，可以指一个连贯一致的解释、一个清晰明了的解释，抑或是一个可以选择的解释（也可能三者兼而有之）。当以更加理论的术语描述新闻业务时，最后一个意思是关键。

对于新生代作家而言，获得现实生活经验的职业机会变得越来越少。因此，让读者适应新闻编辑室的各种术语行话就很重要。这也是我之所以有时用不同的方式提到文件或想法的缘由。例如，当我提到特辑、专题、特约稿件，等等，所有这些术语指的都是同一类型的故事。锻炼自己听懂行话的能力，这对于任何人来说都有益，包括那些也许永远不用在实体环境中工作的自由作家，抑或是文章最终要进入新闻编辑室的作者。

我尽力按照我所说的风格和结构进行写作，努力保持连贯一致，但我承认，书中也许还是偶尔有疏忽——有意或无意地。请记住，风格和结构需要用一生的时间去学习，而且，最重要的是，这里给出的只是清晰的指导，并非教条。聪明的读者也会注意到，我有些关于风格的建议与出版本书的作家文摘出版社并不相同，包括数字的使用、全称单数代词的使用等，这都无所谓……出版社与作者本人各有所好！

我曾询问我的硕士导师芭芭拉·加斯特尔（Barbara Gastel）博士：写书的经历像什么？她告诉我，写书的经历就如同写几篇特稿。

而写这本书，我感觉像是写了二十篇特稿，每一篇都有截止日期（我绝对是以一个记者的心态来对待本书的）。我花了大量时间为本书收集信息，寻找信息的来源，确保信息得到证实、透明、一致。幸运的是，关于新闻、风格和写作，世界上到处都是有益的信息，每天都有新的信息和研究成果涌现出来。

希望本书中的信息和编辑们的精心投入，能够帮助你找到自己的声音。希望这个声音能够给无数的人带来启迪与乐趣。

祝你身体健康，享受本书。如有任何意见或建议，请随时给我发电子邮件。

纳维德·萨利赫

2013 年 4 月 8 日

前　言

“看一次，做一次，教一次”，这是医学院的箴言，也是纳维德·萨利赫在《新闻写作的艺术》一书中继承和发扬的传统。这本书从内容到风格都是对这一箴言的践行，而且取得了很大的成功。

我与萨利赫相识于 2008 年，当时他申请了得州农工大学的科学新闻写作的研究生项目，我恰好是这个项目的协调人。和我一样，作为一名医学院的学生，萨利赫最大的兴趣却是写作编辑。萨利赫在我们的项目中展现了卓越的能力素质和奉献精神，这两点也促使他创作出了这部非常有价值的著作。

这本书让我深切地感受到，认识萨利赫，并且能助力他的教育成长是件无比骄傲的事情。本书围绕主题，进行了大量深入的研究，广泛吸收大众刊物和学术文献的成果，收入了很多对学术界和媒体界精英的深度访谈内容。这是一部恰逢其时且永不褪色的著作，其中既包含了经典的写作建议，也有关于互联网媒体工作的现实指导。打开书来，这样的例子不胜枚举。全书语言干脆利落，可读性强，时而机智、时而犀利，并且参考了十分丰富的文献。简而言之，这本书不仅告诉了我们怎样写出好文章，其本身也是对这一技巧的精彩展示。

看一次，做一次，教一次。

我与萨利赫相识的这些年，萨利赫在课堂上、在自己的写作中，见过很多美文，也为杂志和网络刊物撰写过诸多佳作。如今，通过这本书，萨利赫把好文章的写作技巧传授给了读者。我非常享受本书的阅读过程，并且从中获益良多，我会将它推荐给我的学生们，在此，我也郑重地推荐给您。

芭芭拉·加斯特尔（Barbara Gastel）

目录

1 新闻业的过去、现在和未来概述

对于任何想要为报纸、杂志撰稿的人而言，了解媒体的历史都有益无害。本章将审视美国报业和杂志业的历史、现状，以及可能面临的未来。尽管这两个行业的发展有相当一部分是交叉的，但是为了便于读者理解，我将分别论述报纸和杂志。

在开始之前，我想强调一点：在本书中，我提倡用优质的百科全书作为消息来源，不要用维基百科。尽管维基百科是免费的，内容涵盖各个领域，但是在这个网站上，不是所有的信息都是透明的、可以证实的、前后一致的。我在本章以及其他章节中采用的很多历史信息都是来自《不列颠百科全书》（*Encyclopedia Britannica*），这也是“旧媒体”力量的证明。

报纸

美国新闻业的开始与美国的革命诉求息息相关。当时，美国仍处于殖民统治之下，英国尽一切努力压制殖民地人民的言论自由。例如，1690 年，本杰明·哈里斯（Benjamin Harris）试图出版《国内外公共事件报》（*Publick Occurences Both Foreign and Domestick*），这一努力很快遭到马萨诸塞州州长的阻挠。最终，对言论自由的压制激起了美国开国元勋们对民主的热情。

殖民地的早期编辑关心的是为子孙后代记录美国革命的历史，支援革命运动。1719 年，本杰明·富兰克林（Benjamin Franklin）的哥哥詹姆斯（James）帮助创立了《波士顿公报》（*Boston Gazette*），波士顿倾茶事件（Boston Tea Party）[①] 就是在该报社的密室中策划的。

---

① 波士顿倾茶事件又称波士顿茶党事件，是发生在 1773 年 12 月 16 日的政治示威，因北美人民不满英国殖民者的统治，当地人塞缪尔·亚当斯率领 60 名“自由之子”化装成印第安人潜入商船，把船上价值约 1.5 万英镑的 342 箱（约为 18 000 磅）茶叶全部倒入大海，以此来对抗英国国会，最终引发美国独立战争。

《宪法第一修正案》保护言论自由与新闻自由。报纸编辑充分利用了这份新获得的自由。到了19世纪初，很多报纸成为政治批评与政治攻击的舆论阵地。然而，最终，报纸的焦点从支持民主转向了营利。19世纪的报纸可以大致分为两类：一类是严肃的刊物，一类是成功的商业性刊物。此时的报社开始聘用新闻记者写稿，很多记者本身就备受尊敬。在美国内战期间，有些记者报道战争暴行，帮助阻止暴行，这些记者甚至比他们报道的士兵更为人称道。

不是所有的报社都请得起全职记者。因此，1851年，因创办路透社闻名的保罗·朱利叶斯·路透（Paul Julius Reuter）利用新发明的电报在伦敦开设通讯社，成为信息的传播者。与此同时，1846年左右，美国一些报社成立了联合社，集中资源共享内容，报道墨西哥与美国战争。这一联合社最初被称为"纽约联合社"，后来成为美联社。美联社在引入联合新闻方面起到积极的推动作用，联合新闻以客观与基于事实的报道著称。

公民识字率的上升、电报的发明、火车运输业的发展，以及后来的莱诺铸排机等的发明，为美国报业的发展创造了良好的环境。1835年，本杰明·H. 戴（Benjamin H. Day）创办了第一份"便士报"《纽约太阳报》（*The New York Sun*），满足了大众消费者对了解俗情轶事的渴望。

这一时期的报纸很大程度上奠定了现代新闻业的基础。1835年，《纽约先驱报》（*New York Herald*）成为第一家完全独立的报纸，该报独立于任何一个政党。《纽约先驱报》内容丰富，富有娱乐性，包括以哗众取宠的方式包装新闻、评论。1841年，霍勒斯·格林利（Horace Greeley）创办《纽约论坛报》（*New-York Tribune*），旨在捍卫格林利的事业，即废除奴隶制。与此同时，在更加粗犷的边疆地区，《芝加哥论坛报》（*Chicago Tribune*）以耸人听闻的内容去娱乐那些更富冒险精神的读者。在南方，《亚特兰大宪章报》（*The Atlanta Constitution*）等报纸重构了美国内战后的公民意识。这一时期最值得注意的事件就是，《纽约时报》（*New York Times*）编辑拒绝坦慕尼协会政治“老板”特威德（Tweed）的500万美元贿赂，并将这一事件揭露出来。如此一来，《纽约时报》帮助确立了普遍而持久的新闻独立性与诚实性。

19世纪90年代，报纸编辑的声望让位于报业巨头的统治。报业巨头通常拥有多家报纸，他们更在乎的是通过发行量与广告收入赚钱，而不是报道“硬新闻”①。新闻业由此步入黄色新闻时代。

具体而言，“黄色新闻”指的是纽约出版商约瑟夫·普利策（Joseph Pulitzer）与威廉·伦道夫·赫斯特（William Randolph Hearst）关于读者和经济主导权的争夺。（有趣的是，“黄色新闻”一词来源于普利策的《纽约世界报》与赫斯特的《纽约日报》之间的雇员之争，涉及名为“黄孩子”的漫画专栏。最后的结果是，两家报纸都刊登了该漫画专栏）。两人都来自艰苦的边疆，都为刊物注入了戏剧性的煽情。但是，普利策是理想主义者，他尽最大努力维持编辑的独立性，揭露犯罪行为，坚持自己的理想。赫斯特则不然，为了卖报，他不顾一切，甚至不惜捏造新闻，煽动美国在古巴问题上对西班牙发动战争。

可以说，黄色新闻时代的社会意义微乎其微。然而，在如今的互联网、电视和追求煽情效果的纸质媒体中，我们依然能感觉到黄色新闻的影响。例如，2013年，塞浦路斯政府威胁说将征用公民银行存款账户，媒体抓住这一大好机会，进行大肆渲染。煽情的媒体报道使得人们纷纷冲向银行，试图撤回存款。此外，煽情风格也对现在的纸质刊物产生了重要影响。例如，目前使用的头条新闻、彩色漫画，以

① 硬新闻是指纯消息报道，与软新闻相对，即题材比较严肃、具有一定时效性的客观事实报道。

及大量的插图都源于黄色新闻的实践。

到了 20 世纪初，黄色新闻的影响逐渐削弱，随之而来的是“扒粪”[①] 时代。这一时期的新闻更加严肃，致力于揭露腐败和社会黑暗面。林肯·斯蒂芬斯（Lincoln Steffens）是早期的“扒粪者”，他于 1904 年出版的《城市的耻辱》（*The Shame of the Cities*）一书揭露了政府与改革煽动中的腐败现象。这一时期的出版商不仅仅关心报纸在商业上是否成功，也开始关心报纸的社会影响力。这一改变可以追溯到两个重要的发展：第一，强大的出版商努力与此前的“坏”新闻（黄色新闻）保持距离，如报业巨头爱德华·斯克里普斯（Edward Scripps）与阿道夫·S. 奥克斯（Adolph S. Ochs）的《纽约时报》；第二，新闻实践变得更加学术。新闻学院与新闻协会如雨后春笋般成立。伴随正式教学法的诞生，人们开始意识到，新闻记者应该服务于公众利益。

尽管在冷战时期，客观中立的新闻仍然受人们欢迎，但是，到了 20 世纪 20 年代，报纸编辑和新闻记者开始清晰地认识到，对公众而言，正统或客观的报道通常没有什么意义，特别是报道复杂的社会、经济和政治事件。例如，在大萧条之后，读者需要通过报纸理解新政（New deal）[②]。之后，随着法西斯主义的崛起，读者需要通过报纸理解德国、意大利和日本发生的事情。

为了帮助公众理解世界上正在发生的事情，报纸开始进行新闻分析，这一实践被称为“解释性新闻”。尽管也有主观因素要求记者与

---

① 扒粪运动又称“揭丑运动”。19 世纪下半叶，美国商品经济得到高度发展，资本主义从自由竞争走向了垄断，对内根本无视雇员的利益，对外以迫害公众利益作为赚钱的重要手段，奉行所谓“只要我能发财，让公众利益见鬼去吧”的经营哲学，引起了社会公众舆论的强烈不满和抨击，出现了 2 000 多篇揭露实业界丑闻的文章，形成了近代美国史上著名的“扒粪运动”。

② 新政是指美国总统罗斯福上任后在 1933—1936 年所推行的一系列经济改革计划，包括企业合并、解决就业、金融改革，最终将美国从大萧条中带领出来。

编辑采取一定的立场，但是这种立场通常是基于大多数人眼中的“民主”和“道德”的正确的意识形态。起初，报纸编辑和记者小心翼翼地对新闻进行判断，但是几年过去之后，他们感到更加自如，特别是进行国内和国际新闻报道时。（报道地方性事件时，新闻记者和编辑对于解释性报道更加犹豫。20 世纪 90 年代，随着公民新闻的兴起，这一状况随之改变。）

学术刊物《新闻季刊》（*Journalism Quarterly*）的“传统主义者”公开指责 20 世纪 40 年代的大多数报纸没有对新闻进行解释分析，解释性新闻迎来了胜利。然而，应该指出的是，有些传统主义者仍然对解释性新闻的价值持怀疑态度，也不确定这一实践是否超越了解释的界限，演变成了辩护。实际上，另一份学术期刊《尼曼报告》（*Nieman Reports*）上的一篇文章将解释性报道与社论相提并论。

尽管人们对解释性新闻仍然心存疑虑，但是到了 20 世纪 70 年代，包括《纽约先驱论坛报》（*New York Herald Tribune*）、《新闻周刊》（*Newsweek*）、《纽约时报》在内的大多数知名刊物都接受了这一报道方式，并采用这一方式报道公民权利问题、越南战争与水门事件。（在很多刊物中，解释性报道被称为“新闻分析”。）记者与出版商们看到解释性报道深受青睐，特别是加上调查与研究，解释性新闻开始蓬勃发展。比如，菲利普·迈耶（Philip Meyer）曾是奈特·里德（Knight Ridder）报业集团的记者，他所著的《精确新闻报道》（*Precision Journalism*）一书产生了广泛的影响，该书就是依靠研究和解释来揭露罪行的。

到了 20 世纪第一个十年的中后期，解释性新闻报道广受欢迎，成为新闻报道领域的两大变化之一。这一时期发生的另外一大变化就是“新新闻运动”。新新闻运动植根于过去时代的作家所拥护的文学新闻，包括斯蒂芬·克兰（Stephen Crane）、约翰·里德（John Reed）、约翰·多斯帕索斯（John Dos Passos）与詹姆斯·阿吉（James Agee）。新新闻的出现主要围绕20世纪60年代的反主流文化、毒品、性与越南战争。

杜鲁门·卡波特（Truman Capote）、琼·迪迪翁（Joan Didion）、诺曼·梅勒（Norman Mailer）、亨特·S. 汤普森（Hunter S. Thompson）与汤姆·沃尔夫（Tom Wolfe）等作家开始采用叙事和创意写作要素撰写非小说类文学作品，这些要素包括符号、意象、心情和小说结构。在作品（和现实生活中），作者与人物间接建立了联系，他们也会不加掩饰地发表观点，反映了鲜明的世界观。

2001年，斯科特·舍曼（Scott Sherman）在《“新”新闻》（“New” Journalism）的文章中写道：“在令人兴奋的20世纪60年代，新新闻达到了顶峰。这是那一代人对冷战时期新闻的风格与政治限制的反叛，是对那些大都市报的单调、超然的写作风格与《鲁斯杂志》（*Luce Magazine*）机器式文风的反抗。”最终，人们认识到新闻可以融入故事要素，这影响了无数新闻记者的写作。比如，在乔恩·富兰克林（Jon Franklin）的文章《凯利夫人的怪物》（Mrs Kelly's Monster）中，新新闻的影响就清晰可见。这篇文章于1979年荣获第一届普利策特稿写作奖。（读者可以在乔恩·富兰克林的个人网站上看到这篇文章。）

20世纪90年代，大多数新闻编辑室都发生了两波变化。第一波涉及结构的调整。2000年，在一篇题为《读者友好》（Reader Friendly）的文章中，卡尔·塞申斯·斯特普（Carl Sessions Stepp）写道：“报纸使得管理扁平化，推倒了‘草皮的土墙’，建立了团队，重新定义了头衔。”

20世纪90年代发生的第二波变化涉及的是：报道的焦点是公民新闻，还是公共新闻。社区问题成为报道的核心。新闻的来源不再局限于“精英”或专家，社区成员开始占据主要地位。对于有争议的事件，人们要么选择回避，要么根据社区的实际情况提出解决方案。整个新闻编辑室对社区事务非常敏感，这决定了哪些报道可以刊登，哪些则不能刊发。报道决策不再是自上而下、由最高级编辑来传达，而是自下而上、依靠民意来决定。

有趣的是，斯特普对有些人抱怨，公民或公共新闻运动感觉是被迫的，对很多故事缺乏兴趣与热情。有些故事看上去似乎是为了迎合公共利益。《纽约时报杂志》（*New York Times Magazine*）编辑亚当·莫斯（Adam Moss）也悲叹道：“这一时代的新作家缺乏远大的抱负与创新的意识——他们需要被人告知写什么东西。”

到了21世纪第一个十年的中期，互联网再次改变了新闻编辑室。在线新闻编辑室开始与纸质媒体的新闻编辑室合并，新闻全天24小时播放。大型新闻编辑室也开始为电视、多媒体工作室贡献一些空间。高科技报道成为“X一代”① 与“Y一代”② 记者证明自己勇气的机会。（这些年轻的记者中有很多人是“数字原生代”，在他们出生的时代，互联网已经得到广泛应用，这些人是在使用互联网中长大的。）很多报纸开始为互联网提供新闻，在纸质版中更新和分析新闻。

2000年，来自韩国的媒体创业者吴延浩（OhYeon-Ho）宣称：“每一个公民都是记者”。吴延浩帮助创立了公民新闻网站（ohmy-news），该网站的新闻来源是普通民众。2007年，该网站拥有55 000名供稿人，来自100多个国家。

---

① “X一代”概念来自美国，出生年份界定稍有不同，通常指出生于20世纪60年代中期至70年代末的美国人。

② “Y一代”概念来自美国，即在“X一代”之后的一代人，出生年份界定稍有不同，通常指出生于1980—1995年间的人，更侧重于指“80后”。

事实证明，在动荡时期，公民记者的兴起很有吸引力。比如，2009 年，在内贾德总统大选获胜、连任总统之后，伊朗公民记者参与了反对游行，他们通过互联网报道新闻。与此类似，2010 年、2011 年，公民新闻在“阿拉伯之春”① 中也发挥了关键作用，推动了埃及总统穆巴拉克与利比亚领导人卡扎菲的下台。

目前，公民新闻的一个显著产物就是“特技”新闻或者“实事”新闻，最知名的就是总部位于布鲁克林的美国数字内容公司 VICE Media。来自 VICE 的代表小心翼翼，避免被称为“记者”。事实上，他们试图在其他媒体组织不太可能访问和记录事件结果的地方，提供有新闻价值的新闻事件。VICE 记录了利比里亚内战（与人吃人的现象）、保加利亚的炸弹采购，2013 年在朝鲜举办的篮球表演赛，球星丹尼斯·罗德曼（Dennis Rodman）参加了该比赛，朝鲜领导人金正日也出席了该比赛。另外，VICE 与老牌媒体巨头合作，包括美国有线电视新闻网（Cable News Network，简称 CNN）与有线电视网络媒体公司（Home Box Office，简称 HBO）。尽管 VICE 的代表不认为自己是记者，但是他们的确在传播信息，并且在某种程度上阐释信息。比如，在“篮球外交”的特技之后，VICE 联合创始人沙恩·史密斯（Shane Smith）呼吁美国与朝鲜之间开展更多的“对话”，并宣称两国五十年来试图建立外交的努力失败。

公民记者代表了作家克莱·舍基（Clay Shirky）所称的“从前的受众”，这些人从受众转成记者。对于读者而言，公民新闻的兴起提供了几个便利。公民新闻记者传播的新闻能实时获得，反映了参与者

---

① “阿拉伯之春”指的是西方媒体所称的阿拉伯世界的一次革命浪潮。自 2010 年 12 月突尼斯的一些城镇爆发民主运动以来，阿拉伯世界的一些国家民众纷纷走上街头，要求推翻本国的专制政体，并乐观地认为这一运动的结果是“一个新中东即将诞生”，认为这个“阿拉伯之春”属于“谙熟互联网、要求和世界其他大部分地区一样享有基本民主权利的年轻一代”。

与其他利益相关方的讲述。公民新闻也使得读者能够了解通常可能会被审查的新闻。再者，公民传播的新闻和评论是自由的。（尽管公民新闻是自由的，但这并不意味着新闻的质量低下或者新闻未经证实。《赫芬顿邮报》（*The Huffington Post*）的网站备受关注，该网站提供时政观点，很多新闻都是来自无偿的撰稿人，他们是各自领域的专家。《赫芬顿邮报》推动了广受欢迎的公民新闻运动，比如“Off the Bus”① 项目）。公民新闻的吸引力赢得了很多仰慕者，包括杰出的媒体评论家、Pressthink 网站的创办人杰伊·罗森（Jay Rosen）与美国在线（American Online，简称 AOL）—赫芬顿邮报媒体组的编辑主任霍华德·法恩曼（Howard Fineman）。

对于这一新的记者类型，作家阿莉莎·夸尔特（Alissa Quart）写道：“人们不必是精英、专家，或是接受过专门训练；人们只需与其他公民对话，生产简洁有力的智力财富。Found Media-ites（夸尔特使用的 Found Media 一词包括了公民记者）不需要获得编辑的认可，只需要赢得他们的读者和博客社区的认可。在很多方面，他们鄙视传统模式，特别是报纸……”

美国南加州大学安那伯格传媒学院数字新闻主任马克·库珀（Mark Cooper）指出，有时，公民记者报道的新闻比专业的记者报道的更好：“如今的新闻业到处都是专业人士与业余人士。有时，业余人士比专业人士做得更出色，在扑克牌比赛中也是如此。有专业的扑克牌选手，也有业余的扑克牌选手，有时，业余选手更厉害。新闻是讲故事的，很多人是天生的故事家。也有一大堆新闻专业学生拿到了

---

① “Off the Bus”项目最初由《赫芬顿邮报》与纽约大学下属的公民新闻研究机构 New Assignment 在 2008 年合作进行，《赫芬顿邮报》网站为该项目专门开辟了一个名为“Off the Bus”主页。这个项目募集了 1.2 万公民记者参与报道美国 2008 年总统选举。

硕士学位，却仍然不会讲故事。”

以更具哲学性的术语而言，新闻已经演变为公民新闻；当技术允许读者创造并分享新闻时，公民新闻就成为难以抗拒的诱惑，不可避免地风靡起来。正如《博客!：最新媒体变革如何改变政治、商业与文化》(*Blog!: How the Newest Media Revolution Is Changing Politics, Business, and Culture*）一书中指出的，人们总是热衷于表达自己，了解其他人的想法，不论是以壁画形式，还是以殖民地宣传手册，抑或19世纪期刊的形式。将近五十年前，哲学家尤尔根·哈贝马斯（Jürgen Habermas）就设想，在公共领域中，民主欣欣向荣，人们开展交流、论证和辩论。

历史上，公民进入新闻的机会受到媒体机器的限制，媒体机器只允许记者为公众写稿，读者只能偶尔以给编辑写信的形式，或者以读者反馈、读者之音等形式参与。（波因特学院①视线跟踪研究表明，此类文章是最吸引读者的部分。）然而，如今，只要对新闻稍有了解，有一部智能手机，装上必要的应用软件，任何人都可以发布吸引人的消息。

将现代新闻的衰落归咎于公民新闻，就像是将视力的进化归因于生物学一样。视觉器官的发展是不可否认的诱惑，这一点很像公民新闻。几乎每一种生物的有机组织都独立进化了视力，因为处理视觉信息是获得信息的有效途径。

我与很多人交流过，自己也做了大量研究，对于公民新闻将会扰乱优秀专业记者的工作这一论断，我本人表示怀疑。相反，我认为，公民新闻可能会辅助专业记者的工作。正如收音机、电视机、电报和互联网的发展，并没有阻止人们阅读纸媒一样，公民记者传播的新闻

---

① 波因特学院是美国著名的传媒教育机构、新媒体研究重镇。波因特学院是美国已故报人尼尔逊·波因特（Nelson Poynter）创办的非营利性新闻培训学院，强项是新媒体研究，尤其是媒体整合。

消息也不会取代专业记者的工作。最可能出现的情况是，人们将公民新闻视为另一种选择。例如，下一次，如果发展中国家某地发生暴乱，人们可以通过广播、有线电视新闻、美联社或者其他专业新闻机构跟踪事件，除此之外，也可以通过博客、社交媒体网站了解公民记者的新闻。

开放的众包[①]新闻精神可能会给传统新闻的堡垒带来积极的影响。阿莉莎·夸尔特写道："也许，传统报纸和杂志写作中的有些枯燥无味的新闻将会逐渐消失。也许，博客最优秀的一些特质——直接性与非正式性——将会给我们带来积极的影响。"

免费新闻的获得与公民新闻的兴起给报纸出版商、编辑和记者带来了威胁。现在，最新的吸引人的消息可以免费获得，加上广告收入的减少，人们对传统媒体信任的降低，这一切都让报纸的处境岌岌可危。

人们普遍认为，报业已经陷入危机。21 世纪第一个十年的后期见证了一些卓越的大众刊物的倒闭，包括《落基山新闻》（*Rocky Mountain News*）与纸质版《西雅图邮报》（*Seattle Post Intelligencer*）。美国论坛公司（Tribune Company）拥有《芝加哥论坛报》与《洛杉矶时报》（*Los Angeles Times*），最终，这两大报纸以 82 亿美元的抵押，落入萨姆·泽尔（Sam Zell）与兰迪·迈克尔斯（Randy Michaels）的手中。这些人不仅仅对新闻毫不关心——泽尔甚至半开玩笑地说，他想要在报纸中设立"色情"版——他们也推动了这家公司的破产，为这家备受尊重的机构带来不友好与冒犯的工作氛围。

但是在媒体部门，报纸仍然是最大的雇主。2012 年 3 月，报纸拥有 223 600 名员工，但是很多报纸的规模迅速缩减。根据《广告时代》（*Ad Age*）的估计，2012 年，报纸每月平均裁员 1 400 名。（互

---

① 众包指的是向很多人征询意见、获得信息或服务的方式，通常通过网络无偿进行。

联网媒体每月增加 400 个工作岗位，是媒体部门的第二大雇主，2011 年互联网媒体雇用的员工数为 113 100 人。）即使是被称为“灰色女士”（Gray Lady）① 的《纽约时报》的日子也不好过。2009 年，《纽约时报》裁减了 100 个员工，同一年，广告收入下降 30%。根据佩尤研究中心（Pew Research Center）② 的估计，总体上，自 2000 年，报纸行业缩减 43%。

根据美国审计媒体联盟（Alliance for Audited Media）的统计，2012 年 3 月—2013 年 3 月，参与统计的 593 家美国报纸的日发行量下降了 0.7%，519 家报纸星期天版的发行量下降 1.4%。报纸报告日发行量的数据可以包括数字版本，比如“平板电脑或智能手机应用软件，PDF 副本、有计量的或有访问限制的网站（‘收费墙’（paywall）③，抑或电子版）。”

有些记者和学者预测报纸即将消亡。库珀说道：“报纸将在未来几年内消失，因为我们不需要它们了。如今，普通人和专家都有力量，任何人只要有一部智能手机，就可以发新闻，呈现自己的视角与观点，我们可以接受，也可以拒绝。感谢上帝，信息垄断被打破。感谢上帝，我们有了内容丰富的新闻，不用被一小群牧师控制，不用受波因特学院的审查。我们不知道新的制度和秩序是什么，但是，我们知道，传统秩序已然被破坏。”

很多专家建议，为了生存，大多数报纸需要在几个方面做出改变。根据我个人的分析，在此对各方面的建议进行了综合归类：

- 大多数纸质报纸应该关注新闻分析，而不是新闻发布。新闻

---

① 《纽约时报》作为严肃新闻的代表，由于风格古典严肃，被称为“灰色女士”。

② 佩尤研究中心是美国独立性民调机构，总部位于华盛顿特区。

③ “收费墙”即付费门槛，指的是网站为了保护收费内容，只供付费用户浏览而专门设置的付费门槛，当普通用户点击收费内容链接时会弹出要求付费的页面，因此被形象地称为“收费墙”。

发布最好留给网络新闻机构。

- 报纸应该停止对网络受众能够轻易获得的国内外新闻进行改头换面。报纸应该关注地方性新闻，或者有倾向性地关注那些影响地方社区的国内外新闻。换句话说，应该阐释和分析与它们自己的社区有关的问题。
- 报纸可以从符合一般大众感兴趣的话题，扩展到更能符合读者兴趣的话题，比如家居装饰或家庭装潢。

很多人觉得这一想法很荒谬。首先，最显而易见的是，符合特定兴趣的新闻与符合大众利益的新闻精神相悖，而后者是很多大众刊物根深蒂固的宗旨。其次，正如《华尔街日报》的彼得·冯特（Peter Funt）所言，大众新闻通过影响效应使得读者获益，"精神上的影响效应的消失，部分可以归因于一个事实，即很多美国人被铺天盖地的信息所覆盖，然而对目前事件的了解却似乎比以前任何时候都要匮乏。当新闻包装从大众转为满足特定兴趣时，大众很难偶然碰到新闻了——即使是偶然碰到也很难。"

- 还有一个好主意是，报纸停止追逐纸质读者，而专注于在线读者。认识到网络读者与纸质读者的品位不同，这一点很重要。比如，对《亚特兰大宪法报》（*The Atlanta Journal-Constitution*）而言，网络读者喜欢最新消息，喜欢互动和多媒体，而纸质媒介的读者更喜欢监察事件、新闻分析和社区新闻（可能对大多数报纸而言都是如此）。
- 让报纸刊物兼容平板电脑，这是一个明智的选择。比如，iPad以界面的用户友好为傲（使得阅读新闻成为"被动式"体验）。有些专家相信苹果公司也许能够帮助报业起死回生，正如它拯救了音乐行业一样，但即使 iPad 这么做，那也只是为了自己。
- 报纸和其他新闻机构应该在工程方面投入更多资源，在新闻传播中纳入更多"定向"广告。换句话说，给读者提供大量丰富的免费信息浪费了潜在的收入。

- 报纸可以通过结盟来避免新媒体的竞争。2010 年 4 月，维基解密抢先在《纽约时报》之前，在其网站公布驻伊拉克的美军士兵袭击两名路透社记者的新闻。此后，《纽约时报》明显学会了尊重思维敏捷、"发布最新消息"的竞争对手。2010 年 7 月，《纽约时报》《卫报》（*The Guardian*）和《明镜》（*Der Speigel*）与维基解密结成伙伴关系，共同发布了成千上万份军事档案，揭露美国在阿富汗战争中没有解释的死亡事件，以及美国备受质疑的战略。

到了 2012 年，新老媒体合作的例子不胜枚举，新老媒体共同发布新闻，提高（数字）收入模式，尤其是雅虎与 ABC News 签订合作协议，脸书（*Face book*）与《华盛顿邮报》《华盛顿日报》《卫报》以及其他报纸结成联盟。尽管如此，根据佩尤研究中心的研究，这样的努力是有限的，"相比于一年以前，新闻业并没有更加接近一个新的收入模式，反而在与对手在技术行业的竞争中失去了更多的地盘。"

当我们接近新千年的第二个十年时，上述很多建议都对出版商产生了影响。更确切地说，根据这些建议，数字出版和广告是解决报纸问题之道，很多出版商迫切地想要抓住数字传播，将其作为解决问题的灵丹妙药。比如《金融时报》《华尔街日报》《纽约时报》和《华盛顿邮报》为数字读者开发了收费模式。此外，2011 年，英国报业的领头羊《卫报》在美国设立一家数字新闻编辑室。最终，《华盛顿邮报》开发实验性的新闻产品，包括针对脸书上的社交媒体读者推荐的引擎 Trove。值得注意的是，这些公司也大笔投入移动应用软件、在线视频、Kindle Singles（通过亚马逊销售的长篇新闻）。

数字传播的努力取得了一些成功。根据美国审计媒体联盟的统计数据，2013 年 3 月，数字版本占报纸日发行量的 19.3%，2012 年 3 月为 14.2%。

谈到虚拟新闻消费，传统媒体刊物并不是唯一的选择。掘客（Digg）、飞丽博（Flipboard）、离线阅读服务软件 Pocket、Feedly 阅读器等互联网公司也试图涉足互联网新闻传播。它们一直在新闻聚合、文章推荐和书签标记等方面做实验。

然而，很多出版商意识到，数字倾向也许并不能挽救不断下降的收入，特别是以印刷版日发行量的减少为代价时。比如，默多克新闻集团为 iPAD 量身打造的电子日报 *The Daily* 推出两年后就停刊了。更知名的一个例子是，2012 年，新奥尔良《皮卡云时报》（*The Times-Picayune*）决定专注于建设自身网站 NOLA.com，每周只有三天出版纸质版新闻。这一决策引起了新奥尔良居民的愤怒，很快事情就适得其反。鉴于广告收入的损失，2013 年 5 月，《皮卡云时报》重新开始出版日报。

关于这次事情的偶然扭转，《纽约时报》媒体专栏作家戴维·卡尔（David Carr）这样写道："这一行业试图通过追逐点击量来重新赢得锐减的广告商，不过他们意识到这样做徒劳无功，于是转向消费者，寻求收入……" 报纸一味削减自己的业务或者不再出版日报，它们已经自食其果了，每一天都要去争取读者。报纸出版再也不可能回到曾经的 30%以上的利润了，但是有些人依然相信，还是存在着一定的商业模式。沃伦·巴菲特认为，10%的利润回报是合理的，现在销售价格下降了。"

报纸向数字扩展的另外一个问题就是成本。随着收入与发行量的减少，很多报纸勉强维持数字创新，同时又要制作每日的新闻产品，反映刊物的基本价值。

最后，尽管说了这么多，但目前对报纸而言，仍然没有一条清晰的出路。我们只有默默地等待，看看报纸能否走出这一金融困境，如何走出似乎所有的报纸都已陷入的那个泥潭。

报纸有了新东家

过去，很多报纸都为大型上市公司所有。随着发行量与估价的暴跌，报纸不再是好的投资对象了，一些大型报纸被出售给私人投资者。例如，1993 年，《华盛顿邮报》的日发行量在最高峰时达到 832 332份。到了 2013 年 3 月，发行量削减近半，只有 474 767 份。因此，2013 年 8 月，资金短缺的《华盛顿邮报》及其姊妹刊物以 2.5 亿美元的价格被卖给亚马逊创始人杰弗里·贝索斯（Jeffrey P. Bezos）。即使在几年前，这个价格也是低得不可想象的。与此类似，2013 年 8 月，纽约时报公司以 7 000 万美元的价格将旗下新英格兰媒体部卖给一群地方投资者，其中包括《波士顿环球报》（*Boston Globe*），1993 年，纽约时报公司却以 11 亿美元的价格收购《波士顿环球报》，这一出售价格不及当年收购价格的零头。

尽管贝索斯是商业天才，改变了人们的消费方式，但他在报纸行业没有经验，因此，关于他对该报可能的计划传言不断。

《纽约时报》记者詹娜·沃瑟姆（Jenna Wortham）与埃米·奥利里（Amy O'Leary）在文章中写道："没有包袱——钱袋鼓鼓——这意味着创新空间。贝索斯先生会把技术行业的概念应用到移动阅读中吗？例如无障碍支付、电子商务整合、推荐引擎、数据分析或其他？"

詹娜与埃米继续写道：提到在数字市场中的表现，"在这个领域，贝索斯先生也许早已准备好展示自己在数据分析方面的专业知识，以吸引年轻的观众。此外，说到增加报纸开发商、工程师、设计师以及其他能够深刻改变组织模式和运行方式的人员，贝索斯先生的钱正好可以派上用场。”

如果《华盛顿邮报》的过去可以预示未来的成功，那么贝索斯崛起的技术文化和商业成功已经非常瞩目。例如，在无数互联网用户的心中，脸书、谷歌和推特定义了什么是网络娱乐（online diversion）。

毫无疑问，如果报纸走向灭亡，势必会留下一片空白。搜索一下任何一家新网站，比如 Newser 或者高客网（Gawker），人们就会了解大型报纸有多么大的影响力。这些网站上的新闻来源于《纽约时报》《华盛顿邮报》《华尔街日报》等刊物。没有这些大型报纸，就没有“免费”新闻。此外，有些人还认为，大型报纸刊物遵守一定的原则和标准，而新兴网站没有义务遵守传统媒体同行所奉行的新闻标准。比如，平心而论，维基解密更多是激进主义而不是新闻，该网站不加区别地将任何东西都倾倒在互联网上，丝毫不顾及美国及其同盟国的国家安全，维基解密因此受到批评。

如果报纸消失，那么关注地方新闻和社区事务的公民新闻也难独善其身。根据佩尤研究中心，“报纸行业的衰落对于公民的影响越来越清晰。有证据表明，报纸是人们了解政府和公民事务有关新闻的首要来源，不管是纸质版还是网络版。如果这些业务继续萎缩或者消失，人们不确定这样的信息将会在哪里被报道，或者说是否还会被报道。”

如果说报纸行业还有一线希望的话，或者更直截了当地说，如果报纸还有希望的话，那就是在 2012 年，人们越来越多地沉浸在新闻中——即使是通过数字途径。因此，人们还是渴望获得新闻，这意味着，如果报纸和其他传统机构搞清楚如何开发这一逐渐浓厚的兴趣，也许报纸还会有希望。佩尤研究中心的研究表明，“移动设备增加了人们的新闻消费，加强了传统新闻品牌的诱惑力，刺激了长篇新闻。例如，每十个人中有八个通过智能手机或平板电脑阅读新闻，他们通常也会在台式电脑上阅读新闻。换句话说，人们一整天都在充分利用更容易的方式阅读新闻——放在口袋里的手机、桌上的台式电脑和腿上的平板电脑。”

对纸质报纸命运的担忧，可以推及所有纸质新闻的命运。尽管我们没有理由认为读者的注意力是零和博弈，上网花费的时间直接以纸质媒体的损失为代价，但是有一个问题很有意思，在未来，是否所有纸质媒体都会被数字媒体所替代。关于这个问题，我咨询了软文交易平台 Contently 的联合创始人沙恩·斯诺（Shane Snow），他给我的答案很详细，暗示了新闻行业的未来。

“我认为，纸质媒体不会完全消失，因为仍然有喜欢它的人存在。”斯诺说道，“现在，纸质和网络上行之有效的内容都变得越来越细化，或者说目标越来越明确……为大众撰稿的处境将变得越来越艰难——这就是事实类的文章。技术很疯狂，机器能代替人类写出人们可以读懂的文章。其中的一部分将替代新闻发布、大众报道的新闻和推特发布的新闻。目前，在从事此类工作的人将会转向机器人和普通大众做不到的深度访谈报道，从长远来看这是积极有利的……我们能获得更多有趣的见解……做研究调查需要人，人物访谈、提炼信息需要人，我们不需要大众聚到一起或是让机器来分析数据。我觉得这是我们将看到的趋势。”

“专题内容和娱乐方式，整个生活方式、体育运动等将会由一个不同的经济引擎推动……在很多情况下，是众筹……人们购买个人故事或品牌赞助。我预测，根据我们现在看到的科学，在网上出现的蹩脚内容将会越来越少，因为经济上不可行……因为电脑和社会媒体可以去芜存菁。在未来，更有思想的内容将会占有更大的市场。”

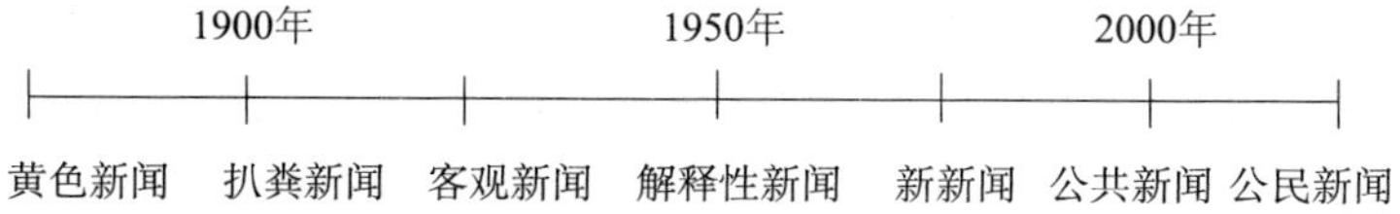

图 1.1　新闻运动

杂志

除了外观上的不同，杂志与报纸之间还存在着几个方面的显著差异，主要包括节奏、功能和格式等。

报纸通常是日刊，刊发的新闻具有时效性。杂志是定期印刷的，而且在很大程度上，杂志的内容更具长期性。例如，当你在牙科诊所排队时，人们很可能会给你几本杂志以供等候时翻阅，其中很多是几个月前出版的。尽管这些杂志更“老”，但是它们仍然会吸引很多读者，因为诸如奥普拉·温弗瑞的问答、采访这类文章，出版一年之后可能仍然很有意思，读者几乎不会注意到它们出版已久。

杂志与报纸的历史也不同。第一批美国杂志可以称为“娱乐期刊”，因为它们刊登的内容令人振奋，富有娱乐精神。此外，在殖民地时期的美国，第一批杂志的价格相当高，受众定位是富人群体。1800 年之前，美国大约有一百份杂志，最早出版的杂志是安德鲁·布拉德福德（Andrew Bradford）创办的《美国人杂志》（*American Magazine*）以及本杰明·富兰克林创办的《综合杂志》（*General Magazine*），这两本杂志都创刊于 1741 年（但是都没有持续很长时间）。

19 世纪 30 年代，杂志的价格变得更为低廉，对更多大众而言易于承受。（就像同时代的报纸，1 便士的价格对于报纸出版商而言是很有吸引力的定价，10 美分的定价对很多早期杂志的读者而言一样充满魔力。在 20 世纪 40 年代美国金本位制度崩溃以前，通货膨胀不是问题，1便士或者10美分在几十年的时间里都保持着几乎同样的购买力。）这些杂志将焦点放在大众娱乐、改善生活、启蒙与家庭事务上。

廉价小说与廉价杂志

19世纪80年代，随着“廉价小说”与“廉价杂志”的兴起，对普通大众而言，杂志的价格变得更容易承受。廉价小说与廉价杂志制作粗糙，这得益于技术的进步，包括木质纸浆造纸的发明、印刷过程机械化的提升。杂志上的很多故事是冒险和科幻小说，抓住了年轻人的想象力，比如，路易斯·塞拿任（Luis Senarens）的《小弗兰克·里德》（*Frank Reade Jr.*），根据朱尔斯·维恩（Jules Verne）作品创作而成的《蒸汽奇迹》（*His Steam Wonder*）（1884）。总体而言，这些杂志刊登的故事往往内容简单粗糙，品味低俗，甚至有种族主义倾向。

南北战争后不久，美国杂志业蓬勃发展——这很大程度上归因于美国的扩展与低廉的邮资。这一时期的杂志包括《哈珀杂志》（*Harper's Magazine*）、《麦克卢尔杂志》（*McClure's Magazine*）以及《大都会》杂志（*Cosmopolitan*）。

南北战争之后的几年，女性杂志越来越受欢迎。有些女性杂志的雇员也是女性。比如，1830年创刊于费城的《戈迪女性丛书》（*Godey's Lady's Book*）雇用了150名女性为时尚版增色。《妇女家庭杂志》（*Ladies' Home Journal*）通过聚焦女性读者关注的重要问题而大受欢迎，从众多女性杂志中脱颖而出。这种远见得到了回报，杂志的发行量迅速达到40万。这一时期还有一本独树一帜的女性杂志，叫《好管家》（*Good Housekeeping*），该杂志创刊于1885年，为20世纪初期的消费品提供了一个平台。

除了女性杂志之外，很多文学和科学杂志也在南北战争之后崭露头角。当时，文学是一个宽泛的术语，包含了政治、文学和艺术。这些杂志中有很多都坚持到今天，包括最终改名的《哈珀杂志》与《大西洋月刊》（*Atlantic Monthly*）。这些杂志一开始就是优质的期刊，内容包括拉尔夫·沃尔多·爱默生（Ralph Waldo Emerson）、亨利·沃兹沃斯·朗费罗（Henry Wadsworth Longfellow）、奥利弗·温德尔·霍姆斯（Olive Wendell Holmes）等名家的作品，以及知名的英国小说家的作品。此外，《科学美国人》（*Scientific American*）、《国家地理杂志》（*National Geographic Magazine*）与《大众科学》（*Popular Science*）都于1900年之前创刊。

早期的很多杂志都以其文学价值而自豪，不愿意在页面上刊登广告。特别值得注意的是《读者文摘》，该杂志对广告尤其抗拒，一直在抵制高额广告收入的诱惑，直到1955年。到了1900年，对杂志出版商而言，广告显然是一笔巨额收入。比如，1897年，《妇女家庭杂志》的出版商赛勒斯·柯蒂斯（Cyrus Curtis）以1 000美元的价格收购了陷入困境的《星期六晚邮报》（*Saturday Evening Post*）。到了1922年，这本刊物每年赚2 800万美元。1947年，广告占据了杂志版面的65%。

广告对杂志内容产生了多样化的影响。一方面，早期的广告提升了杂志的视觉效果，使得杂志画面更加丰富多彩，提升了杂志的设计水平；另一方面，有些杂志出版商不得不纠结于编辑的独立性问题，这个问题在今天仍然存在。例如，1940年，《时尚先生》（*Esquire*）刊登了一篇文章，该文章推荐用吉他作音乐伴奏，这使得该杂志失去了一个钢琴广告商。还有些杂志，比如《星期六晚邮报》《时代》《纽约客》（*New Yorker*）等善于在广告与杂志内容之间设置防火墙，以确保将广告引起的反感降到最低程度。

女性杂志深受广告商的青睐，尤其是因为这一时期，很多女性是家庭中的采购员。比如，《美好家园》（*Better Homes and Gardens*）这类杂志尤其吸引广告商。《美好家园》创刊于1922年，该杂志为主妇们提供了最早的服务类文章。有趣的是，20世纪初期到中期，包括《家庭圈》（*Family Circle*）与《妇女日》（*Women's Day*）在内的很多女性杂志实质上与广告联系如此紧密，以至于它们成为了超市的内部刊物。

有一本特别值得一提的杂志，那就是《读者文摘》，该杂志由德威特·华莱士（DeWitt Wallace）创办于1922年。《读者文摘》从一开始就与众不同，它内容简洁，文章摘自其他报刊杂志。（因为内容的简洁性与衍生性，《读者文摘》可以称为当时的互联网。）直到1933年，《读者文摘》才开始发表原创内容，有时一反常态会卖加长版给其他杂志，以此换得出版删节版的权利。《读者文摘》的编辑对常青的文章特别感兴趣，希望他们的文章能够在书架上停留一年，甚至更长的时间。编辑们要求，他们的文章要体现三大主要特征：适用性、持久性与建设性。

“口红”洛伊丝龙

洛伊丝龙，笔名“口红”，其放荡不羁的文笔使《纽约客》的页面激动人心。她的语调充满先见之明，今天仍然能轻易俘获人们的心，无论是在纸质刊物或是在互联网上。洛伊丝龙在写作和生活中都对社会和两性的道德观念嗤之以鼻，成为20世纪20年代摩登女郎的缩影。漫漫长夜中，她可以在地下酒吧纵情歌舞、饮酒作乐，也可以在凌晨时分进入《纽约客》办公室，着手写作。读者喜欢她的写作风格，连《纽约客》第一任编辑哈罗德·罗斯（Harold Ross）也喜欢她，要知道罗斯是美国中西部人，一本正经、文质彬彬。

20 世纪最后 30 年里，杂志的读者日益减少，特别是年轻读者不断减少，对读者的担忧影响了很多杂志的设计和预算。1986—2002 年，35 岁及以下的新闻周刊的读者比例从 44%下降到 28%。此外，年轻的长文读者的比例从 39%下降到 20%。

对这段时期杂志的演变，迈克尔·谢勒（Michael Scherer）在一篇文章中给出了很好的解释，该文章题为《规模有关系吗?》。

> 在过去的三十年里，从视觉上看，杂志行业发生了翻天覆地的变化。这一点没有人可以否认。现在的大多数杂志看起来不像书本里枯燥的页面，而更像是电影海报。色彩绚丽、标题夺目，充斥着各种图片、照片与醒目的引文。新的艺术指导逐渐占据主导，杂志曾经主打的灰色文字页面已过时。

曾以长篇报道著称的《滚石》杂志，如今也以短篇文章与评论为主。杂志想让读者不要依赖长篇报道的叙述，而是将自己感兴趣的文章连贯起来，创造自己的叙事。媒体市场上选择的增多，使读者见多识广，不再依赖于单个的作者来获取观点。即使是《花花公子》这样仍在兜售长篇报道的杂志，也在尽力将无数观点插入文章之中，以此吸引读者。

有一点应该注意，尽管有些人声称读者的时间日趋紧张、“注意力不足”、讨厌长文，但是并没有实质的证据证明这一点。在此期间，人们读书的兴趣依然强烈，1996—2002 年，读者平均每天花在所有媒体上的时间增加了 45 分钟。随着互联网的兴起、有线电视的普及，读者有了更多的选择，消息也更加灵通。

让我们将时间快进到今天。和报纸一样，今天的杂志也在试图跨越“传统媒体”与“新媒体”之间的分歧。尽管杂志的处境比报纸略好，但是杂志也有其自身的问题。根据美国劳工统计局的统计，2002年3月，杂志行业的规模是156 212，到2012年3月，规模缩减到111 126，下降幅度为29%。此外，出版定期期刊的企业数量从2007年的9 232家减少到2012年的8 003家，减少了13.3%。

“关于杂志行业的现状，众说纷纭。”鲍尔州立大学的新闻学教授大卫·萨姆纳博士（Dr. David E. Sumner）说道，“我看到有些文章提到，由于数字广告收入的增加，杂志总体收入在缓慢爬升。纸质版发行量似乎在勉强维持，特别是在关于旅游、美食、爱好、休闲娱乐以及目标是富裕读者的杂志。”

根据美国审计媒体联盟的数据，从2012年上半年到2013年上半年，在参与调查的390家消费杂志中，已验证的付费发行量大约下降了1%，单份销售下降了10%左右，付费订阅下降了0.1%。

除了传统纸质版，很多杂志决定将它们的刊物放到网上。（有些杂志决定仅提供网络版，比如《新闻周刊》，现已与《每日野兽》（*The Daily Beast*）合并。）《纽约客》与《时尚》（*Vogue*）等杂志将自己的刊物数字化，在网上出售部分内容。根据美国审计媒体联盟的统计，从2012年上半年到2013年上半年，数字版本占总发行量的比例从1.7%增长到3.3%，达到1 020万份。

但是这些杂志在互联网上的发展如何？根据《哥伦比亚新闻评论》（*Columbia Journalism Review*）2010年发表的调查研究报告《杂志与它们的网站》，情况并不是很好。

> 尽管杂志和网站人员的知识水平不一样，专业的复杂程度也不一样，但是可以说，这些网站的所有者多半对彼此所做的事情并不了解。总体而言，没有既定的标准或实践，每一家网站都是

摸着石头过河，就像探索狂野的大西部一样。

值得肯定的是，这份研究对很多杂志如何提升在线份额，提供了很好的建议。第一，杂志应该雇用专职人员负责网络工作，而不要让纸质版编辑双肩挑。第二，鉴于很多网站的在线版本的真实性审核与编辑标准没那么严格，机构组织应该制定标准化指导与行为规范，比如美国杂志编辑协会（American Society of Magazine Editors）、美国杂志出版商协会（Magazine Publishers of America）、美国网络出版商协会（Online Publishers Association）。第三，杂志出版商应该将焦点放在在线广告收入上，而不是“收费墙”或者在线付费订阅上。第四，网站内容应该融入更多的多媒体。第五，在线杂志内容应该由访问量决定，而不是依赖于编辑的决策、特权或者一时兴起。此外，应该更多地思考如何培养网站的身份感与专业术语。仅仅将纸质版杂志的内容简单地搬到网上，也许并不是一个好主意。

克莱·舍基在他的《人人时代》（*Here Comes Everybody*）一书中讲述了为什么 15 世纪纸媒的出现并没有立刻改变世界。实际上，伴随着革新出现的是人们多年的困惑，这种困惑一直持续到文艺复兴时期。那些年里，印刷商与抄写员在斗争，抄写员曾一度垄断了印刷文字。与此类似，互联网也是一个相当新的发明。如果指望不出几年杂志和报纸就能有效地组织、转变并取得成功，这是妄想。

尽管出版不再被经济或管理方面的因素所支配，这使印刷杂志和报纸处于劣势，但是印刷出版商仍然占有一大优势，即大型印刷出版商的组织复杂，对于紧急情况下的信息传播经验丰富。这样的专业优势超过大多数公民记者与小型出版机构，可以为未来的发展奠定基石。

2 记者的角色与责任

想做一名优秀的记者，就要成为一个讲故事的高手，善于讲故事，讲出好故事。记者是一份光荣的职业，代表着绝对的公正。今时今日，任何一个公民都可以成为记者。如果正在阅读本书的你也想要为公众而写作，那么，你也是一名记者。

实际上，记者属于垄断性职业这个想法很武断，之所以会有这样的想法是因为资源稀缺。互联网出现之前，刊物是少数人监督和支配的产品，这些人决定了什么具有新闻价值，制定了新闻报道的行为规范。互联网的出现终结了这种资源稀缺的状况，"记者"与"业余记者"公民之间的界限模糊了。

克莱·舍基在《人人时代》中说道：

> "记者"看似是一个稳定的分类，由来已久，但是人们发现，这其实是与偶然的资源稀缺息息相关，而这种稀缺是由出版机器造成的。有时，稀缺长达几十年之久（比如摄影师），甚至几个世纪之久（比如记者），但是这并不能否认分类的偶然性。如果资源不再稀缺，那么看似稳定的分类实际上就变得无以支撑。这并不是说，没有职业记者和职业摄影师了——没有人会将鲍勃·伍德沃德（Bob Woodward）① 或安妮·莱博维茨（Annie Leibovitz）② 误以为是业余爱好者——但是，这的确意味着，职业与业余这两大群体之间的界限消失了，曾经不可逾越的鸿沟如今成了斜坡。

有些记者对此深以为然。"幸运的是，在美国，新闻业从来就不需要从业执照。"南加州大学安娜堡学院数字新闻主任马克·库珀说

① 鲍勃·伍德沃德是美国《华盛顿邮报》的助理总编辑，从事新闻记者和编辑工作三十多年，他是八本曾名列美国第一的非小说类畅销书的作者或合作者。

② 安妮·莱博维兹是当今最著名的肖像摄影师，曾三度入围《美国摄影》前"100位在摄影领域有重要影响的人"，美国国会图书馆将"当代传奇奖"颁发给她，她被誉为摄影界"活着的传奇"。

道，“在美国，如果你有一份工作，你就是一名记者……记者制造了很多专业和教育障碍，用来阻挡下层民众进入这个圈子……以使确保，一旦你进入哥伦比亚或是安娜堡学院，获得硕士学位或者获得一份工作，你就万事大吉了。”

因为从事新闻业不需要从业执照，所以任何人只要能演说——无论是在纸面上、电视上或是在虚拟空间——都可以自诩为记者，很难设定一些规范来囊括所有记者。尽管如此，美国职业记者协会（Society of Professional Journalists）、美国新闻编辑协会（American Society of News Editors）与波因特学院仍然提倡一些伦理标准，包括真理、问责、精确、公平、公正、独立。（若想了解不同机构的伦理规范，请登录佩尤研究中心网站 www.journalism.org。）这些规范可能有些重复，网上可以轻易查到。相比阐述这些规范，关注与记者和新闻实践相关的特定问题更有成效。

核查事实

旁观者如果不注意，可能会将新闻定义为“对真相客观公正的报道”。这个定义听起来很好，但其实并不准确。

首先，“真相”这个词并不可靠，有各种语义。真相对不同的人来说有着不同的意味，学者可能花一整天时间来辩论绝对真理、功能真理等区别。毕竟，这个人的真相可能是另外一个人的阴谋论。比如，很多人声称，布什政府广泛操纵媒体持续发起反恐战争。

其次，记者不需要以公平的方式报道，公平可能导致虚假的均衡。如果记者总是被要求保持平衡，编辑会将宝贵的篇幅用于讨论大屠杀实施者的视角、感情和观点，比如希特勒、伊迪·阿明（Idi Amin）①、

① 伊迪·阿明（1928—2003），20 世纪 70 年代乌干达的独裁将军，以残暴闻名于世。

萨达姆·侯赛因（Saddam Hussein）[①]、波尔布特（Pol Pot）[②]。概而言之，很多故事不需要平衡，因为一方的观点已经被广泛接受，贬低这一观点的人代表的只是少数或是不重要的人。比如，曾经一度，有些人对气候变化问题有争议，目前来看，很显然舆论对气候变暖造成了一定影响。另外一个例子是水刑，如今，人们毫无争议地将此视为一种刑讯方式。

再次，就像真相一样，客观性也是难以捉摸的，对不同的人有不同的意味。比尔·科瓦齐（Bill Kovach）与汤姆·罗森斯蒂尔（Tom Rosenstiel）在《新闻要素》（*The Elements of Journalism*）一书中写道："大多数人将客观性视为目标，而不是方法。"尽管这样的论述对大部分人而言或许是正确的，但绝不是对所有人而言是正确的。南加州大学安娜堡学院的数字新闻主任马克·库珀说："客观并不是中立。中立意味着，你什么都没有告诉我……'也许是这样，也许是那样'……客观是一个过程，不是一个产物……客观意味着诚实地写作、报道，当作者看到或者遇到有悖于自己理念的事情时，作者不会隐瞒这一点。"

相比真理、客观和平衡，核查事实、保持透明对新闻实践者而言更重要。"对我而言，关键是新闻的核查事实原则"，罗伊·彼得·克拉克（Roy Peter Clark）在邮件采访中写道，"走出去，发现事情，并加以核实，认真整理，选择其中最有趣、最重要的内容。为了社会公共利益，与读者分享。在更高的层次上，将新闻视为一种民主的手段。"

---

① 萨达姆·侯赛因（1937—2006），伊拉克第五任总统、革命指挥委员会主席、伊拉克武装部队总司令、阿拉伯复兴社会党伊拉克地区领导机构总书记。

② 波尔布特（原名 Saloth Sar，1925—1998），原柬埔寨共产党（红色高棉）总书记。1976—1979 年出任民主柬埔寨总理，是极左主义者，其极左政策普遍受到国际社会的谴责。

记者在写文章时，一定要确保所写的内容经过核实。一定要调查研究，采访正确的消息来源，永远不要欺骗或误导受众，除非写的是观点文章或是为福克斯新闻这样的实体写作，福克斯这类实体更关注的是论断式新闻。否则的话，一定要确保尽可能减少无凭无据的推断。科瓦齐与罗森斯蒂尔写道："最终，核查事实这一自律行为才是新闻有别于娱乐、宣传、虚构小说或艺术的地方。"

核查事实是验证的基础。有些刊物雇用经验丰富的事实核查人员组成团队，将文章全盘解构，甚至会与没有接受过采访的消息来源交流，比如《纽约客》。但是，即使你拥有这样的事实核查团队，在报道事实和原因信息时，仍然要保持警惕。对自己的报道进行事实核查，这可能有些单调乏味，但是与敷衍的报道所造成的后果相比，在核查故事准确性上花费的这点时间就不算什么了。

互联网的一大好处就是，劣质报道很快会被淘汰。如果随意欺骗、捏造或是剽窃，那就等着被 iThenticate 这样的反抄袭软件逮到，等着被精明的编辑和读者的慧眼发现吧。波因特研究所创立的博客"悔过"（Regret the Error）的作者克雷格·西尔弗曼（Craig Silverman）恰如其分地将 2012 年夏天称为"原罪之夏"。犯错者的名单读起来简直就是一份名人录，名单上包括乔纳·莱勒（Jonah Lehrer）、法里德·扎卡里亚（Fareed Zakaria）、美国国家公共电台（National Public Radio，简称 NPR）、《波士顿环球报》、《华尔街日报》、*Journatic* 杂志等等。此外，2012 年度的一些最重大事件的报道也很拙劣，包括奥罗拉枪击事件、反穆斯林的电影《穆斯林的无知》（*Innocence of Muslims*），以及美国最高法院对《平价医疗法案》个人必须购买医疗保险的裁决，等等。

应该记住的是，身处目前在线新闻这个时代，新闻的事实谬误造成的损害往往很难消除。即使新闻机构愿意承认报道草率，发表撤销声明——这种事不常发生——如果这篇新闻已经传播到世界的每一个角落，这样的撤销声明也没有什么意义，损失已然铸成，无可挽回。新闻记者要克制住抢先报道的本能欲望，小心权衡。记住，新闻需要核实。

透明度

透明度可能体现在很多方面，可以通过不同方式来实现。比如，如果你已经尽力寻找正确的消息来源、专家，但你仍然对他们的知识存有疑虑，或者你希望更加清晰，那么，在文章中写明这一点，将你的顾虑告诉受众。如果你觉得，某个消息来源提供的信息很好，但是可能带有偏见，那么，也请告诉受众，在文章中写清楚。还有一个关于透明度的例子就是利益冲突。比如，假设你正在写一篇有关曾供职过的饭店的评论，那么，有一个好主意——你猜到了——告诉受众，在文章中写明这点。

波因特学院对“透明”定义如下：“我们尽最大努力阐明报道过程，解释何时我们做出的决定有争议，以及原因是什么。我们尽最大努力披露相关信息，包括也许会影响我们决定的信息。”

Contently 是一家刚刚创办的软文供应商，为企业客户提供文章，客户包括可口可乐等公司，以及《大西洋月刊》等刊物。（我应该说明，我是他们作家网络的一员，尽管我从未从 Contently 接受过需签署合同的工作。）迈克尔·豪尔顿（Michael Howerton）是该公司旗下刊物《内容策略制定者》（*The Content Strategist*）的主编，也曾是《华尔街日报》的编辑。他强调透明的重要性，尤其是在推广企业、出版商或者品牌利益时。豪尔顿说：

> 语境是一切，一切皆有语境。如果你试图在语境上愚弄别人，这是行不通的。保持透明，不过如果有很多伦理道德的灰色

区域也没有关系。受众通情达理，比过去更有见识。人们理解，有些事情可能是好的信息，但服务于双重（联合）目的，人们接受这种二元性。

连贯性

在热心记者委员会（Committee of Concerned Journalists）举办的一次论坛上，《纽约时报》前执行编辑比尔·凯勒（Bill Keller）说："真正的客观有没有可能——我想，这不是我们今天到这儿来的目的……我们致力于为读者提供尽可能全面的报道，为读者提供足够多的信息，让读者自己去判断，这才是我们的理想。"考虑一下斯克里普斯（Scripps）的格言："给人民以光亮，他们会找到通途。"这两种观点很相似，暗指连贯性。

为了向读者提供选择，记者的角色就是将新闻以连贯的方式呈现。杰克·富勒（Jack Fuller）在《新闻价值观》（*News Values*）一书中声称，连贯性为读者提供了全面的视角，没有语境的事实是没有意义的。此外，记者必须运用准确的判断，让读者正确看待事实。

我们看一看在2012年11月的选举中，加利福尼亚投票者面临的两个相互矛盾的提案：30号提案和38号提案，两个提案都旨在为学校拓展经费来源。30号提案由加州州长杰里·布朗（Jerry Brown）提出，该提案主要依赖征收富人税收支持该项目。相反，38号提案得到富有的律师莫莉·芒格（Molly Munger）的支持，该提案旨在向全体公民征税来支持学校。

对投票者而言，两个提案有点让人困惑，因为它们的受益者都是学校。然而，两个提案的差异极其重要，特别是对中产阶级而言。对于30号提案，中产阶级几乎不需要为支持学校额外付费，而对于38号提案，中产阶级要支付更多费用来支持学校。记者的角色就是让新闻保持连贯，搞清楚其中的困惑，从而为读者提供选择。

在宏观的新闻理论背景下，连贯性涉及一个基本问题，这也几乎是所有的记者都会问自己的问题：新闻实践应如何开展？答案就是，没有一个正确的方式，文无定法，风格、结构、专家意见等等都提供了选择，展现了连贯性。

让我们稍微离题一下，思考一下连贯性的力量。17 世纪的德国天文学家（也是伟大的思想家）约翰尼斯·开普勒（Johannes Kepler）最著名的事迹就是发现了行星运动定律。开普勒在其职业生涯中专注研究为什么地球要绕着 9 300 万英里之外的太阳转，因此赋予了 9 300 万这个数字一些特别的属性。然而，实际上，9 300 万只是一个随意的数字。开普勒将焦点放在 9 300 万这个数字上，因而限制了自己的视野——限制了自己的选择，或者说限制了更普遍适用的连贯的解释。直到几年之后，牛顿发现万有引力定律——万有引力以更普遍适用的概念来支持轨道运行，给予了一个更为连贯的解释。

每一个记者或撰稿人都不可避免地会遇到一些情况，都要对自己的责任、底线和局限进行深刻的反思。即使是最简单的故事，也可能面临重大的问题。面对这样的困境，我鼓励读者回想一下几个准则：核实真实性、透明度、连贯性等。我尽力让这一部分的内容具有广泛的相关性，尽力让所有记者都能接受——即使记者不同意缺乏清晰的可操作性或功能性定义的术语，比如社会公益、客观性和真相。仔细读一下本小节内容，认真思考一下，我相信，当你下次在写稿中质疑自己的方法或目标时，这会对你大有帮助。

受众

记者的首要责任是为受众写作。记者应该努力为受众提供真知灼见、提供选择，不应迎合消息来源、编辑、出版商或广告商的看法。

遗憾的是，出版商占有 20%～40%利润的时代早已过去，很多报纸与消费杂志苦苦挣扎，被迫取悦广告商。然而，在一个理想的世界中，这些担忧都不该是记者的责任。

应该注意的是，忽视商业利益、维持记者正直的特权并不意味着记者有忽视编辑观点的特权，而编辑的观点可能受到广告利益的影响。最终决定出版内容的人是编辑，最好让编辑成为你的向导。

还有一点很重要。有时，广告商的利益与受众的利益联系非常紧密，以至于有部分重合，故事直接或间接地推销了产品。这种利益趋同可能出现在公司的公关杂志中。比如，好市多会员杂志《好市多联络》（*Costco Connection*）面向所有好市多会员发行，明显服务于公关目的，2012 年 11 月那期的杂志上，封面故事题为《线上，线下》，描述了好市多如何重新设计自己的消费网站，“使得会员的购物体验更简单、更有效”。

伪公平

很多记者和新闻机构试图将问题双方同等看待，报道勉强采取了中间立场。这种对平等的渴望在政治报道中尤为突出。新闻机构通常觉得，如果将焦点放在共和党或民主党的视角，可能会显得偏袒一方，结果就是温和派报道，奥巴马在内的很多政治家都抱怨过这种报道方式。记者应该避免陷入“伪公平”的陷阱。

伪公平可能等于死亡

尤其要指出的是，媒体的伪公平可能会产生致命的结果。比如，医学研究人员已经证明，童年时期接种疫苗不会导致自闭症。1998 年的《柳叶刀》（*Lancet*）发表的一项研究最初指出两者存在因果关系，该研究后来被揭露为骗局（首席作者安德鲁·韦克菲尔德（Andrew Wakefield）随后被吊销医学执照）。尽管如此，媒体仍然为支持这一错误联系的人们提供平台，允许发表这种不准确的说法。不幸的是，这种伪公平间接导致美国和英国免疫率下降，以致美国2008年暴发麻疹疫情。

伪公平最令人沮丧的一个例子就是奥巴马总统的美国公民身份。奥巴马总统在总统选举与第一任期期间，一直深受“出生”[①]争议的困扰。有少数美国人质疑奥巴马是否出生在夏威夷，认为他其实出生在肯尼亚或印度尼西亚，其中最有名的就是唐纳德·特朗普（Donald Trump）。这个想法已被证实毫无根据、非常愚蠢，但是媒体机构没有反驳这一假设，反而为阴谋论者提供演讲平台。

社会公益

我访谈或研究过的记者中，很多人都相信，他们的部分工作是为公共利益代言或是倡导社会公益，但是有些人不大愿意将这些词与自己的工作相联系。即使是新闻机构，也不是完全支持将维护公共利益作为自己正式的责任。比如，尽管波因特学院支持“乐于助人”，但是这种帮助主要是给记者的，不是给读者的。

有些记者不愿意将“公共利益”与“记者”身份相提并论的一个重要原因，可能是害怕被人视为激进主义分子，或是被贴上激进主义分子的标签。尽管这两种标签——记者和激进主义分子——并不相互

---

① 原文birther，因为美国总统奥巴马才出现这个词。自奥巴马当选总统后，就有人认为他实际上是个穆斯林，篡改了出生证明才当上美国总统。有此想法的人被称为“birther”。

排斥（维基解密的朱利安·阿桑奇（Julian Assange）称自己首先是一名激进主义分子，其次才是一名记者），但是诱使人们改变信仰，可能会损害记者的声誉，甚至威胁记者的生计。更重要的是，大多数记者自我感觉并不像是激进主义分子。

罗伯特·伊里翁（Robert Irion）是一位科学文章撰稿人，负责加州大学圣克鲁兹分校的科学传播项目。他表示："我从不认为自己是为公共利益写作，我将科学作为公共事业呈现给大众……不管它是否具有有益的信息，或仅仅是一件美妙的事情……这更多的是一个增长见闻、揭示真相的过程。"

即便如此，对那些将维护公共利益视为职责所在的记者来说，"公共利益"到底意味着什么？意味着美化地方公园或是扫盲计划吗？换名话说，记者、编辑或编辑委员会所看重的公共利益，意味着其笔下的新闻所反映的就不是重大问题吗？

在公民新闻中，记者参与社区事务，公共利益似乎扮演着更重要的角色。然而，研究表明，即便是在公民新闻中，报纸编辑更感兴趣的也是创造对话，而不是解决社区问题。

与我交流过的一些记者相信，他们的角色就是伸张正义，与伤害他人、压迫他人的人作斗争。但是，这种对公共利益的支持是有意为之，还是明智报道的副产品，却很难确定。尽管如此，很多新闻的确反对种族屠杀、侵犯人权之类的暴行。在地方与全国范围内，无谓的暴力通常会遭到谴责，包括大规模枪杀案，比如罪犯在奥罗拉、科罗拉多或者纽镇、马萨诸塞州犯下的罪行。

记者的公共利益感，特别是面对残暴悲剧时产生的公共利益感，也许有深层次的心理根源。恐惧管理理论认为，当人们被迫意识到死亡时，人们会通过坚守文化世界观或视角来寻求自我保护。在某种程度上，这样做有助于人们建立自尊。大多数文化会惩罚杀人凶手和残忍的罪犯，因此，报道这类悲剧的记者受到这个提醒，可能会谴责行凶者。

特德·斯派克（Ted Spiker）是佛罗里达大学新闻系助理教授，曾担任《男性健康》杂志编辑。他教导学生要“增长见闻、娱乐性情、启发灵感”。在某些方面，这一准则中的启发部分与社会公益的想法息息相关。

“当然，这取决于你的报道内容，”斯派克说道，“如果你正在谈论一件严肃的事情，启发也许指的是人们因为作者所写的内容去投票。对于健康类文章撰稿人或报道健康类新闻的记者而言，启发也许指的是使读者日常生活或饮食发生一点点改变，使读者的寿命变得更长。对于博客撰稿人而言，这也许是启发人们再拥抱一下自己的孩子，不要因为自己做了什么愚蠢的事情而大发脾气……启发就是这些细微的时刻……也许只是一两句话，却能使人们的生活变得更加美好。”

娱乐

每一天，我们都被各种娱乐信息淹没，其中很多来自信息娱乐。比如，在 Buzzfeed 网站上，你会发现很多搞笑的标题，姿势呆萌的猫咪等。我们很难将这些作品称为“新闻”。尽管如此，新闻注定要有娱乐性。实际上，记者除了告密者这个角色以外还有一个艺人的角色，而且这个角色非常重要，以至于《纽约时代》的核心使命就是“通过创造、收集和发布高质量的新闻、信息和娱乐来推动社会进步”。

斯派克说道：“我对娱乐的定义相当宽松，人们口中的娱乐有时指的是快节奏的幽默或是使人发笑的东西，但是，对我而言，娱乐真正的定义是情感的参与。娱乐也可以是一个悲伤的叙事。这虽不是娱乐的经典定义，但却击中故事感性的一面。”

斯派克注意到，去娱乐读者从来没有比今天更有必要。“我们现在正处于一个读者可以为所欲为的环境中。”斯派克说道，“他们可以立即点击一下，可以将纸质版扔掉（如果他们还买纸质版的话），可以翻阅杂志或是把杂志撕掉。娱乐必须是其中的一部分……如果我们没有找到吸引读者的方式，那么对他们说的任何事情也都无关紧要了……关键就在于我们是否了解这个信息，并且能够以一种引人入胜的方式讲述这个信息。而这就是新闻的娱乐性。”

行为举止

在虚拟时代的今天，任何举止不当都可能会迅速毁掉一个记者的职业。对记者而言，最好是保持良好的判断力，保持行为的专业性。若想快速了解新闻职业规范，请阅读“纽约时报公司新闻伦理道德政策”，可以自网上免费获取。

对记者而言，有一个非专业的行为很容易使自己犯错，那就是与消息来源走得过近。可能的话，最好不要接受任何来自消息来源的东西（即使是使口气清新的薄荷糖也不行!）。有些记者觉得，接受一顿免费的午餐没有什么大不了，和消息来源喝一杯也没有关系。但是请记住，某些刊物不允许此类行为，比如《纽约客》，除非绝对有必要——即使是对饭店和旅游评论家也是如此，尽管某些新闻机构可能允许记者接受赠送的食宿，以获取信息。

比接受免费食宿更糟糕的是，接受消息来源的钱财或是有形的礼物。最好永远不要和消息来源做交易。然而，在今天这个时代，企业机构通过新闻宣传产品，记者为刊物写作，采访新的消息来源，在此之前发生的事情，也许很难控制。如果你从一个潜在的消息来源那里获得过经济报酬，那么你必须尽快告知编辑和受众。记住，透明可能意味着补救。

有时，消息来源也许是另一个记者或编辑。如果发生这样的事情，情况就会变得更为复杂。作为记者，你也许在这一周采访一个编辑，而在下一周为这个编辑供稿。(或者，这个编辑下一周为你写稿——谁知道呢?）或者，你也许曾经采访过某个记者，而未来的某个时候又与这位记者共事。尤其是在新闻界中，刊物的流动性和写作的冒险性都很高，角色很可能会转变。在这些情况下，最好是保持理性、正确的判断。如果你的想法是保留新闻的诚实性，保持透明，那么，你就应该平安无事。

之前我曾提到，唯一例外的情况就是，如果自己本身无法解决这一问题，那就不得不接受他们提供的免费食宿。对某些评论员而言，如果没有免费的美食、美酒和服务，又不能依靠公关公司，而自身及所在的刊物又负担不起这笔费用，在这种情况下，他们就不得不接受对方提供的免费食宿和服务，即便如此，评论员们在这一方面也会受到严格的监管。

罗杰·莫里斯（Roger Morris）是一位独立撰稿人，主要撰写关于美食、美酒与旅行的文章，他说："我去任何一个地方旅行之前，或是去任何一家饭店考察之前，我都会事先声明：首先，我一定要提前知道，我可能会喜欢这个地方……知道不虚此行。如果不喜欢的话，那我就不会去。其次，除了编辑之外，没有人能提前看到我的稿子。尽管对方花钱请我去，但我不会承诺去做任何报道。也许，最后什么也没有，即使有的话，他们也不可能提前看到。他们可能不完全赞同我的观点。但是，无论我对某人有多么喜欢，无论人们对我多么友善，我都不会在自己的判断上妥协半步。"

给记者的建议：

- 核实报道。
- 保持透明。

- 保持内容的连贯性。
- 避免伪公平。
- 为受众写作。
- 吸引并娱乐受众。
- 言行专业。

3 调查研究

优秀的写作者80%的时间花在调查研究上，剩下的20%用于实际的写作。很显然，调查研究非常重要，对最终的产品“文章”的方方面面都有影响。好的调查研究帮助你决定采访对象是谁，提出什么问题，问题的重要性在哪里，等等。

《AARP杂志》[①] 特稿编辑玛格丽特·古洛夫（Margaret Guroff）表示：“要想写出引人入胜的特稿，关键在于做大量的调查研究，这样你才会对所有的细节了如指掌……这样你才能真正地了解你的主题，从权威的角度发言。”尽管古洛夫在此处讨论的是特稿，但她的建议对所有类型的故事都是适用的。

调查研究的信息来源可以分为第一手资料、第二手资料和第三手资料。在新闻中，第一手资料可能是书面文件或是采访对象。（关于人的消息来源，更多信息请参阅第4章。）第一手资料未经过滤，也没有经过第三方的阐释。如果第一手资料已经被分析过了，那么做分析的人或群体就是做研究的人或群体。第一手资料包括原始数据、统计、发言、会议文字整理稿、电子邮件列表、新闻组、调查问卷、第一人称的叙述、报纸文章，以及研究人员发表的学术期刊文章等。第二手资料比原始数据再远一步，指的是分析、评论、总结、阐释等。（换句话说，第二手资料通常是布鲁姆分类学的高级层面。布鲁姆分类学是一种教学法，揭示人们如何吸收和利用获得的知识。关于布鲁姆分类学的详细描述，请参见本书第7章。）第二手资料包括电视节目、广播节目、纪录片、书籍、新闻分析、杂志文章等。第三手资料指的是课程大纲、参考文献、引用、文献指引、图书目录等。

写文章时，往往建议平衡第一手资料和第二手资料。期刊文章这

① 《AARP杂志》，可译为《现代老年》、《现代成熟》，系协会杂志，隶属于美国退休人员协会（America Association of Retired Persons（AARP）），是美国发行量最大的杂志。

类第一手资料提供了足够多的好的信息，特别是对于撰写科学文章而言。第二手资料可以帮助你阐释一个问题，探讨其他的途径。然而，应该注意的是，第二手资料有其局限性。更重要的是，当你直接引用第二手资料，或是间接引用第二手资料时，必须小心谨慎，因为信息每一次被传递使用，都有被误读的风险。实际上，某些杂志不允许作者引用第二手资料，比如《读者文摘》和《男性健康》。

使用第二手资料的信息就好比是玩“传话筒”游戏。在游戏中，一个人想出一个词，小声告诉另外一个人，这个人再小声告诉下一个人，那个人再将这个词告诉下一个人，以此类推。当这个词传到最后一个人时，它可能就不再是游戏开始时的那个词了。更常见的情况是，每一轮传递中，信息的意思都可能会改变。

有时，你能获取信息的唯一方式就是通过第二手资料。比如，如果你难以接触到某个名人或某个重要人物，而你必须将这个人的信息纳入文章中，那么参考第二手资料也许是明智的做法，比如已经发表的人物报道。使用第二手资料时，一定要引用刊物或消息来源，考虑换一种方式表述信息，不要直接引用。可能的话，从第一手资料中获取信息总好过于从第二手资料中获取。

信息来源

为文章做调查研究时，有以下几个地方可以获取信息。

数据库

数据库是很棒的信息来源，你可以使用关键词、主题标题、搜索参数来搜集信息。很多机构、大学和公共图书馆都付费订阅大型数据库，这些数据库是第一手资料和第二手资料信息的聚合器。如果没有正式的大学账号进入数据库，一般情况下，也可以通过公共图书馆、学院或大学图书馆进入很多数据库。

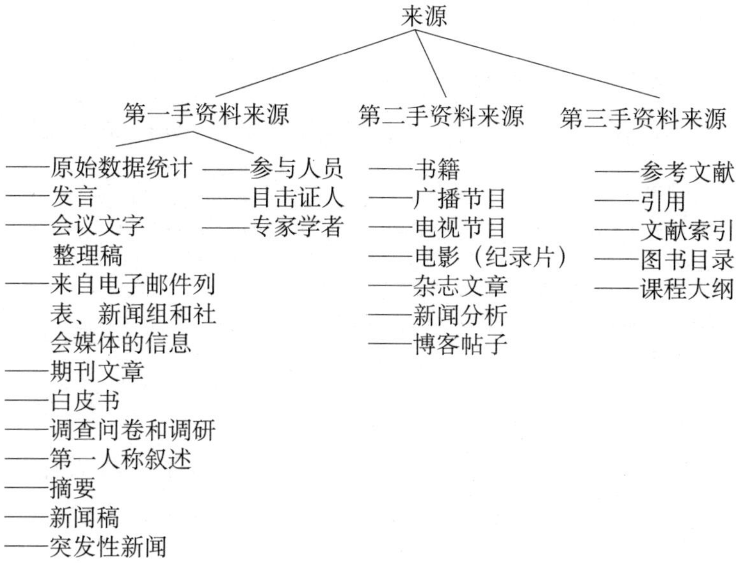

图 3.1 信息来源分类

有些数据库广受欢迎，包括提供新闻和国会信息的律商联讯（LexisNexis）[①] 等；谷歌学者是巨大的搜索数据库，有大量学术期刊文章；科学网（Web of Science）[②] 是多学科数据库，内容涵盖自然科学、社会科学等诸多领域；PubMed 是医学数据库，可通过访问 MEDLINE[③] 获取；跨学科的学术期刊数据库（ASP），提供了近

① 律商联讯是里德·埃尔塞维尔（Reed Elsvier）集团下属的公司，专门从事法律、商业、新闻信息和出版服务，Lexis. com 是全球法学研究领域收录法律资料最为全面的数据库之一。

② 科学网是汤森路透（Thomson Reuters）公司开发的信息检索平台，通过这个平台用户可以检索关于自然自然科学、社会科学、艺术与人文学科的文献信息，可以同时对多个数据库进行单库或跨库检索，可以使用分析工具，可以利用书目信息管理软件建立个人文献数据库。

③ MEDLINE 是美国国立医学图书馆（National Library of Medicine，简称 NLM）生成的国际性综合生物医学信息书目数据库，是当前国际上最权威的生物医学文献数据库。

8 500种期刊，其中很多有文章的全文。

纸质资料

提到纸质书籍、期刊等，人们有时候会忘记，没有什么能够与大型图书馆相提并论。这听起来也许令人惊讶，但的确有很多信息仅以纸质形式存在，互联网上搜不到。图书馆有数字目录可以检索，帮助读者寻找馆内纸质资源。如果某个图书馆没有读者需要的书，通常可以通过馆际互借获取该资源。很早以前的报纸也可以通过缩微胶卷获得。图书馆除了提供纸质资料，也雇用图书管理员，图书管理员的职责就是帮助图书馆的老主顾。图书管理员是知识的源泉，他们很乐意花时间帮读者做调查研究。

遗憾的是，大多数纸质资料有一个局限，那就是它们的时效性不及网络资源。因为大多数资料通常需要数月或数年才能出版，当手稿尚在完善中或是在出版商那里时，它们包含的信息可能就过时了。相反，网站上的信息在几天内、几小时、几秒钟就会更新。

为文章做调查研究时，有一些书面资料很有用处，可以考虑作为参考，包括非虚构作品、教科书、装订好的论文，甚至是儿童书籍。实际上，对你来说是个很新的题目，儿童书籍也许可以提供很有价值的参考。

参考书

参考书是了解一个题目、获得基本事实的有效途径。比如《不列颠百科全书》有网络版，只需很少的费用就可以访问，也可以通过图书馆免费访问。还有一些有用的参考书，包括专业的学科词典，比如《道兰图解医学辞典》（*Dorlands Illustrated Medical Dictionary*）和《斯特德曼医学辞典》（*Stedman Medical Dictionary*）。

如果你对某个人感兴趣，想要了解更多相关信息，你可以搜索美国名人录，或者《美国传记》杂志，该杂志几乎每月出一期，提供了2 500位在世人物的传记，有充足的统计数据和文献。

认真开始研究之前，维基百科也是获得初步了解的好途径。使用维基百科的任何信息，都需要核实信息的真实性，之后才能放入文章中。因为任何人都可以访问并编辑维基百科网站，它的条目可能带有偏见，也有可能是错误的。幸运的是，很多维基百科的条目都附有详细的引文出处，你可以找到信息来源，更仔细地审查。

“尽管我赞赏维基百科取得的巨大成就，”雪城大学的电视与大众文化教授罗伯特·J. 汤普森（Robert J. Thompson）说道，“但维基百科不是做研究的途径……它是解决打赌的方法，却不是研究的途径。”

网站

网站提供了各类信息。要决定是否采用某个网站上的信息，重要的是正确判断、评估消息来源。永远不要认为网站上的信息就是正确的，网上信息永远要与其他来源的信息一同使用。要核实网站的可靠性，可以考虑以下问题：

- 网站的类型是什么？是教育网站、政府网站、机构网站、biz. net 还是普通网站？以个人经验来看，美国政府和教育网站上的信息通常比其他类型的网站信息更透明、更易于验证也更连贯。尽管如此，这并不意味着所有的教育和政府网站的信息都是正确的。请记住，从任何网站上找到的信息，都要谨慎地评估分析。
- 网站是否带有偏见？
- 网站上的信息是事实、意见，还是两者兼而有之？
- 网站上的信息可以通过其他资源证实吗？
- 信息是否陈旧过时？
- 网站上的超链接能正常打开吗？

- 网站上的信息是否会定期更新？
- 网站的创办人是谁？谁负责运营维护？谁拥有并主持网站？
- 是否可以通过电话、邮件或社交媒体等方式联系到作者？
- 网站的内容符合逻辑吗？前后一致吗？条理清晰吗？网站看起来是专业的，还是业余的？
- 有没有排版、语法或是拼写错误？
- 网站内部的搜索功能是否稳定？

组织机构

很多大学、医疗中心、公司企业、商会、协会、倡导团体等组织或机构都不遗余力地为公众提供有益的信息。这些组织或机构通常设有公共关系部，接受媒体的求助，乐于提供资料单、小册子、文章、年度报告等材料。请记住，请求它们提供帮助，并不是给它们添麻烦。换个角度看，通过关注它们视为重要的事情，也可能是在帮助它们。

在谷歌上快速搜索一下，很可能会找到你感兴趣的组织或机构。一旦发现你感兴趣的组织或机构，找到它的网站，搜索需要的信息。还有些更具体的信息库，包括协会团体大全，为用户提供非营利组织和慈善机构相关信息的 GuideStar 网站等。

处理组织或机构的材料时，有时必须小心翼翼，因为它们也许代表了特定的利益。新闻稿通常来自带有商业、社会或政治利益的团体，因此在采用任何信息之前，必须要仔细斟酌。即使新闻稿的消息来源声誉良好，你也必须认真仔细地审查，包括美通社、美国科学促进会（AAAS）支持的 EurekAlert① 等。

尽管如此，新闻稿仍然是绝妙的信息来源，你可以给某个组织或

① EurekAlert 是由美国科学促进会主办的一项全球的互联网新闻服务。

机构的公关部门发邮件，请它将你加入到接收名单中，以便获得最新的新闻稿——尤其是当新闻稿中有你报道的关键节点时。比如，美国医学院协会（Association of American Medical Colleges）通常将新闻稿发给感兴趣的人，包括医学教育口的记者。

政府

除了征税，美国政府也提供各类有价值的服务，包括研究资源。如果你对第一手资料感兴趣，比如国会记录，可以访问美国参议院网站 www.senate.gov 或者美国众议院网站 www.house.gov。如果你想获取某个趋势的统计数据，可以试一试美国联邦政府网站 www.fedstats.gov。

各种各样的政府机构也通过教育和公众宣教项目提供免费信息，包括美国宇航局、美国农业部和美国联邦航空局。

电子邮件列表和新闻组

永远不要低估有兴趣的公众提供的信息。可通过电子邮件列表和新闻组获得此类信息。

电子邮件列表是电子版通讯，受众是对某一特定话题感兴趣的读者。读者订阅邮件列表，留下个人电子邮件账户，就会收到定制的新闻。电子邮件列表的活力取决于受众成员的参与程度。互联网中有无数的电子邮件列表。我曾经订阅过美国医学作家协会主办的一个电子邮件列表，该列表特别活跃，但没过几天，我就要求退订，因为收到的电子邮件简直多得泛滥。

新闻组是现代公告牌，任何人都可以自由进入。和邮件列表一样，互联网中有无数的新闻组，其中很多可以通过谷歌论坛进入。

谷歌快讯

你可以监控网站，通过谷歌快讯功能，你的电子邮箱可以接收到某个主题的最新新闻。

会议

会议也许是接触新故事、新研究的好地方。会议允许记者与业内专家互动交流，与同行建立联系。比如，每一年美国科学促进会召开的年度会议，吸引成千上万的来自世界各地的科学家、工程师、学生和记者来参加。

在会议中搜集信息时，你也许会遇到障碍，那就是“禁令”。禁令由享有威望的学术期刊设置，期刊计划在未来某天出版大会报告者的研究成果。“禁令”禁止其他刊物在出版日期之前发表与该研究有关的文章。绝大多数刊物尊重禁令，不会违反。禁令的一个负面影响在于，报告人通常不太愿意与在场的记者讨论他们的工作，以免违反禁令，失去在知名杂志发表研究成果的机会。

有趣的是，“禁令”的概念扩展到过去的科学研究之外。比如，以评论电子游戏为生的记者，通常会提前收到某个电子游戏样本，但却被要求不得在游戏发布之前发表评论。因为游戏发布之前如果出现负面评论，将会影响游戏的销量。

社交媒体

2009 年 12 月，《西雅图时报》（*The Seattle Times*）进行了某种社交媒体实验，用 Google Wave（不久关闭）与推特来吸引受众，追踪残害四名警察的嫌疑人。

《西雅图时报》上的一篇文章指出，“Wave 提供了一些要素链接，包括警方扫描音频、直播视频、道路封闭、学校关闭信息、嫌疑人信息等。人们在 Wave 内部创建了人肉搜索地图，参与者更新信息。Wave 内部有地图链接，《西雅图时报》在其网站上使用了这张地图。对于更新网站的生产商而言，这有好处，因为他们发布信息后能够立刻获得反馈。接着，我们把提示信息汇集到公交系统控制室，追踪信息。这就像推特，内容丰富，并且能实时反馈。”

该“实验”暗示了社交媒体的潜力。社交媒体可以拓展记者的研究能力，提升记者寻找消息来源的能力。有时，接收有用的信息、寻找人物消息来源，或者产生故事创意，就如同向群众请求帮助、将担忧和问题众包一样简单。通过社交媒体调查研究，可以考虑以下渠道：

- **推特**：在推特上搜索信息，也可以在 whatthetrend.com 网站上搜索具体、有倾向性的主题。TwitterLocal 用于跟踪本地的推特信息。
- **脸书**：可以吸引脸书用户、跟踪帖子，将问题外包给群众，甚至通过谷歌和必应来搜索脸书档案。
- **红迪网**（Reddit）：红迪网是在线社区，用户可以对故事投票、评论。最受欢迎的故事将会排到最前面。红迪网或者红迪网的用户可以开发子红迪网（根据线索创建主题论坛）。红迪网广受欢迎的一个版块就是“随性所问”。“随性所问”邀请了众多名人、政治家等，红迪网用户发布问题，将问答众包出去。奥巴马总统都曾参与过“随性而问”。

红迪网虽然由康泰纳仕（Conde Nast）持有，但在很大程度上是作为独立的实体运行。红迪网的崛起以同类网站的衰落为代价，那就是掘客网。如今的红迪网越来越多地作为新闻发布的来源，网站总经理埃里克·马丁（Erik Martin）将其恰如其分地称为“注意力聚合器”。

- **博客**：不要局限于主流大型刊物博客，也可以搜索谷歌、WordPress① 和博客等。

① WordPress 是一种使用 PHP 语言开发的博客平台，用户可以在支持 PHP 和 MySQL 数据库的服务器上架设属于自己的网站。

- **Mashable**[①]：该网站成为社交媒体新闻的聚合器。
- **Addict-o-matic**：该搜索引擎用于搜索社交媒体网站，包括Flickr[②]，推特、优酷、FriendFeed和谷歌博客。
- **HARO（全民帮助记者）**：该网站致力于为记者与专家消息来源牵线。

红迪网、波士顿马拉松爆炸案与社交媒体

2013年4月，波士顿马拉松爆炸案发生后，红迪网用户开始浏览现场照片，寻找嫌疑人，红迪网也因此成为众人关注的焦点。实际上，网友评论迅速成为一场政治迫害，众包分析充斥各种猜测，无辜的人受到无端指责。红迪网随后为此事道歉。

请记住，尽管社交媒体可以用于新闻的研究和搜集，但它们不一定都是新闻网站。很多社交媒体网站的宗旨与新闻机构不同。社交媒体用户也不一定是记者或公民记者。

记者如何帮助社交媒体？记者莫妮卡·古兹曼（Monica Guzman）在一篇文章中提出了一些明智的建议，该文章题为《波士顿之后，学习继续》（*After Boston，Still Learning*）："理解并尊重人们发言的平台范围，尊重他们的声音。如果可以，加入他们。最重要的一点，在人人都可以分享信息的时代去培养一种负责任的文化。这是波士顿人肉搜索给我们带来的教训，也是今天的新媒体世界最需要的东西。"

---

① Mashable创办于2005年，最初是个人博客，现已发展成为世界上访问人数最多的博客之一。

② Flickr是雅虎旗下的图片分享网站，提供免费及付费数码照片储存、分享方案之线上服务，也是提供网络社群服务的平台。

社交媒体研究有自身的局限性。首先，你通常不知道信息是否属实、是否透明，因此，必须加以鉴别。其次，社交媒体的参与者没有义务回复你或回答你的问题。本质上，社交媒体礼仪并不存在。再次，社交媒体的世界一直在变化，任何社交媒体网站都不能保证明年、下一周、甚至明天是否还能继续运营。有些社交媒体已经关闭或奄奄一息，包括雅虎、Buzz、谷歌 Wave、掘客、聚友（Myspace）和 Friendster。最后，使用社交媒体时，行话是一大问题，例如下面工具栏中列出的推特常用缩写标志。

推特术语

#在趋势主题之后

@代表发送者

RT：回复

DM：私信（当你想要与某人私下交流，你可以直接给这个人发送信息。）

BR：祝好

B/C：因为

RR：重播

IMHO：在我看来

IRL：在现实生活中

FTF：面对面

OH：无意中听到

FTW：超赞

FTL：超逊

HT：致敬

最后，围绕主题，多花时间认真调查研究，这可能会带来意外收获。比如，有时，你对故事做了大量的研究，从而成为临时专家，有时甚至会成为真正的专家。研究越多，积累的知识就越丰富。记住，知识是记者最好的朋友。

4 采访

正如绘画、唱歌、烹饪、缝纫一样，采访也是一门技术，需要长年累月的磨炼和经验。再多的建议也无法替代实践经验。精彩的采访能够成就一篇优秀的文章。今天，很多年轻记者没有意识到采访的妙处，或者对采访没有兴趣，但是，不管技术领域如何变化，不管信息传播方式如何变化，采访的确是一门经得起考验的技术，采访是消息来源的渠道之一，可以为新闻报道增加很多个性化因素。本章的写作汲取了很多材料，以下是对采访的一些建议：

公共关系

调查研究时，要列出拟采访的人物或消息来源名单。总体而言，可以考虑的消息来源包括学术人员、俱乐部或协会会员、作家、领导、专业人士、私人顾问等等。确定了潜在的消息来源之后，可以先通过电子邮件联系，接着再打个电话跟进，或通过媒体关系或公共关系人员来帮你跟进。很多机构都设有新闻办公室，专门负责接待媒体咨询。媒体关系人员和新闻办公室除了可以帮忙安排采访之外，也可以提供有用的信息，比如说新闻稿和机构文件，帮助你进行调查研究。

乔治·A. 阿克尔洛夫（George A. Akerlof）是 2001 年诺尔贝经济学奖获得者之一，以研究金融市场的信息非对称而享有盛誉。具体而言，阿克尔洛夫研究的是产品的卖方对产品掌握的信息比买方更多。这种信息非对称阻碍了金融市场公平运行，可能会导致买者买到低劣的产品。阿克尔洛夫建议，建立某种特定的工具和机构，将非对称信息的影响降到最小。比如，信贷局计算的信用积分，帮助银行评估哪些客户会成为良好的借贷者，通过这种方式，使银行可以承受贷出去的款的风险。与此类似，新闻也有某种信息非对称。通常，采访的专家消息来源比你更了解新闻的主题。公共关系团队的工作就是帮助记者减少信息非对称的量，或者降低信息不平衡的程度，保持优质信息得到传播。

应该注意的是，公共关系领域的专业人士也有自己的目的。根据《不列颠百科全书》，“公共关系的重要内容就是帮助客户了解公众对客户的认识，注意传递给公众的信息，减少、增加或是补充信息，以此来影响公众的看法。”

1992年，《哥伦比亚新闻评论》（*Columbia Journalism Review*）上发表了一篇文章，题为《媒体是强大公关部门的对手吗?》（Is the Press Any Match for Power house P. R. ?），在文中，作者艾丽西亚·芒迪（Alicia Mundy）详细描述了一些公关公司在宣传维护客户时所采取的手段，包括编造故事，在主流媒体上发表专栏评论等。但是，这篇文章也宣传了公关公司的“新诚实”，公关团队对报道很坦率，特别是代表企业客户时。在这篇文章发表后的几年里，这种诚实感似乎变得更加普遍，公共关系专家改变了以往的信仰。

然而，在现实生活中，公关专家说实话，并不是新鲜事。实际上，1906年，从新闻记者转行担任宣传顾问的艾维·李（Ivy Lee）[①]就主张他的煤矿客户对公众诚实地提供矿难事故的信息。从此，很多成功的公关活动都因诚实而变得与众不同，特别是涉及悲剧和灾难的那些公关活动。比如，20世纪80年代，泰诺制造商强生集团受到泰诺胶囊的影响，坦诚地面对公众。该行为为强生公司赢得了人们的信任，而这一信任一直持续至今。

有时，公关办公室也许会让采访变得复杂化。他们也许会要求，采访时要有媒体关系专员在场，也许会要求发表前要审稿，或者在印刷前看一下文中使用的引语。刊物禁止此类行为，那么作者必须拒绝

① 艾维·李（1877—1934）是世界上第一位创办公共关系公司并以公共关系为职业的人，被称为“现代公关之父”。

公关的要求。“很明显，除非你答应他们的要求，否则他们不会为你安排采访……不会为你安排对话，不会听你的……那么，你就不得不这么做。“让公关人员安排对话，允许他们偷听采访。”罗伯特·伊里翁说道，“一般来说，这是最差的结果。如果公关人员要求对引语进行审核，那么基本上可以确定，他们肯定会修改引语。”

记住，最好不要将采访的其他对象的名字告诉公关人员或消息来源。疏忽这一点，可能被视为侵犯隐私。正如医生或律师拒绝透露病患或客户的名字等信息一样，有职业道德的记者也会拒绝透露消息来源的名字。

消息来源

消息来源或受访者大致可分为三类：参与者、目击者和专家。参与者在故事的关键事件或关键问题中扮演直接角色，目击者没有直接参与故事，但见证了故事发展，专家也没有直接参与故事，但是可以从理性的层面分析故事。比如，伯纳德·麦道夫（Bernard Madoff）及其庞氏骗局洗劫了投资者几百亿美元。麦道夫与他的投资人就是参与者。不幸的投资人失去了资金、养老金、退休金，投资人的所有亲友都是见证者。这里的专家也许是学者或是金融专业人士，可以评估事件，不用亲身参与。这些消息来源中的每一个来源都能提供有价值的见解。值得注意的是，这三种分类的界限是模糊的。比如，如果你在写一篇关于肾移植手术的文章，采访一位肾移植外科医生，而这位医生本人也曾接受过肾移植手术，那么他可能既是参与者，又是专家消息来源。

将消息来源分类有一个好处，它可以帮助你弄清楚采访对象是否过多。比如，你要写一篇次贷危机之后银行拍卖房产的文章。你采访了四个失去家园的人和他们的朋友，你就有四个参与者、两个见证者。但是专家在哪儿？你可能想要增加一位银行领域的专家或经济学家，以帮助读者更好地理解文章。

关于新闻报道，我一直鼓励记者在采访、研究和写作时“宁滥勿缺”。文章总是可以精简的，但是巧妇难为无米之炊，没有资源，就无从下手。选择采访对象时要记住，采访人数要根据需要而定。采访对象过多时，内容可能冗余，可能浪费时间。但是如果采访对象过少（样本量太小），研究的“力量”也会削弱。

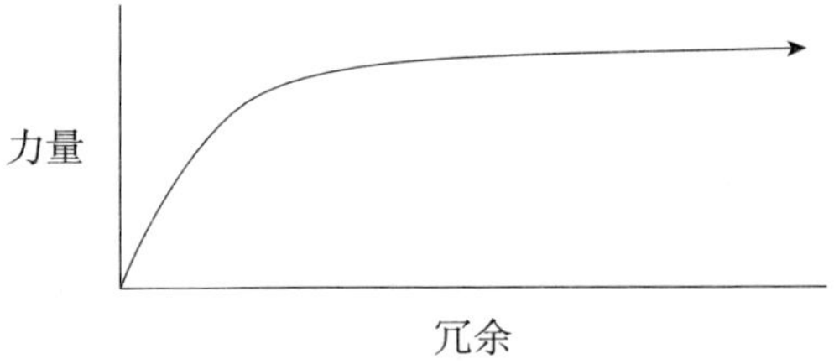

图 4.1　选择采访对象时，要平衡“力量”与“冗余”

采访的组织

预约采访时，最好先通过电子邮件简要介绍自己，代表哪个刊物，文章的主题或采取的角度，以及为什么希望与对方交流。你也可以告知对方，你计划录音，便于以后整理录音文字。如果你打算在发表前请消息来源审核直接引语和间接引语，可以在邮件中提及（稍后将有更多关于发表前审核的介绍）。最后，询问对方何时方便接受采访，以及联系电话。不要忘了留下自己的电话号码，以防万一对方想要主动给你打电话。（名人以及重视隐私的消息来源也许会选择给你打电话，而不是泄露他们的个人联系信息，抑或让你与他们的公关宣传人员或媒体部联系采访事宜。）

有时，通过电子邮件很难约到采访，有可能是因为采访对象将你的邮件误认为垃圾邮件。你可以用明确的邮件标题避免这一问题，比如“为某某文章的采访”。另外，发完邮件之后，再打一个电话跟进，请求对方接受采访，这也许不失为一个好办法。

安排采访时，要给自己预留充足的时间，此外，还要预留一些时间，以防采访延长。尽管采访对象可能赶时间，但是你永远不要匆匆忙忙地赶着采访，在对方慷慨与你分享见解时，不要打断对方，特别是当其见解对文章有益时。再者，有些专家认为，选择在一天中什么时间段采访也很重要。比如，最好是在下班后采访，因为此时人们会放松戒备，更愿意回答问题。但是，也有可能对方忙碌了一天之后心情很差，因为这一天不好过。坦白地说，最佳的采访时间就是采访对象自己提出的时间，你应该尽最大努力在那个时间之前赶过去。

偶尔，采访对象或媒体部门也可能会拒绝采访，而你又需要进行采访，那么你有几种选择：第一，可以请编辑或其他人打个电话或发个邮件，代表你恳请对方给予采访机会，强调采访的重要性。（有时，编辑的信可能是进入某机构的唯一途径。比如，如果你计划参观一处监狱，采访监狱长官，那么你可能需要编辑帮你写封信才能采访。）第二，可以告诉与你接洽的媒体关系专员，如果你未能采访，你一定会在文章中说明这家机构拒绝了你的采访，或者这家机构对这件事情无可奉告。为了避免这样的后果，避免这可能导致的结果，比如谣言、猜测，媒体部门也许会立刻行动，推进采访。有时，与媒体部门打交道就像是和他们玩游戏，讲究策略对你而言有好处。

采访的技巧与诀窍

在今天这个时代，大多数采访通过电话进行。然而，最好的采访还是面对面的采访，因为只有面对面时，你才能观察对方的生活环境、休闲环境或工作环境。观察处于自己熟悉环境中的采访对象，办公室、最喜欢去的地方等。这有助于写作叙述，尤其是当你在写人物故事时，如果有幸与消息来源坐下来交流，一定要将录音笔无法捕捉的细节记录下来，比如对方的言谈举止、场景的描写。你还可以用手机将采访环境拍下来。

伊恩说道："要想完全通过电话采访构思故事，这非常困难……你可以通过电话采访，写一篇专题故事，例行公事地完成任务，但是通常情况下，这样的报道缺乏人物内心描写，缺乏多重感觉的描述……"

"观察的细节可能很简单，比如科学家的表达方式，当他向你解释海岸侵蚀时，他在沙滩上走路的样子，又或是他打开装有样本的抽屉，讲述这个特别的化石的发现多么有意义，脸上洋溢的自豪感。你必须想方设法，创造条件，让这些细节从采访或对话的过程中自然而然地出现，而只有面对面采访时才能捕捉到这点。

"用笔记本快速记下周围的环境、采访对象回答问题的方式，或者当话题转到重要问题时，他们脸上的表情。他们不知道你在笔记本上写的是什么……他们可能以为你在记录他们说的话。但是，在采访的大部分时候，你是在记录观察到的细节。……这可能是白板上的内容，可能是架子上的小玩意儿，也可能是他们的穿着……"

遗憾的是，面对面采访通常不太容易约到，有时，你必须通过电话采访。约到电话采访之后，要尽可能地了解采访对象和采访主题，通常要做好几个小时的调查研究。另外，将采访中可能要问的问题写下来，列个提纲。尽量不要问那些通过调查就可以解决的问题。毕竟，很多采访对象都是大忙人，不要将时间浪费在答案显而易见的问题上。

无论如何，你要抵制住邮件采访的诱惑。通过电子邮件采访就无法给事情优先排序，不能将焦点放在重要的问题上，也不能自然而然地继续追问。如果只是问几个事实性的问题，或者在最初的电话采访之后通过邮件再跟进，那么，通过电子邮件提问是可以的。但有些消息来源喜欢通过电子邮件方式采访。这种情况下，你就不得不将采访提纲发过去，期望最好的结果。

采访提纲会引导采访过程。请注意，我用的是“引导”一词，因为最好的采访是记者与消息来源的自由交流，是思想的对话。有一点很重要，记者永远不要觉得，既然将问题列在纸上，就一定要问。如果在采访过程中，某个问题显得不合适、没有用，优秀的记者也不会将时间浪费在这样的问题上。

“最重要的是，做好充足的问题准备。”鲍尔州立大学新闻学教授戴维·E. 萨姆纳（David E. Sumner）说道，“要对你提出的问题了如指掌，采访之前将所有问题写下来，这一点非常重要。有人也许觉得，这可能会限制你的自由。但事实上，这根本不会限制你的自由，因为你的面前有一幅地图，你总是可以在某个地方顺便游览一下。“问题”只是为你的采访提供方向和结构。”

开始采访之前，首先要询问对方意见，是否可以录音，以便后续整理录音稿。如果你已经在电子邮件中提及这点，那就再询问一下。尽管也许你有权利在采访对象不知情的情况下录音，但是从职业道德和法律的角度，为了谨慎起见，建议还是要告知采访对象，他们说的话将被录音。（更多有关对话录音的合法性问题，请参见《美联社写作风格指南》（*Associated Press Stylebook*）媒体法律部分。）询问能否录音之后，一定要问问消息来源，他们喜欢自己的名字如何拼写，比如，是否用中间名缩写，以及在文中应该如何称呼他们。有时，消息来源有好几个职位、头衔，有的也许与报道不相关，比如，你在写一篇物理学方面的特稿，要采访一位顶级物理学家，这时最好使用对方的大学职位名称而不是其他称谓，比如大英帝国司令勋章的获得者。

采访时，不要和采访对象过分亲密。要称呼对方为“先生”“女士”“博士”，甚至是“教授”，除非采访对象要求你以其他称谓称呼。

开始采访时，先说明一下为何要进行此次采访，报道与他们的相关性在哪里。可以闲聊一会儿，让对方放松下来。简单提及双方的一些共同点，让彼此产生信任。比如，也许你去过对方任教的学院或大学。此外，采访时，不要显得愤世嫉俗，不要给人威胁感。态度要尽量友好，表现得饶有兴致、无所顾忌。

采访前，要努力做好基本的知识准备，确定需要弥补的差距。因为很多采访对象接受过教育，充满智慧，通常能迅速评估出你对话题的了解程度，也许会主导采访过程。对采访放弃一些控制是明智的做法，这样可以使采访对象有机会解释他们视为重要的东西，让你有时间倾听、学习。通过仔细聆听对方的话语，你可以提出富有洞察力的后续问题，使访谈继续下去。在这种情况下，最终你是用你的采访提纲作为对话的指南。然而，要小心的是，不要让采访太随意，不要让采访对象偏离主题。必要时，用采访提纲礼貌地将采访对象拉回正题。

如果采访对象离题，有一个方法可以帮助他回归主题，那就是设想一个问题，既认可他偏离的话题，又能重新将采访导向你所感兴趣的问题。比如，如果问了神经学家正电子成像术的效用问题，对方却开始谈论磁共振成像（两者都是用于检查大脑的诊断成像技术），你也许可以请这位专家将正电子成像与磁共振成像作一个比较，让采访回到你最初的问题。

还有一点很重要，一定要确保受众能够理解对话的内容。“决定谈话内容与反应水平是采访者的特权。”伊里翁说道，“如果你发现，消息来源的话总是高深莫测、无法理解……这样的资料对公众而言没有用处……这时，你需要适时地点拨一下，控制一下谈话内容。这绝不是贬低采访对象，不要说：“我不知道你在说什么”“这太复杂了”。

可以说："这非常有意思……我真希望我有足够的时间详细了解你这个问题，但是，读者想要更好地了解……"

记住，在采访中，一开始提出的几个问题有助于证明，你的确希望进行一次严肃认真、带来真知灼见的访谈。提有用的问题，直接瞄准对方具体的工作领域。比如，采访学者时，问题可以是关于某一篇期刊文章或者学者的某本书或某本书里的某一章。如此一来，不但提供了澄清的机会，而且向采访对象证明，你的确做了功课。此外，不要在采访伊始就提出尖锐的问题，而是把这些问题留到双方有一些好感之后再提出来。而且，当你提出这样的问题时，一定要直截了当，不要辩解——只问一次，不再重复。没有人喜欢屈尊俯就，没有人喜欢被糊弄，没有人喜欢回答尖锐的问题。如果对方拒绝回答此类问题，或者与此相关的任何问题，这是他们的权利。不要惹对方生气，不要过度纠结于某个问题而削弱后面的采访。

《星期六晚邮报》的资深记者、编辑霍莉·G. 米勒（Holly G. Miller）表示，记者"必须非常敏感，知道何时该问尖锐问题。如果时机不当，一切努力都将付诸东流，这种事情我们所有人都经历过。"

采访中提出的问题应该简洁明了、切中要害。如果问题充斥着行话术语、复杂概念，那就错了，尤其是当你本身不是该领域的专家时。不要试图显得"聪明机智"，让采访对象印象深刻，不要犯这种错误。相反，坦率地表示自己对这个话题并不熟悉，反而可能会使讨论更有效。如果提问时犯了错误，那么就坦白告诉对方，然后重新提出问题。能言善辩固然很好，但是获得正确的答案更重要。

记住，在采访中，沉默有时可能对你有利。人们需要时间思考，你也可以借机思考一下自己的问题。如果你觉得自己需要用闲聊来填补空白，这可能会打扰对方，使采访的焦点转向你自己——你肯定不希望这样。耐心地等待对方回答，这很重要——即使回答之前有短暂的沉默也无妨。毕竟，如果采访对象觉得你的话语给人压力，这可能会削弱你的采访能力。请记住，对话中的沉默空白从来没有它看起来那么长。

与沉默类似，对热情的恰当把握也能提升获取有用引语的能力。"你肯定不想让自己听起来不感兴趣，"《化学化工新闻》(*Chemical & Enginnering News*)的资深编辑琳达·王(Linda Wang)说道，"你希望自己在电话里听起来充满活力。有时，对方说了什么事情，我会说'哇，这太酷了！'他们会受到鼓励，为我提供一些真正有用的信息。打电话时，我会表现得饶有兴致、非常投入。"

采访时，提出的问题要尽可能地开放，这很重要。开放式问题鼓励采访对象以一种更稳定、更有意义的方式回答问题。开放式问题能探索采访对象对主题的思考与见解，也让机敏的听者有机会进一步提出有用的问题。通常，开放式问题以"为什么""如何"这样的词语开始。相反，封闭式问题可能会导致采访对象做出没有意义的回答，"是"或"否"。比如，"你喜欢史密斯先生担任州议员吗?"这个问题就不如"你为什么喜欢史密斯先生担任州议员?"

一个特别有用的开放式问题就是，问消息来源关于某件事情的看法。你要做的就是，陈述某个事件，或者提及事件，然后问消息来源对该事件的看法。如此一来，你就可以评估对消息来源而言最重要的事情是什么，反过来，对你的报道而言最重要的事情是什么。

有时，可以将封闭式问题成功转化为开放式问题。比如，如果你想确定，某个政治家是否支持某项新的政策，但又觉得，如果直接面对封闭式问题，消息来源可能会有所保留，那么不妨试试问一下，他为何支持这一政策变动。开放式问题也许会让采访对象觉得更舒服，他们会说明原因，或者澄清误解。

开放式问题和封闭式问题的区别对采访消息来源和病人同样适

用。实际上，医生——尤其是初级保健医生——会花很多时间向病人提问题，询问病人的病史和查体情况。有些访谈技巧对新闻和医学同样适用，这其中包括避免问双重问题（如下面的说明文字），以及对消息来源或病人而言带有诱导性的问题。

双重问题指的是试图通过一个问题问太多内容，双重问题由两个或两个以上的问题组成。看看如下这个例子：“请问你是否赞同候选人对这件事情的看法？如果赞同，为什么？如果不赞同，又是为什么？”这个问题复杂混乱，一定要分解。

诱导性问题指的是以提问的方式鼓励消息来源以特定的方式回答。这种提问方式剥夺了采访的客观性，阻碍消息来源对问题做出自发的评价。比如，“就像大多数民主党一样，你可能赞同《平价医疗法案》。请说明你为什么赞同该法案？”，这就是一个诱导性问题，不仅鼓励消息来源以特定的方式回答，而且做出假设。事实上，不是所有公开承认是民主党的人都支持《平价医疗法案》（奥巴马医改）。

采访时，一定要避免类似的盘问场景。消息来源是了解事实的源泉，不是站在被告席上的罪犯，而且不该由你盘根问底。你要做的是收集你需要从采访中获取的信息。

天性安静、不愿与人交流、自我克制的人是最难采访的一类信息来源。采访这类对象时，有一个小技巧，那就是问一些非常具体的问题，必须有答案的问题。这样做也许可以打破僵局。有时，消息来源或采访对象之所以很安静，是因为他们此前从未接受过采访，他们也许是被问题吓到了。在采访开始时，要让这个新人放松下来。明确建议消息来源尽可能地回答问题，并且说明你不会对他们的采访技巧作出评价。让他们知道，你的目的是为了更好地了解问题。

另一类不好采访的对象是有目的的消息来源。想象一下几十年前曾任职烟草执行官的人，如果接受采访，肯定会尽最大努力否定任何吸烟有害健康的言论。对他而言，他的意图可以理解。毕竟，没有人想要为几百万吸烟者的死亡负责。但是吸烟的确会导致死亡，不管这位烟草执行官所言多么令人信服，他都带有自己的意图。关键是，采访者要进行足够多的调查研究，收集足够多的信息，来辨别他是否在推进这个意图。

有时，你可能不理解消息来源对事情的解释。更确切地说，消息来源的解释可能充满行话术语、复杂概念。这种情况下，请消息来源重申一下要点。如果你还是不太理解，那就请消息来源把你当成高中生，再解释一下这个概念。鼓励消息来源用类比的方式来解释。如果仍然不能理解，那你就试着按照自己的理解向消息来源解释这个概念，请消息来源纠正不当之处。

还有一个好方法，那就是请消息来源介绍权力圈和社交网络。“权力圈”是调查性新闻术语，指的是界定权威：谁是重要的访谈对象？为什么？此外，专家消息来源能够提供真知灼见，告诉你报道如何获得有力的角度。专家消息来源在报道的主题上已经研究了几个月、几年甚至几十年的时间，而作者也许只花了几个星期研究这个问题。“社交网络”指的是你准备报道的这个问题涉及的关键人物。

有时，文章的结构决定了采访的进程。比如，如果你想用叙述结构构思报道，有开头、中间和结尾，那么按照时间顺序提问是可取的。如果你想突出故事的叙述，加入细节，那就请采访对象回忆具体的细节，比如犯罪现场看起来如何？到处血迹斑斑吗？受害者穿什么衣服？

让消息来源分享奇闻趣事也能提供有用的叙述素材。记住，趣闻不仅仅是故事，还能暗示消息来源的心理，圣经预言、伊斯兰教圣训、伊索寓言或托寓都具有丰富的意义。而且，以趣闻的形式提供信息，也许会让消息来源觉得更自在。

采访中最重要的问题通常放在采访结尾。不要忘了问一句，你有没有遗漏什么重要的事情，或者有没有误解。消息来源通常非常了解什么内容具有新闻价值，如果得到记者这样的鼓励，他们会进一步阐释。即使你忘记问一些问题，也不要给自己太大压力。没有哪次采访是完美的，如果你已经给采访对象留下了很好的印象，你后续总是可以再打个电话或发个邮件跟进的。

有时，在写文章的过程中，作记者必须对消息来源进行系列访谈。在系列访谈中，每一次采访都可以服务于一个目的——第一次是试探性的，第二次更加深入，第三次是确认证实等等。

糟糕的采访

偶尔消息来源可能不知出于何种原因，易动怒，或者极度厌烦。有时，采访可能会变得很糟糕，特别是当谈论的话题冒犯对方时。我估计，我做过的采访中有10%是“糟糕的”。但是，即使是在糟糕的采访中，记者也要保持冷静，这一点很重要。记住，即使是差的采访也有可能产生好的信息。

如果采访一开始就不太妙，最好还是转变话题。重新看看采访提纲，回到研究阶段建立的知识基础。如果采访非常糟糕，你觉得它不可能产生任何结果，消息来源也不想参与，那就礼貌地感谢对方百忙中抽出时间接受采访，然后结束采访。如果消息来源是报道的参与者之一，可能还能让人感到安慰，那就是某个消息来源掌握的知识，很可能另一个消息来源也了解。用经典的《采访的艺术》（*The Craft of Interviewing*）一书的作者约翰·布雷迪（John Brady）的话说：“避免用生硬的词语，不要给人刺耳的感觉。”记住，采访对象心情不好，可能是因为这一天过得很糟糕，或是这一周、这一年都过得不好。

我曾经想写一篇社会心理学与临床医学关系的文章，为此采访了一位传播学专家。不知何故，他一直处于防卫的状态，非常急躁。尽管如此，我仍然保持礼貌，保持冷静，坚持提出好的问题。最终，我收集到了需要的信息，礼貌地结束了采访。

如果采访对象不明原因地生气，考虑一下婚姻咨询师通常给出的建议（将采访者与消息来源的互动关系比作婚姻，听起来可能有点奇怪，但是请记住，两者都是对偶关系）。对生气反应慢一点、柔一点，加上适当的沉默。此外，面对抗拒时保持灵活、友善的态度，因为用俏皮话讥讽对方，只会引起对方的反感，使整个采访无法挽救。保持友好的态度，淡定自若，你通常可以将消息来源重新引导到更有成效的道路上。

有时，消息来源可能会对你的问题非常生气，威胁说要找你的编辑抱怨，这种情况很罕见。但是如果发生这种情况，请保持冷静！告诉消息来源编辑的联系方式，然后礼貌地结束采访。再重申一次，请记住，很可能还有更和蔼可亲的消息来源乐于接受采访，提供类似的信息。

整理录音稿

采访结束后，将文字整理出来是个不错的想法。有些记者仅仅将采访的一部分笔记整理出来。有些记者发现，将文字全部整理出来，重新阅读一遍，有助于更全面的理解，根据布鲁姆分类学理解。我强烈建议将采访的录音文字全部整理出来，仔细阅读，特别是刚开始做采访时。你可以从中获益良多，结果将出乎意外。霍莉·米勒是位经验丰富的记者，你能想到的任何一类刊物，她都写过稿，发表的文章超过三千篇，但是即使是她，也建议最好将采访完整地记录下来。

不同的记者对录音稿的处理方式不同——有的一字不改，有的很随意。以我自己的工作而言，我通常采访科学家、医生、研究人员、学者，这些人更愿意表现得能言善辩。因此，无论何时整理此类采访录音时，我都会检查一下引语有无语法错误，措辞上有无明显疏忽。小心谨慎，避免对引语过度编辑。毕竟，引语应该是重现话语，而不应该像发表的散文一样。整理录音文字时，我会省略不顺畅的语言，比如，如果消息来源说话时有的句子突然中断，或是重复，“我相信”“我认为”“稍微”“你知道”“嗯”等等，我会将这类词语从引语中删去。偶尔，我也会调整引语顺序，让它们看起来更有意义。最重要的是，无论我做出任何改动，我都小心谨慎，永远不要改变引语的含义。无论何时，当我对引语小修小补时，我都一定会在发表前让消息来源审阅。最后，我会尽最大努力尊重人们的方言或是特定的说话方式。比如，假如消息来源带有南方口音，会时不时地说“y'all”[①]，我会将这个偶然出现的“y'all”放在引用的材料里。

发表前预审

“发表前预审”指的是允许采访对象在印刷前审阅引语，发表意见。出于多种原因，有些记者不支持发表前预审——尤其是发表揭露性或调查性新闻时。反对发表前预审的记者有很多顾虑：职业精神、法律影响，害怕采访对象可能会毙掉稿子或改动稿子。有些记者赞同发表前预审，觉得这是个好主意。

发表前预审可以减轻采访对象害怕被误解的担忧，而且，如果刚开始为了成功预约采访，提出发表前预审的话，那么更应该请采访对象预审。如果决定提供发表前预审，那么一定要保证发稿的刊物允许这种做法。有些杂志允许，比如《科学》，但有些杂志明令禁止。（事

---

① “y'all”是美式英语中最具南方方言特色的一种表达，通常指的是“you all”。

实的精确性对很多科学刊物的读者而言非常重要，你通常会发现，这类刊物的编辑对发表前预审更加宽容。）

无论何时提供发表前预审，我通常都会加上一句重要说明：我承诺只会为澄清事实或语义而编辑引语。比如，如果消息来源告诉我某家营利性医学院所有者为创办这所学校，从父亲那里贷了 2 500 万美元，但是后来纠正自己的说法，说是 3 000 万美元，这种情况下，我会修改数字。但是，如果消息来源解释反对营利性教育的原因，试图改变主意，收回原先的评价，而且是对文章很重要的评价，这时，我不会让步。再者，如果消息来源试图改变对某件事情的立场，我会告知编辑。记住，如果你录下了一些东西，那么你就有权利使用它。更多发表前预审的内容，参见《调查记者手册》（*Investigative Reporter's Handbook*）。

不同的记者提供发表前预审的方式不同。“每个人都有自己的方式，”《化学化工新闻》的助理编辑琳达·王说道，“我会把新闻稿发给采访对象，请他们着重审阅引用他们的话的部分。有些作者只分享相关的引语，但是我喜欢分享整篇文章，这样对方可以看到自己引文的上下文。我相信，这样做会使文章清楚无误。”

就个人而言，提供发表前预审时，我会请消息来源审阅直接引语和间接引语。换句话说，我选取足够多的上下文来确保引语有意义。我会设置截止日期，希望对方在截止日期之前反馈。我不想在截稿日期的前几天收到消息来源的反馈，我希望给自己预留时间来处理反馈意见。我还喜欢将发表前预审的过程单独拿出来，在限定的时间内完成。发表前预审几乎总是会改变文章的结构，我喜欢在继续写作之前完成这一步。（出于类似的原因，我会同时开展事实核查。）

如果你在考虑是否提供发表前预审，科学类作者罗伯特·伊里翁的建议也许对你有帮助：“最终，为文章的精确性负责的人是你自己。

记者要尽一切努力确保，用自己名字发表的文章准确无误。如果部分内容是引用消息来源的话……如果事情很复杂……那么你就应该这样做。”

不宜公开

大众媒体已经将消息来源不宜公开的特权浪漫化了。在现实中，如果你没有明确表示哪些内容的消息来源可以选择不公开，那么任何录下来的东西都可以引用，即使消息来源表示某个评论“不宜公开”。原则上而言，如果消息来源同意接受采访，那么采访对象就要为自己的任何评论负责。赋予消息来源不宜公开的权利，这可能会给消息来源提供机会，避免回答重要的问题。

尽管如此，如果消息来源主动提出，某些内容不宜公开，谨慎而明智的记者还是会答应。不宜公开的内容不要作为引语使用，而应该用于帮助自己理解采访。如果某人说漏了嘴，说了某些不想见报的事情或是可能会伤害他们的事情，还是不要在文章中提及——尤其是当他们说的事情与你写的文章无关时。记住，一个好的消息来源可能是一生的资源，而过河拆桥可能会阻碍与消息来源未来的接触。

匿名

关于新闻，还有一个经常引起公众幻想的概念，那就是“匿名”。几十年前，很少有人会允许匿名，但“水门事件”发生之后，消息来源匿名带有某些神秘性，变得更加浪漫。“水门事件”丑闻发生之后的几年，似乎加油站老板评论油价上涨时都可以匿名。然而，今时不同往日。编辑和作者考虑是否允许匿名时都必须小心谨慎，任何时候，可能的话，最好还是清楚地注明引语的出处。

允许匿名可能的原因是，你只能通过隐藏消息来源才能获得必要的引语。原因还可能是，消息来源像告密者，本身没有权利发表意见，或者消息来源可能因为对事件发表评论而面临严重的后果。比如，《化学与化工新闻》上发表了一篇题为《难以坚持》（Barely Hanging on）的文章，文中的消息来源恰好是一位上了年纪、失业的化学家，正在寻找工作，他被允许匿名，因为身份的暴露可能会影响他找工作。幸运的是，对于非调查性报道，很少出现匿名问题。

专业访谈技巧

一旦做过一段时间的采访，你也许决定挑选一些专业技巧，帮助你掌握这门艺术，最大程度地发挥采访的作用。以下是一些专业访谈技巧：

- 偶尔闲聊一下，有时风趣一点或是自嘲一下，让消息来源放松下来。
- 用非语言交流技巧，让消息来源放松下来。面对面采访时，姿势可以随意些，身体向消息来源倾斜，保持眼神交流。电话采访时，可以通过“难以置信”“真有意思”“嗯，嗯”“是的”“啊”等，甚至偶尔笑一笑来鼓励消息来源继续谈话。
- 采访过程中表现的感情要适度，同情、担忧、兴趣等。比如，如果消息来源告诉你，他的家人刚刚去世，那么你最好表示一下同情和安慰。
- 适度赞誉，但不要阿谀奉承。只有真的相信消息来源值得赞誉，而且赞誉不会扰乱消息来源的客观性时，才能赞扬；记住，你是记者，不是粉丝。消息来源也许并不喜欢过分夸大而不真诚的奉承——聪明人很少喜欢马屁精。

虽然听起来有点奇怪，但对消息来源而言，采访可能是宣泄情感的渠道。优秀的采访者同样也是观察员，会真正地关心他人的所思所想。这样做会吸引消息来源，让消息来源放下心理负担，卸下防备。此时，重要的是要保持同情心，保持公正。永远不要对消息来源品头论足，不要取笑对方。用约翰·布雷迪的话说就是：“优秀的采访者对采访话题饶有兴致，这是当然，但与此同时，他又很公正，他是读者与采访对象沟通的桥梁。”

采访检查清单

- 避免带有误导性的问题和有双重含义的问题。
- 让沉默为你所用。
- 必要时，请对方澄清。
- 让消息来源不离题。
- 问一些有趣的事，以及还有没有更多类似的事。
- 保持冷静。
- 问问“有没有什么遗漏”。
- 整理访谈录音。
- 如果刊物允许，考虑发表前请消息来源预审稿件。

这里我想简要讨论一下电视节目《60 分钟》（60 *Minutes*）与最伟大的明星、已故的迈克·华莱士（Mike Wallace）。《60 分钟》是一档调查性新闻节目，节目的采访通常围绕犯罪事件，很多内容容易引起争论，记者的语调不一，从甜得发腻到直截了当的评判。尽管如此，观看该节目与节目记者的行为，可以获取很多优秀而普遍适用的访谈技巧。

迈克·华莱士影响了无数新闻从业者。他的鲁莽、自信、厚脸皮，他的调查研究技巧，他的个人魅力，无人能及。《60分钟》节目中有一个“与杰出的迈克·华莱士再见”的环节，从中我们可以学到两条重要的经验，对一般性采访都适用。首先，华莱士喜欢与消息来源建立一种“自信的化学反应”。他想要消息来源知道，他做了功课，对采访话题了然于心，让消息来源感到舒服，敞开心扉，忘掉摄像机。与此类似，采访消息来源时，作者希望与消息来源建立友好的关系，促使消息来源忘掉数字记录器和文字编辑器，只有对话。其次，随着时间的推移，华莱士的访谈技巧也在转变，他最终认识到困难尖锐的问题必须服务于特定、合法的目的：瞄准事实真相，让采访准确无误、易于理解。

综上所述，请记住，采访是一种调查研究方式。采访中获取的信息提供了叙述的素材、支撑稿子的事实材料。采访不是稿子的补充，引语也不是装饰——而是食粮。

5 文章简介

所有文章都有一些共同的基本特征，动笔之前应认真考虑这些特征。换句话说，每一篇文章都有自己的 PAST：宗旨（purpose）、受众（audience）、范围（scope）和主题（topic）。（医学作家托马斯·A. 兰（Thomas A. Lang）提出类似的说法，我将其中的“背景”（setting）改为“范围”（Scope）。）首先，每一篇文章都一定的宗旨或目的，文章完成时，宗旨或目的就应该实现了。比如，要写一篇关于整容手术的文章，对象是高中生，那么文章的宗旨也许就是提醒高中生整容手术的危险。其次，每一篇文章都有自己的受众或读者，写作时必须仔细斟酌。整容手术这篇文章的受众是高中生，最好避免不加解释地使用一些医学术语。再次，每一篇文章都有一定的范围或宽度，文章的内容应该集中关注这一范围。比如，还是整容手术这篇文章，它的范围应该是集中在整容手术上，没有理由讨论神经外科，除非整容手术和神经外科之间有清晰的关联，与文章主题相关。最后，每一篇文章都有主题。很显然，整容手术是医学话题。（有些文章还有次要主题，比如，整容手术也可以是心理学话题。）

针对不同的受众，写作的方式不同。因此，动笔之前，考虑写作对象很重要。你必须仔细斟酌你的论点、措辞、暗示、语调（是尖锐批评、愤世嫉俗、漫不经心，还是对话式或学术的口吻）、文章发出的信息，甚至是句子的长度。文章应该是为典型的受众量身定制的，为他们提供指导和愉悦。比如，分析受众之后，你可能就不会为儿童杂志《天才少年》（*Highlights*）写枪支管控的文章了。

宗旨（Purpose）
受众（Audience）
范围（Scope）
主题（Topic）

图 5.1　每一篇文章都有 PAST

文章类型

为普通大众或特定受众撰写的文章或报道可以大致分为三类：新闻、特稿和观点文章。我决定扩展分类，将博客上发的帖子也包括在内。尽管博客与其他类型的文章相似，但是仍然有其清晰而独特的考虑。

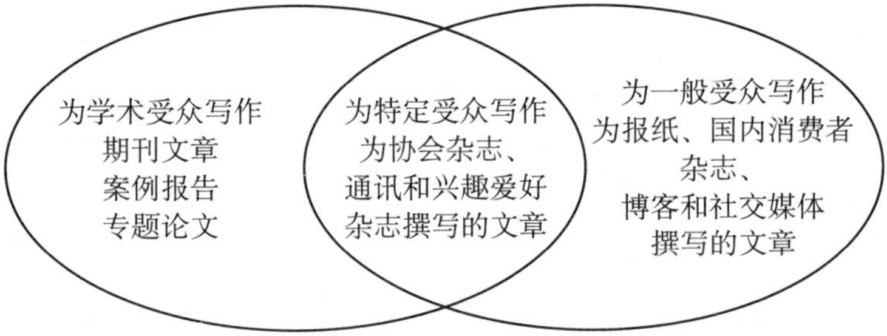

图 5.2 为公众写作

鉴于博客、新闻、特稿和观点文章的有些特征重合，最好用光谱序列将它们呈现。光谱的一端是新闻，专注于事实，光谱的中间是特稿，主要是观念（通常是专家的观点）、事实和叙述，或是故事要素，光谱另一端是观点文章和博客，通常采用专栏或评论的形式。博客和观点文章通常提供重要的观点，代表刊物或作者的观点，用论据作支撑。

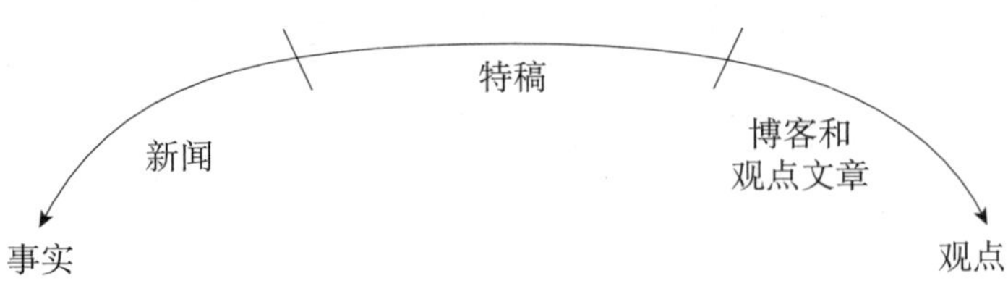

图 5.3 事实与观点光谱序列

浅谈特稿

在很多记者心目中，特稿占据特别的位置。特稿与消息、观点文章截然不同，特稿提供了创造的空间，提供了宽泛的形式。“我发现，特稿是最令人满意的一种写作形式，”科学类记者罗伯特·伊里翁说道，“因为你可以成为某个领域或某个学科临时的专家。你要带领读者进入这一领域，否则他们自己可能永远也不会涉足。你是领路人，将他们带入一个令人着迷的世界。通过你的话语，通过你作为记者的经历，将这个世界展现在他们眼前，能做到这一点，是一种荣幸……写特稿是一生的追求，需要持续不断地提升。随着时间的推移，你的作品会变得更深刻、更丰富。”

传统上的纸质特稿与杂志有联系，然而，随着时间的推移，报纸也开始采用特稿，通常采用牺牲倒三角结构。尽管杂志、报纸上的特稿在很大程度上是一致的，但是典型的杂志特稿与报纸特稿还是存在一些差异。首先，杂志特稿的有效时间通常更久一点，更“常青”，报纸特稿更倾向于时事分析。其次，杂志有时要求特稿按照特定的结构参数写作，比如以奇闻趣事作导语、主题段落紧凑等，而报纸的结构更加自由宽松。再次，杂志特稿的篇幅可以比报纸特稿略长一点，可以包含更多的消息来源，核查事实更彻底，报纸特稿对截稿日期更严格。最后，报纸特稿针对的是普通大众，而杂志特稿通常有自己特定的受众。

6 解剖新闻报道

本章将审视很多新闻报道共有的部分，其中很多是特稿中常见的要素，但在其他类型的报道中也能看到一些。

导语

专家表示，如果在文章一开始没能抓住读者的注意力，那么你可能会永远失去读者。如果读者漫不经心，随意翻阅杂志或是浏览网页，此时，导语或文章开头必须足够引人入胜，才能引起读者的注意，否则读者可能会将时间花在阅读别人的文章上，或是跟空姐闲聊、看电视、玩游戏或是遛狗……

对绝大部分特稿而言，文章的导语与结尾可能是报道中唯一真正属于作者的部分，这两个部分为作者提供了一个表达自己观点的机会。好的导语应该简单明了、与文章相关、引人入胜、焦点集中。好的导语应该设置悬念，使文章有趣、有新闻价值。最后，导语向读者做出承诺，承诺故事接下来要呈现的内容。

关于故事开头，不同的作家有不同的偏好。比如，很多作家喜欢用奇闻趣事作导语。通常，好的导语采用叙事或讲故事的方式，与文章的宏观主题相关。对很多报道而言，导语是一个段落，包含四五个句子。如果文章的篇幅较长，导语也可以有好几个段落。

在短篇特稿中，导语可能短得只有一句话，比如一句总结性的话，或者一句充满智慧、不惧权威、见识独到的评论。这样的导语也许与段落的主题句在一起（让人想起主题段落——本章稍后会讨论）。如果你足够聪明，你也许可以写出一个既能服务导语又能服务主题的句子。

请记住，正如很多其他类型的风格和结构一样，在某种程度上，将不同类型的导语归类这种做法有点主观、武断。也许对作者而言，最好的做法是在构思导语时考虑一下以下选择（但是，绝对不要将这些选择作为教条照搬）。

“我认为，可以遵循这些模式，”鲍尔州立大学新闻学教授戴维·萨姆纳说道，“但是，对于如何解释它们，人们还有分歧。我喜欢将它们视为模式，而不是特定的准则。我觉得，对于一般写作而言的确如此。我相信，要想成为优秀的作家，必须遵循一些特定的原则，但是除此之外，还有30%～40%的创造性。我这个人比较务实，如果你能写出来，文章有趣、引人入胜，那么，管它是什么在起作用。”

导语类型

导语分为几类。以下是一些有效的不同类型的导语，从不同的文章中总结归纳而成，比如戴维·萨姆纳与霍莉·米勒所著的《特稿撰写和杂志撰稿：行动、角度和奇闻趣事》(*Feature & Magazine Writing: Action, Angle and Anecdote*)。

概括式导语

概括式导语涉及五个“W”和一个“H”：When（何时）、Where（何地）、Who（何人）、What（何事）、Why（何故）和“How”（如何）。新闻通常以概括式导语开头，引入倒金字塔体（详见第11章）。概括式导语对复杂主题同样适用。比如，如果你正在写一篇关于“水力压裂”或者“液压破碎法”的文章，也许可以用概括式导语介绍这一过程。（“液压破碎法”指的是通过高压液体使地下岩石层破裂，从而释放石油和其他燃料的过程。）

《新闻周刊》(*Newsweek*) 发表了一篇题为《那个东西在我脑袋里干吗?》(What's That Doing in My Head?) 的文章，作者阿曼达·谢弗 (Amanda Schaffer) 以对微嵌合体的总结概括开头，微嵌合体指的是男性细胞从胎盘转移到母亲的大脑中，这种细胞通常来自胎儿。文章接下来都是关于细胞如何进入大脑，以及可能的利弊的假设。

> 倘若人们还对男性进入女性头脑有所怀疑，科学家已经在人

类女性的大脑中发现了男性 DNA。位于西雅图的福瑞德·哈金森癌症研究中心（Fred Hutchinson Cancer Research Center）的研究人员检查了几十名女性的大脑，结果发现她们中大多数人携带了只能在 Y 染色体上发现的基因材质。

引语式导语

引语式导语以引语开头。使用此类导语时要小心谨慎。采用的引语必须非常精妙——简明扼要、有趣、与主题相关。如果你喜欢某个消息来源的谈话精髓，但又很难直接引用某句话，那么你也许可以采用间接引语。比如，演员加里·布西（Gary Busey）在《名人康复所》（*Celebrity Rehab with Dr. Drew*）节目中的表现与他的电影作品一样出名，他有时有点莫名其妙，说话漫无边际，令人捧腹。（我常常在想，他是不是故意的，题外话。）如果你正在写一篇有关他的文章，你也许可以考虑引用他在采访时偶尔说过的莫名其妙的话，换一种方式表述。

AARP 杂志上发表了一篇题为《人人都爱托尼……托尼爱人人》（Everybody Loves Tony ... and the Feeling Is Mutual）的短文，在文中，托尼·贝内特回想起当年被弗兰克·西纳特拉指导的日子。作者比尔·纽科特（Bill Newcott）就采用了引语式导语作为开头。

> 托尼·贝内特回想起当初的情景，一切恍如昨日："我正在达拉斯市费尔蒙酒店表演，鲍勃·霍普来看我，"他说道，"他正要走，我的音乐师迅速跑过去问他：'你觉得托尼怎么样？'"

特写式导语

特写式导语用叙述的方式描述一个场景。如果描述的地点对故事非常重要，似乎是故事中的另外一个人物，那么采用叙述式导语很好。比如，2012 年，因拍摄《泰坦尼克号》成名的詹姆斯·卡梅隆设计了一艘潜艇，潜入海洋最深处。很显然，海底一片荒芜，卡梅隆将这一场景描述为“非常荒凉”“非常孤独”——就像身处另一个星球之上。如果要写一篇有关这次探险的报道，也许谨慎的做法是构思一个导语，描述荒芜的深海环境。

《大西洋月刊》（*The Atlantic*）发表了一篇题为《被淹没!》（Swamped!）的文章，在文章中，作者马特·西格尔（Matt Siegel）描述了自己在图瓦卢的采访经历，当时他没有预约到政府官员的采访。图瓦卢是南太平洋上的一个小国，该国可能会成为第一个因气候变化导致海平面上升而被海水淹没的国家。这个国家引起了国际上过多的关注，政府官员几乎所有的时间都花在会议和旅途上。在导语中，西格尔描述了这个官僚主义的荒原，为文章设定了一个场景，没有任何重要的采访。

> 这是我在图瓦卢首都富纳富提的第一个早晨，我离开酒店，穿过街道，来到这个国家为数不多的现代建筑中。爬了两层楼，来到总理办公室。“总理不在，”他的助手说道，“也不确定他何时回来。”“今天晚些时候?”“可能吧。”“明天呢?”“当然，一切皆有可能。要不还是采访外交部长吧，”助手说道，“他就在拐角处。”

叙述式导语

叙述式导语可以融合创意写作要素，包括寓言和比喻手法。按照时间顺序报道时，也许可以考虑采用叙述式导语。比如，奥古斯塔斯·怀特三世博士（Dr. Augustus A. White Ⅲ）是哈佛大学的一位黑人整形外科医生，反对医疗不平等，致力于打破所有教育和文化障碍，如果你在写一篇有关他成功事迹的文章，那么你也许可以考虑描述他与

《黑人隔离法》(Jim Crow South)① 的渊源，按时间顺序叙述。

2012 年，在一篇有关兰斯·阿姆斯特朗（Lance Armstrong）兴奋剂策略的文章中，作者朱丽叶·玛库尔（Juliet Macur）采用了叙述式导语作为文章的开头。

> 2000 年 6 月，兰斯·阿姆斯特朗与美国邮政自行车队两名队友乘坐私人飞机前往西班牙瓦伦西亚提取血液，开始一项新的、更好的服药策略。酒店房间内，两名医生和团队经理站在那里，看着计划逐步展开，看着他们最优秀的自行车手的血液缓缓滴入塑料袋中。

趣事式导语

趣事式导语以故事开头。故事可能来自消息来源、作者、朋友、其他作者、领导、专业人士等等。

《纽约客》发表的一篇题为《领先》（Head Start）的文章中，本·麦格拉思（Ben McGrath）采用趣事式导语开头，引入一篇关于"四分卫大师"史蒂夫·克拉克森（Steve Clarkson）的报道。史蒂夫·克拉克森指导年轻的四分卫球员，每小时收费 1 000 美元。本·罗斯里斯伯格（Ben Roethlisberger）、马特·莱纳特（Matt Leinart）等人都是他的客户。文章的导语以大卫·西尔斯（David Sills V）的故事开始，大卫·西尔斯 13 岁时就获得足球奖学金进入南加州大学。

> 大卫·西尔斯 8 岁时参加过特拉华大学的足球夏令营。夏令营就在熊镇，离家只有几分钟路程。西尔斯是个早熟的小屁孩儿，在球队打四分卫，实际上他不是凭直觉乱抢，而是将球扔出去，他似乎总可以在眼前一大群混乱的防守者中，看到有效的模式和系统。

---

① 《黑人隔离法》指的是 1877 年至 20 世纪 60 年代中期在美国社会，尤其是美国南部和边境地区实行的一系列歧视黑人的法律。Jim 普通男孩名，crow 意为"乌鸦"，Jim Crow 源自 1835 年的一首黑人歌曲，用于美国俚语，是美国白人至上主义者对黑人的蔑称。

第一人称趣事式导语

如果要在趣事式导语中采用第一人称的口吻，一定要小心谨慎。有些编辑和刊物不希望作者把自己放入特稿中，除非特稿与作者在某方面有直接的联系。

特德·斯派克是佛罗里达大学的新闻学副教授，兼任《男性健康》杂志特约编辑。他对第一人称趣事式导语有很多思考。“简单说，就是让自己置身导语之外，”斯派克说道，“但是，事实肯定更微妙……我们今天这个时代，周围有如此多的信息，你可以在几秒钟内找到大量信息……因此，写好故事的关键，不仅仅在于你的写作能力、你所使用的工具，还在于你的内容是否具有原创性，是否与众不同、生动有趣，是否引人入胜。很多时候，第一人称之所以奏效，是因为‘我’的个人亲身经历是独一无二的，因为我经历过，而你没有……在很多情况下，这就是第一人称趣事式导语适用的原因……使用恰当的话，第一人称导语可能会成功。你必须具备这种判断能力，知道何时可以用第一人称叙事，何时不可以、需要尝试其他技巧。”

“我努力告诉学生，通过以下方法测试一下：‘你可以让自己置身事外，但仍然能够恰当地表达这一场景吗?’……有很多场景没有必要使用第一人称，或者因为用起来简单而采用第一人称。如果是这样，你必须自我要求严格，审慎判断，因为这个技巧可能很简单，可能是条捷径。但是，我同意，采用第一人称有时也可能是明智的。这取决于你写的内容，读者也许会与独特的东西建立联系，你可以将此作为桥梁，将你的要点表达出来。

“我们在很多不同的场景中看到过第一人称导语。在减肥或健康类文章中，我也会采用第一人称导语。我们看到名人故事中也采用这一技巧来构思对话或场景。实际上，我认为，微妙的第一人称是撰写此类文章的一个很好的方式。也许你正在为某个人写传记，在导语中你与这个人有一点互动，你可以委婉地介绍自己，为故事创造一个很好的三维视角，为读者营造一种紧张感，让读者觉得故事与自己相关，让读者看到你的脆弱，看到你的挣扎、你的分享和你的坦诚。”

悖论式导语

悖论式导语以听起来有悖常理或看似矛盾的方式开头。比如，如果你在写一篇关于斯坦利·“图基”·威廉斯（Stanley “Tookie” Williams）的人物简介，也许可以考虑采用悖论式导语，把他过去的犯罪史与他在监狱中的人道主义行为放在一起（斯坦利·“图基”·威廉斯是著名的黑帮头目，“跛子帮”联合创始人，后因谋杀罪被执行死刑。作为死囚被关押期间，他成为一个很有影响力的反帮派积极分子和作家。）

以下是一个悖论式导语的例子，摘自《福布斯》杂志上发表的一篇文章，题目的设计很巧妙，叫做《富爸爸，穷爸爸，破产爸爸?》(Rich Dad，Poor Dad，Bankrupt Dad?)

> 关于富人与你我有何不同，通俗理财读物“富爸爸，穷爸爸”系列畅销书作者罗伯特·清崎（Robert Kiyosaki）给读者又上了一课：富人提出破产申请，不是因为健康或失业问题，而是战略性商业行为。

另外一个悖论式导语的例子来自一篇题为《佛罗里达最后的边疆》（Florida's Last Frontier）的文章，该文发表于《牛仔和印第安人》(*Cowboys & Indians*)。

> 提到迪士尼和德通纳的土地，人们最先想到的不是广阔无垠

的土地和牛群，而是游乐园和海滩。然而，人们惊讶地发现，佛罗里达居然拥有历史最悠久的畜牧业与养牛传统，其历史几乎和半岛的历史一样悠久。

耸人听闻式导语

很多读者会被令人震惊的导语吸引。如果故事中有出乎意料的金融、两性或犯罪因素，可以考虑采用耸人听闻式导语。我们看一看杰克·瑞安（Jack Ryan）的例子。2004 年杰克·瑞安竞选美国参议员时，他与妻子的性丑闻被曝光。妻子杰莉·瑞安（Jeri Ryan）是一位著名的演员，在《星际迷航》（*Star Trek*：*Voyager*）中出演过主角，曾当选伊利诺伊小姐。这篇报道充满淫荡的细节。对于这篇报道而言，暗示候选人可能涉嫌参与性爱俱乐部，可能是一个很好的导语。

在《男性健康》上发表的一篇题为《医院的肮脏内幕》（The Dirty Truth about Hospitals）的文章中，作者劳拉·贝尔（Laura Beil）以耸人听闻式导语开头，质疑一家医院发生多起膝关节手术后感染事件。事实真相是手术过程中使用的工具密封不严，未经适当消毒。

> 第五个士兵发生术后膝关节感染之后，华盛顿州塔科马的马迪根军队医学中心的人员停止了所有的前十字韧带手术。一定有什么地方发生了严重的问题，但是没有人说得出来。2003 年，在短短不到三个月的时间里，接受例行的韧带重建手术的几个人中，有的膝关节在 100 磅的负载下扭曲，有的踝关节在实况转播的篮球赛中断裂。韧带重建手术通常很安全，很少会出现感染情况（尽管不是闻所未闻）。过去四年进行的前交叉韧带重建手术中，医生只能想起一起术后感染事件，如今却接连发生五起！

真相不明式导语

真相不明式导语与耸人听闻式导语类似。但此类导语令人震惊之处并非在于已知的内容，而在于未知的内容，导语遗漏了一些重要细节。比如，每年都有很多人成功创办企业，但是很少有小孩子成功创办。将一个孩子创办一家几百万美元的企业这一细节遗漏，文章后面再提起，这也许就是一个很好的导语。

在美国《国家评论》(*National Review*) 上发表的一篇题为《什么是失去的一代?》(*What 'Lost' Decade'?*) 的文章中，作者斯科特·温希普 (Scott Winship) 质疑佩尤研究中心关于中产阶级衰落的研究，文章开头采用了真相不明式导语。请注意导语如何遗漏故事中不可缺少的重要细节。

> 测试：以下哪一个选项是正确的? a. 过去四十年里，中产阶级规模在不断萎缩；b. 过去四十年里，中产阶级变得更加贫穷；c. 中产阶级经历了“失去的一代”；d. 以上三个选项都正确。
>
> 鉴于人们对经济充满焦虑，回答 d 选项是可以理解的。但事实是，上述关于中产阶级衰落的说法——大多数是佩尤研究中心的研究发现——没有一项有最有力的证据支持。

规定式导语

规定式导语呼吁读者采取行动。采用“你”或“我”这样的代词与读者建立关联。描述式导语适用于论述影响所有人的社会问题。比如，2012 年，“反欺凌”成为政治家、教育家和家长关注的焦点。我们都经历过欺凌，要么是作为受害者，要么是作为迫害者，我们都有能力为反欺凌努力做出贡献。因此，恳求读者尽己所能阻止欺凌行为，可以成为非常有力的开头。

《男性健康》和《女性建康》等杂志长久以来以服务文章的形式发表描述性内容。在“无所不知”(Know it all) 栏目中，作家凯特·怀特 (Kate White) 写的一篇服务文章开头采用了描述式导语，建议

《女性建康》杂志的读者保持自信。

> 自信的女人性感、刺激。人们希望与自信的人为伴，听她说话，了解她知道的东西。我所说的自信不是傲慢或自鸣得意，这些特质通常源于不安全感，令人厌恶。真正的自信发自内心、充满魅力。随着自信的提升，你会变得越来越勇敢，不畏艰险。

采用恰当的规定式导语的口吻有点难度。重要的是既要保持权威性，不要对读者表现得高人一等，也不能贬低读者。特德·斯派克说自己花了很长时间，积累了很多经验才掌握了杂志的描述口吻："我花了两年的时间，才真正让自己对这种论调感到自在……我花了很长的时间才发现这个合适点，语气不要显得高人一等，但又能打发读者。这确实不容易。"

观点式导语

在社论中，你会发现观点式导语。在很多情况下，观点式导语相当于一篇散文式的社论介绍。

下面这个例子来源于《卫生经济学》(*Medical Economics*)上的一篇文章，题为《百年制造》(100 Years in the Making)。在文中，作者尼尔·麦克劳克林(Neil McLaughlin)表示，全民医疗法案基础有几十年之久，获得两党支持。他本人也支持全民医疗。

> 大约有一百年的时间。
>
> 去年关于医疗改革的争论似乎将100年的时间压缩成一年。实际上，如果你看一下年表之前的页面，你会发现，2009年以来发生的事情，在很多方面囊括了美国自20世纪初期流行的改革运动。激烈的党派偏见、对公费医疗制度的呼吁、"自由之死"，这些就像一部糟糕的肥皂剧一样在重复上演。

变革式导语

“变革式导语”这个概念是笔者自创的。在某些方面，“变革式导语”类似于概括式导语、悖论式导语和耸人听闻式导语。这类导语除了概括关键点之外，也否认了根深蒂固的观点，导语提出的观点有悖于我们的直觉。表面上，这种观点可能既耸人听闻，又充满悖论。介绍变革式导语之前，我想先解释一下什么叫做“变革性解释”。

人们的心理总是倾向于维护自己的信仰和固有的观念，尤其是当这种信仰根深蒂固，并符合直觉时。因此，传播学学者提出了一个系统性的方法来否认这种根深蒂固的错误观念。这种系统性方法被称为“变革性解释”①。

凯瑟琳·罗恩（Katherine Rowan）认为，观念的变革性解释可以分解为五个步骤：

（1）说明外行理论是什么。

（2）解释外行理论看似合理之处。

（3）解释外行理论的缺点与不准确之处。

（4）解释人们接受的科学理解。

（5）强化这种理解。

想象一下，你正在为一家孕期杂志撰写一篇有关孕期性生活的文章。根据八卦消息，你发现，大多数人仍然误以为，孕期性生活会伤害胎儿。你希望人们了解，孕期同房是可以的，甚至很愉快。接下来，用事实和叙述进一步丰富这一视角，可以考虑采用变革式导语，如下：

> 很多人认为，怀孕期间通过阴道性交会对胎儿造成伤害。人

---

① 以下大部分信息来自笔者为《今日心理学》（*Psychology Today*）撰写的博客，题为《怀孕之谜》(Myths and Pregnancy)。——原书注

们认为，勃起的阴茎插入宫颈和子宫可能会戳到胎儿，造成身体伤害。此外，人们认为，性生活引发的高潮会引起宫缩，可能会导致早产或流产。然而，实际上，宫颈内的粘液栓和子宫内的羊水会保护胎儿，不会让它被勃起的阴茎伤害。再者，尽管性生活高潮时可能引发子宫收缩，但是，这与分娩时的子宫收缩不同，因为胎儿受到保护，不会被外界伤害，包括勃起的阴茎。孕期性生活不会伤害到胎儿，即使是最强烈的、使人产生幻觉的高潮也不会引起早产。

糟糕的导语

我们有优秀的导语的例子，但糟糕导语的例子更多。和上述材料一样，以下很多材料都来自必读书目《特稿和杂志写作：行动、视角和趣闻》（*Feature & Magazine Writing：Action，Angle and Anecdote*）。有一些诀窍可以帮助我们避免写出糟糕的导语：

- 不要给读者过重的数字负担。比如，如果你在写一篇关于阿巴拉契亚国家步道的文章，在导语中提一下步道长度就足够了。根据阿帕拉契亚登山俱乐部 2001 年的统计数据，阿巴拉契亚国家步道全长 2 168.1 英里。海拔、降水量这些统计数据无论多么有趣，在导语中提及它们或是其他任何数据都很可能令读者感到厌烦。
- 要确保导语读起来不像百科全书或教科书的词条。你肯定不想导语中满是一行行单调的事实。比如，如果你在写一篇关于控制住院糖尿病患者血糖的文章，也许就要避免在导语中讨论每一类胰岛素。如果你一开始就提来得时（甘精胰岛素注射液）、NPH（重组人胰岛素注射液）等，可能会使读者糖尿病发作以至晕过去。
- 不要捏造事实，即使你觉得可以蒙混过关。比如，“9·11”恐怖袭击事件发生时，可能有很多自由职业记者正在纽约。这个大都市可以说是世界上现代刊物的枢纽中心，长久以来吸引了很多怀有雄心壮志的作家。很多自由职业者有充裕的时间，可以很容易假装目睹飞机撞向世贸中心大楼的灾难景象。借助媒体的叙述，也很容易编造这样的故事。然而，这种行为不仅违背新闻伦理道德，也是对真正见证这一幕恐怖景象的人们的不敬——他们中很多人失去了自己的生命。

- 不要在导语开头使用陌生的词语。比如，不要在导语中使用拟声词——模仿发出的声音的词，比如猪发出的“呼噜”声、猫的“喵喵”声、“啪”的一声等。再者，避免用外来语，尤其是老掉牙的词语，比如“carpe diem”（及时行乐）。
- 如果你喜欢翻阅《巴特利特名言选》（*Bartlett's Familiar Quotations*），你也许想在导语中引用某位大师的名言。引用名人名言这种做法非常老套，这种写法曾经在申请大学或研究生院的个人陈述中很常见，但是不能用于文章中。比如，不要引用丘吉尔或罗斯福的名言，即使与主题相关。除非文章中提及这些人物，否则引用他们的话就跑题了。应该用导语来捍卫自己的观点，用你自己的话，而不是他们的话。
- 在导语中采用幽默手法时要小心谨慎，尤其是当你写的并不是幽默文章时。幽默这种东西很难解释，对不同的人，幽默的事情不同。如果你能够判断出某个幽默的趣闻既符合主题，同时对读者而言也很有意思，那么你可以采用它。否则，我的建议是，不要使用。与此类似，要避免使用双关语。双关语通常是老生常谈，“音乐老师改变了音调”（改变了态度），这可能会让读者想赶快翻过这一页。
- 不要以一堆问题作为导语开头。比如，如果你在写一篇有关全球金融危机的故事，危机始于 2007 年，2008 年很快蔓延开来，这时，向读者提问有关主题的问题可能不是一个好主意。没有人想要在文章一开始就被人质问“这场危机为何发生?”“是谁的错误?”诸如此类。这些问题很可能暗示了读者为何有兴趣读你的文章。然而，应该注意的是，对很多作者和编辑而言，在导语后面的主题段落中提出几个问题，是可以接受的。

- 避免在导语中采用拟人手法。拟人修辞手法指的是赋予动物以人性。这样的叙述在本质上是不准确的，属于创意写作范畴。毕竟，电脑崩溃是因为它想要报复吗? 狗会感到幸灾乐祸吗?
- 想象一下，你花了毕生时间研究化学、数学、工程学，成为顶尖的火箭科学家，你所研究的使卫星保持在轨道上的卫星推进系统获得专利。从 19 世纪 40 年代开始职业生涯，你是一个女性，是成为第一批火箭科学家的女性。后来，你获得美国发明家名人堂与奥巴马总统嘉奖。你可能不希望自己的讣告写成这样：

> 她做的俄式炒牛肉一般般，跟随丈夫换了一个又一个工作，为了照顾三个孩子，有八年的时间没有工作。儿子马修说，她是“世界上最好的妈妈”。

这一导语摘自 2012 年 3 月 30 日《纽约时报》关于伊冯娜·布里尔（Yvonne Brill）的讣告。该文引起读者的强烈反感。人们抱怨，将布里尔的主妇身份放在第一位，火箭科学家放在第二位，这忽视了她在事业上取得的成就，是性别歧视。这篇导语充其量是一次失败的幽默尝试。

这是一个懵懂无知的导语例子，反映了作者的判断力不佳。如果作者（编辑、报纸……）的判断力略好一些的话，这样的导语都可以避免。（说句公道话，《纽约时报》很少会犯如此重大的错误，但一旦犯了错，很多作者和编辑都有兴趣指出来。）

主题段落

人们对主题段落有不同的说法："主题段落""主题""主旨段落""公告段落"。不管如何称呼，主题段落指的是特稿中位于导语之后、总结全文余下部分的段落。主题段落提出的主旨将在正文中进一步阐述。主题段落有主题功能，有不同的构思方式。很多撰稿人采用六要素来提出关键的主题或概括性的句子，六要素即五个"W"和一个"H"：何人、何事、何地、何时、为何以及如何。

主题段落至少服务于两个目的。首先，主题段落提供信息支持，解释报道的新闻价值和重要性。其次，主题段落作为导语和正文之间的过渡，起到承上启下的作用。与导语一样，主题段落常见于报纸和杂志文章，也可用于时尚故事、分析文章、新闻报道等。

以下是一个很好的主题段落例子，摘自最初发表于《政策评论》（*Policy Review*）上的一篇特稿，题为《供需与肾移植》（Supply, Demand, & Kidney Transplants），作者萨莉·萨特尔博士（Dr. Sally Satel）是一名精神科医生，本人曾接受过肾移植。正如文章标题所示，报道中描述了肾移植的诸多困难。这篇文章后来又刊登在《2008年美国科学著作精选》（*The Best American Science Writing 2008*）上。

> 在资源短缺的环境下，产生了令人不安的分配问题。谁能登上人满为患的救生船？谁又会被扔下水中？对社会有益——为了大多数人的利益最大化——与个人的公正之间一直存在着张力，向来难以解决。在肾移植资源紧缺的情况下，"移植社区"拒绝大胆创新，拒绝增加肾脏供应，使得这一情况无端变得更加

困难。

如何写主题段落？有一个有趣的方向，那就是追溯到采访阶段。采访时，最好能用几句话概括报道，让消息来源了解你从哪里来。这个概括可以作为主题段落的基础。

还有一个简单的方法，那就是提问，用随后的段落回答这些问题。比如，如果我在写一篇关于新的医疗方法的文章，我也许会在主题段落中写道："X疗法的好处是什么？X疗法与Y疗法的区别在哪里？"应该注意的是，有些编辑对这种写作手法已经审美疲劳了。

主题段落的长度通常与文章的长度成正比。文章的篇幅越短，主题段落越短。比如，在一篇只有几百字的特稿中，主题段落也许只有一两句话。在采用倒金字塔体的消息文章中，通常不需要主题段落，因为简介中已经提供了文章的基本信息，五个"W"和一个"H"。采用概括式导语的特稿也不需要主题段落，因为导语已经回答了主题段落会回答的很多基本的问题。

20世纪70年代，主题段落刚刚出现，很多刊物认为，主题段落的信息必须注明来源。这感觉是被迫为之，到了20世纪90年代，即使是古板的美联社也允许主题段落中的信息可以基于记者的知识、研究和专业技术，无须注明出处。主题段落中的很多信息将在报道正文中再次出现，正文中会适当标注出处。

提醒一下：要确保主题段落不会成为败笔，不会阻碍读者阅读余下的文章。请记住，主题段落并不是对文章的全面概括总结，只是要吸引读者继续阅读下去。

角度

角度是文章的重点，将报道连为一体。比如，如果要写一篇有关减肥的文章，可以采取关注外科手术的角度，比较胃旁路手术这类吸收不良型手术与胃束带手术这类限制型手术的优缺点。研究数据、专家引语、数据分析等都可以用来支撑你的视角。奇闻趣事和其他叙述要素可以为事实增添趣味。

没有角度的话，作者就只剩下减肥这个笼统的话题。减肥这一主题非常宽泛，可以写一本书，也可以召开一系列研讨会。减肥不仅限于外科手术，也可以通过饮食、锻炼等。作者不可能在一篇千字左右的文章中对减肥进行全面深入、有趣的分析。

如果编辑给予你自由，不限制文章，那么你在写作过程中也可以改变角度。特别是当文章的主题具有争议或者令人困惑时，这样做很有用。了解更多信息之后，作者可以采取研究和专家观点更好支撑的角度。值得注意的是，参考科学期刊文章这类第一手资料时，期刊文章的讨论部分是获得潜在角度的一个好地方。如果你决定改变文章的写作角度，那么你一定要告诉编辑，并且为你的决定准备好强大的论据支撑。

想象一下，你领到写作任务，要写一篇关于减肥的服务类文章。起初，你将角度设定在关注新型减肥药的潜在益处。但是，经过调查研究之后，你发现这种新型减肥药会产生很多胃肠道副作用，令人痛苦、无法忍受，其中包括胃胀和腹泻。这些副作用使人们很难接受这种药物。你也许会决定选择另一个角度，说明这种减肥药引发的不适。

用更科学的话来说，角度类似于假设，作者通过研究、采访等验证假设。

采访消息来源时，专家提供的线索也可能会成为一个很好的角度。比如，如果医生在采访中向你透露最新消息，有一种广泛使用的药物对减肥有潜在的、未注明的用途，你可以将此作为新的角度。（药品未注明的用途指的是未经美国食品与药物管理局认证的用途。）

医学专家的引语和进一步的研究可以为新的角度提供支撑。

我曾经写过一篇有关“虚拟病人”的文章。“虚拟病人”指的是电脑模拟的临床互动。虚拟病人主要作为医学专业学生的教学工具。据我估计，主流媒体从未对这一主题进行过充分的探索。经过几个月的研究、多次采访之后，我确定了文章的角度，那就是审视虚拟病人开发应该作为公众努力、使用公开资源，还是作为私人努力或者由行业主导。这一角度就是基于该领域几位研究人员和专家的工作——基于已经存在的信息。

原型

要寻找写作角度，考虑原型也许有用。原型指的是讲故事的基本模式，经典文学作品、喜剧作品、漫画小说、戏剧、电影和电视等作品中反复出现的主题。原型在宗教中也扮演了重要的角色，是古老的传说。读者如果想了解更多原型的内容，我推荐大家阅读约瑟夫·坎贝尔（Joseph Compbell）的著作。

- 旅程（荷马的《奥德赛》（*Odyssey*））
- 成功的机会（应许之地[①]）
- 复活（耶稣）
- 善恶二元论（亚伯拉罕宗教中的上帝与撒旦，拜火教的阿里曼创造出善良的斯芬特·曼纽（Spenta Mianyu）与邪恶的安格拉·曼纽（Angra Mainyu））
- 兽刑处决（罗马人将基督徒扔给野兽）
- 欺骗与背叛（犹大和布鲁图斯）
- 失去恩宠（弥尔顿的《失乐园》

---

① 英文原文“The Promised Land”指的是应许之地，《圣经》中上帝赐给亚伯拉罕的古迦南地，即今日所通称的巴勒斯坦地区。

- 古罗马竞技场中的角斗士（电影《角斗士》的主演拉塞尔·克罗）
- 劫富济贫（罗宾汉）
- 爱情与失去（电影《恋恋笔记本》）
- 不幸的恋人（罗密欧与朱丽叶）
- 失败者（大卫与格力斯，电影《追梦赤子心》）
- 悲剧英雄，具有悲剧性缺陷的英雄（索福克勒斯笔下骄傲自大的埃阿斯、优柔寡断的哈姆雷特）
- 赎罪（雨果的《悲惨世界》）

伊利诺伊前州长罗德·布拉格耶维奇（Rod Blagojevich）的故事反映了一个经典的原型：失去恩宠。布拉格耶维奇出生于美国移民家庭，工薪阶层，白手起家，辛苦打拼，被自己的贪婪毁灭之前，他已经登上美国最顶层的政治职位。2011 年，布拉格耶维奇被指控犯有几项同谋罪名，包括企图“出售”奥巴马当选总统后空出的参议员职位。布拉格耶维奇被判监禁 14 年，现正在服刑。提到近期的书籍、电影，《饥饿游戏》是一个典型的原型例子。故事的背景设定在遥远的未来，核心是一对年轻人被迫参加比赛，与 22 名贡品决斗。比赛就是饥饿游戏，赛况由电视直播，有赞助商赞助。整个事件令人想到古罗马竞技场中的角斗士。

主标题、 副标题和小标题

一篇结构清晰的特稿由主标题、副标题和小标题构成。请记住，最佳的文章通常都分成几个部分，以便于读者理解。

主标题

主标题介绍文章的内容，可能位于封面、目录或是网页搜索结果中，用于宣传文章。读者看到导语之前首先看到主标题，因此，主标题在推广文章、吸引读者注意力方面起着关键作用。很多编辑喜欢自己构思主标题，也有一些编辑寻求作者的建议。毕竟，作者对文章的内容更为熟悉，有时能想出绝妙的标题。我向编辑投稿时，会在文章最上方写上自己的名字和文章的字数，除此之外，我还会提出几个主标题的建议。看到自己建议的标题被编辑采用，是一件非常令人欣慰的事情。

波因特学院的研究人员试图定义并验证什么是好的主标题。尽管他们的研究没有产生统计学意义上显著的成果，但是他们的研究参数很有意思。比如，研究人员寻找的是如下的主标题：直接与读者对话；采用拟声词或其他形式的文字游戏；使用“我”“我们”或者“他们”；采用对话口吻；提出问题；或者让读者感到惊讶。

对于如何构思好的主标题，波因特学院网站上的一篇文章给出了很好的建议，文章题为《10 个问题，帮你写好主标题》（10 Questions to Help you Write Better Headlines），作者是马特·汤普森（Matt Thompson）。伊恩·蒙塔涅（Ian Montagne）的经典巨作《编辑与出版：培训手册》（*Editing and Publication : A Training Manual*）也有关于如何构思标题的信息。国际水稻研究所网站上有该书的 PDF 版，可以免费获取。以下是从上述这两个消息来源摘录的一些要点：

- 主标题必须简洁明了、干脆利落、准确相关。尽量用主动动词和专有名词。
- 主标题应该提及文章的关键词与核心概念。实际上，牢记这些关键词有助于标题的构思。
- 主标题应该说明文章探讨的主要问题，抓住重点。
- 主标题的措辞应该不同于文章中的措辞。不要在导语中完全重复主标题。

- 读者看完主标题后应该能了解文章的大致内容。
- 主标题的语言应该容易理解。你应该不希望读者还没有开始读正文就去查字典。要避免使用专业术语。
- 主标题可以采用提问的形式或者短语的形式提供信息。
- 正如汤普森建议的，仔细斟酌以下这些词是否有益于标题："顶尖""为何""如何""将要""新的""秘密的""未来""你的""最好的""最差的"。还要考虑，数字的运用是否对主标题有用。
- 主标题可以融入双关语以及头韵、半谐韵等要素。一个好的标题通常能够以一种聪明、智慧、不惧权威的方式抓住读者的注意。
- 主标题一般是右分枝结构[①]，主语和谓语前置。

以下是采用上述建议构思的一个标题。如果我要写一篇文章，说明添加人工增甜剂的减肥软饮料如何造成体重上升，文章标题可以写作《减肥饮料使你的屁股变胖》(Dict Drinks Fatten Your Booty)。我喜欢这个标题，因为它总结了文章要传递的信息，使用主动动词（"使……变胖"），语气略有不逊（"屁股"意思是"臀部"），用了头韵[②]，而且有悖于直觉。

有一点很重要，值得一提，那就是纸质媒体和网络媒体的标题写法不同。在 RSS feeds、数据库或搜索结果、新闻聚合网站如谷歌和

---

① 英语的结构为右分支（right branching），体现西方人单向性或线性思维模式，其修饰语后置，突出主语和主题句，注重分析推理，信息安排往往采用"突显语序"；而汉语结构则为左分支（left branching），体现东方人多项性思维模式，其修饰语前置，突出话题，注重相互间关系，信息安排常采用"自然语序"。

② 英文原文为"Diet Drinks Fatten Your Booty"，Diet 和 Drinks 两个单词的首字母相同。

雅虎，网络媒体只显示标题，没有正文。因此，标题应该具体，使用专有名词，用可以搜索到的关键词。在纸质刊物上的主标题可以与图片同时出现，有正文，因此可能会更有冲击力、更有趣。

曾经有一个消息来源向我讲述过一个标题，英国小报《太阳报》（*The Sun*）2000 年一期上的："超级黏土暴跳如雷，凯尔特人穷凶极恶"（Super Caly Go Ballistic，Celtics Are Atrocious）。如果这个标题单独出现，没有上下文，这句话就毫无意义。但是，当它出现在地方纸质刊物上，配上图片，加上读者对因弗内斯足球俱乐部与更加强大的凯尔特人足球俱乐部两支球队都非常熟悉，这时，这个标题就是一个天才标题。与此相对应，网络报道的标题也许可以写作："因弗内斯打败凯尔特人"，没那么抓眼球，但是更易于搜索。

副标题

副标题是位于主标题下方的一行文字，用于进一步阐述文章的内容。副标题对主标题起到补充说明的作用，帮助读者决定是否要继续阅读这篇文章。在有关无糖汽水这篇文章中，副标题可以写作《研究表明，减肥饮料可能导致身体发胖》。

《科学美国人》（*Scientific American*）是美国主流消费者杂志，该杂志在主标题、副标题和小标题的构思上尤为出色。该杂志的文章主题非常复杂，任何读过该杂志的人都可以证明这一点。很显然，编辑意识到他们的文章不好理解，因而尽力使文章结构清晰。比如，史蒂文·洛雷（Steven Laureys）的一篇题为《眼睛睁开，大脑关上》（Eyes Open，Brain Shut）的文章中，副标题很好地说明了文章的内容："新型大脑成像技术可以帮助研究人员更好地了解处于植物人状态的患者情况。"这篇文章讲述的是诊断处于昏迷状态和植物人状态的患者时面临的困难。

小标题

小标题将文章划分为几个部分，让内容更清晰。小标题既是划分各部分的标志，也介绍了接下来的主题。小标题要与主标题、副标题、导语、主题段落和结语保持连贯。构思小标题时，让小标题都保持相同的结构是一个好主意。以下简要列出减肥饮料一文可能的小标题。（顺便说一句，研究表明，无糖汽水或许与糖尿病也有关联。）[①]

- 无糖汽水行业
- 无糖汽水的成分
- 无糖汽水的营养成分
- 无糖汽水的配料
- 无糖汽水与疾病
- 无糖汽水与体重增加
- 无糖汽水与糖尿病
- 无糖汽水的替代饮料
- 营养学家对无糖汽水的看法

看一个来自现实世界中的例子：以下是上文提到的《美国科学人》杂志刊载的《眼睛睁开，大脑关上》一文的小标题。每一个小标题都是它所引出的内容的主题。

- 困难诊断：这一小标题指的是区分植物人状态与最低限度的有意识状态的困难。
- 意识区域：这一小标题指的是科学家试图使用功能影像来测量脑代谢，以此来推断患者是否有意识。

---

① 了解更多详情，请参阅我为《今日心理学》撰写的博文《无糖汽水打击加倍》。——原书注

- 大脑网球：这一小标题暗示，处于植物人状态的一名年轻女子被要求想象打网球的场景。令人惊讶的是，脑部扫描表示，她真的在想象打网球。

花絮报道

花絮报道指的是与文章相关、但未包含在正文中的信息。比如，我曾经写过一篇关于骨科医学院计划开设对抗疗法医学院（正骨疗法和对抗疗法医师代表不同的医学派别）的文章。这篇文章引起争议，全美只有一家大学的校园里同时有这两种类型的医学院，那就是密歇根州立大学。我在正文中已经提及密歇根州立大学既有对抗疗法，也有正骨疗法，而且在侧栏中又详细描述了这种独特的学术环境。

编辑喜欢花絮报道，因为花絮报道为读者提供了另一种视角。换句话说，读者也许因为对花絮报道的内容感兴趣而决定读完整篇文章。花絮报道也可以使读者从一行一行的文字中脱离出来，获得片刻的休憩。

很显然，花絮报道的主题取决于文章的内容。请记住，花絮报道的内容应该对文章起补充作用。以下是可能的花絮报道的内容：

- 奇闻趣事。
- 音频、视频：对于网络特稿，在花絮报道中提供音频或视频是一个好主意。如果在博客上提供音频或视频链接，一定要简要概述这些内容的重要性。
- 案例。
- 生词表。
- 有趣又有用的清单（除非按时间排列很重要，否则最好使用着重符号）。
- 袖珍资料卡。
- 小测验、调查问卷、游戏：使用小测验和调查问卷时要小心谨慎。最好的测验和调查问卷需要花费工夫精心设计。比如，调查问卷中提出的问题必须清晰、简明、有效、有目的性。再者，制作调查问卷时，问题的顺序很关键，还要考虑语言是否带有诱导性，是否冗余，是否带有偏见。关于问卷设计，想要了解更多信息，建议参阅罗杰·D. 威默（Roger D. Wimmer）与约瑟夫·R. 多米尼克（Joseph R. Dominick）合著的《大众媒体研究》（*Mass Media Research*）一书。

- 文章中引用的参考文献：不同于学术文章，记者不需要将引用的文献用正式格式列出。尽管如此，如果你觉得读者也许想要进一步了解参考文献，可以将它们列在花絮报道中。
- 小结。
- 补充信息：电话号码、地址、电子邮箱、网站。
- 时间表。
- 小窍门。

图表、流程图、示意图、表格

有时，图表、流程图、示意图和表格可以帮助读者直观地理解信息。美国第三大报纸《今日美国》（仅次于《华尔街日报》与《纽约时报》）因以图表、示意图等形式提供引人入胜的统计数据和其他信息而著称。（技术上而言，这样的内容可以归为另类故事形式。）《今日美国》的这些“快照”是对刊物新闻的补充。

如果你打算使用图表，建议考虑几个方面。首先，要确保图表清晰、易于理解，不要杂乱无章。在 X 轴和 Y 轴上标记单位，确保曲线图或条形图的基准为零。其次，使用曲线图时，图表上不要超过五条线。最后，不要制作三维条形图、饼图——读者会感到困惑。

插图、图表、示意图、流程图和表格中的信息应配上标题说明，作为正文的信息补充，并且不要重复正文的信息。比如，除非某个统计数据有特定的目的，否则不要在正文中重复。如果你在写一篇有关来自佐治亚州的“百万大博彩”① 的中奖者，决定用表格列出过去十年每个州的中奖者人数，表格中的很多信息可能就没有必要在正文中重复了。

尽可能避免在文章中特别提及某个图表或流程图。读者应该无须特别说明就能理解补充的内容。如果你的确需要向读者提及某个要素，那么尽量不要显得突兀。将提及的内容恰当地嵌入文中的其他要素中，不要用一整句话来单独说明。换句话说，让提及的内容与文章内容紧密结合。你也不想让自己的文章读起来像期刊文章一样。

不建议：“更多信息，请参阅表 1”。

更好的方式：“读者如有兴趣了解每州中奖者人数对比，请参见本文列表。”

结尾

当读者坐下来静静阅读你的文章，此时，读者就是在与你的文章开启一段感情，尽管这段感情很短暂。如果读者读到了最后，那就是读者愿意让这段感情有始有终。因此，优秀的撰稿人要将优质的写作贯彻到底。

文章结尾时，可以扩展文章的视角，展望未来、呼应开头或者插入相关引语。

升华

作者用整篇文章建立了关于某个主题的一种思维方式。结尾时，

---

① “百万大博彩”是美国最受欢迎的彩票之一。

作者也许决定，说明这种思维方式对读者的意义，让读者充分理解。升华主题时，一定要保证引入的想法对任何了解主题的理性的人来说都有吸引力，比如不带偏见的专家。

《经济学人》上的一篇《寻找谷歌》（Looking for a Google）的特稿在结尾时提出了一种认识。该文讲述的是在发展中国家成功创办大型公司的困难。文章结尾提供了一种可能的解决方案：学习借鉴国外大型公司的管理经验。

> 学习借鉴国外优秀经验可以带来巨大变化。1979 年，孟加拉国的一家服饰公司 Desh 派出 130 名员工前往韩国的一家纺织厂，进行为期八个月的课程培训。当时，孟加拉国没有纺织品出口，也没有现代工业。当这批员工接受培训回国后，几乎所有人都创办了自己的公司。今天的孟加拉国拥有 3 600 万纺织工人，其中 80%是女性，每年产生的出口收入达 130 亿美元。

展望未来

如果你已经做了充分的研究，采访了足够多的对象，你也许能预测事情的发展方向。与主题升华类似，当你展望未来时，你的预测也应该是合理的，对任何一个拥有良好判断力的人来说都有吸引力，比如该领域不带偏见的专家。

《高端医用大麻》（*High Times Medical Marjuana*）杂志发表了一篇题为《翡翠之城郁郁葱葱》（The Emerald City Goes Green）的文章。文章结尾探讨了西雅图医用大麻的未来。（正如杂志的题目所示，《高端医用大麻》杂志专门服务于大麻酷爱者和大麻种植者，提倡医用大麻合法化。）

> 因此，西雅图的医用大麻状态取决于很多因素——没有人可以确定，未来几年会如何发展——但是，只要病人和大家携手并

肩，未来一片光明。

首尾呼应

首尾呼应的结尾颇受人们欢迎。当导语是奇闻趣事时，这种方法尤其有效。比如，《领先》这篇文章讲述了四分卫传奇史蒂夫·克拉克森的故事，文章的结尾回到读者在开头中见到的四分卫门徒大卫·斯里斯，一群克拉克森指导过的孩子问斯里斯，如何在 13 岁时获得奖学金，此时的斯里斯 15 岁了。

> “我不知道。”斯里斯有点腼腆地说道，随后看了一眼克拉克森，等待他进一步指导。

值得注意的是，除了首尾呼应，这个结尾也采用了引语。

引语式结尾

请记住，正如你在文章中采用的任何引语一样，如果你用引语结尾，那么采用的引语必须可靠、准确。引语也可以表达一种情绪、观点，通过别人的口说出更好的一些观点。最后，引语必须有结束感。

AARP 杂志刊登的一篇题为《人人都爱托尼……托尼爱人人》的短文中，比尔除了用引语作为文章开头之外，也用引语作为文章结尾。该文在开头说明了在职业生涯早期，托尼·贝内特接受弗兰克·辛纳屈的指导。托尼·贝内特接着谈论起最近与年轻艺术家的合作、对他们的指导，包括谢里尔·克罗、奎因·拉蒂法、玛丽亚·凯里等。这篇特稿用贝内特的话作为结尾，贝内特说：“对我来说，感觉就像是毕业了。”

请记住，文章有不同的结尾方式，对大多数写作而言，没有一个绝对“正确”的方法。只要结尾吸引人、起作用，就可以了。

救助点与金币

波因特学院视线跟踪研究主任萨拉·奎因（Sara Quin）对报纸和网络阅读习惯进行细致的观察之后，说明了什么是救助点，并建议作者用“视觉金币”来吸引读者。

“我发现，人们阅读一篇报道平均用时 1 分半钟，98.3 秒。我想看看，是否有一个共同的时间点，人们在这个时间点上决定是否继续阅读，我发现这个时间点是 78.3 秒。我将这一时间点称为‘救助点’，在这个时间点上，人们会想：‘也许还有更精彩的内容，我还没有看到’，或者不准备读完了。”

“在这个时间点，重要的是要思考一下，如何增加一点‘金币’，吸引人们继续阅读，增加一些实质性的东西，让人们意识到报道还有更多精彩内容。这是技巧，是设计。这个东西也许是尚未出现在文中的某个人的引语，也许是一个小小的图表，抑或是提供更多相关信息的东西，也许是另外的链接说明，或者是直白地告诉读者，‘结尾将不可思议。’也许是实实在在的东西，比如对刚刚阅读的内容做个小结，总结两三个关键点，让读者获得一种满足感，即使他们在这里停止阅读，也会觉得内容清晰，满意而去。”

“我们可以推断一下，看一看纸质阅读。如果你在翻阅页面，看到的只是铅字，没有精彩的设计作为支撑，在这种情况下，小标题就显得尤为重要……或者，你可以加入一个非常好的视觉要素，让读者保持阅读的兴趣，要有一点设计或编辑技巧。”

奎因继续说道，“金币”可以放入故事的任何地方。对网络报道而言，“金币”可以每隔一两个屏幕就放一次。“每两个屏幕就出现一些引人入胜的东西，这一点很重要……但是不能过度……你应该不想弄乱你的报道。”

值得注意的是，奎因关于“金币”的建议基于最新的视线追踪研究，该研究在一个可控的环境中对用电脑阅读的读者进行了测试。

可贵的是，奎因和波因特正在考虑用某种“金币”来回报读者。然而，应该注意的是，这种回报系统需要有神经学的基础，需要进一步解释。回报系统由多巴胺来调节，效果体现于各种各样由“回报”引发的活动，包括非法药物的使用、赌博，甚至电子游戏。

为了让回报系统足够有力，产生“令人感觉良好的”多巴胺，“金币”必须对读者产生足够的吸引力。仅仅用新的视觉或文本形式提供信息，也许还不足以吸引读者阅读下去。回报要更加显著，可以采取金钱、社会或视觉回报的方式。

为帮助读者更好地理解这一点，我们看一看发表长篇特稿的网络刊物。为了吸引读者，产生广告收入，刊物也许要考虑在某个特定的时间点打断阅读，向受众提出有挑战性的问题。这些问题要求读者密切注意、仔细阅读整篇文章，从而加强读者对刊物的兴趣（即使是通过认知失调的方式①）。刊物应该给读者提供某种“金币”，作为回答问题的回报。“金币”起到反馈的作用，使多巴胺回报系统得以维持下去，逐步成为某种物质回报系统，比如特定版的 T 恤衫，解锁某些特别的内容或者应邀与名人、政治家、科学家等进行独家在线交流的机会。这种回报也可以采取虚拟点系统的形式，吸引读者，促进读者获得某种专业知识。

---

① 认知失调理论是认知一致性理论的一种，最早由费斯廷格（Leon Festinger）于 1957 年提出，指的是一个人的行为与自己先前一贯的对自我的认知（而且通常是正面的、积极的自我）产生分歧，从一个认知推断出另一个对立的认知时而产生的不舒适感、不愉快的情绪。

7 特稿类型

人物专访与讣告

人物专访

写好人物专访是很有用的职业技能。通常，刊物或公司会花钱购买重要的人物专访（或者他们认为重要的人物专访）。专访的灵感可能源于各种渠道，比如互联网、媒体、熟人。经常购买人物专访的刊物包括消费者杂志、贸易杂志、校友杂志、兴趣爱好者杂志等。人物专访也可以作为长文中的花絮报道。

正如任何特稿一样，采访之前，作者要对采访对象进行详细的调查，这一点很重要。简历、个人履历、刊物、新闻、此前有关的采访和文章等等，这些都是很好的消息来源。很多时候，如果你认真研究采访对象，采访对象会体会到你做的功课。

进行采访之前利用网络研究一下采访对象。在谷歌上搜索一下，你会看到很多机构和公司之前发表的采访、专业描述。在社交网站上搜索信息也很重要，这些网站包括领英（LinkedIn）、脸书等。如果采访对象非常知名，那么正式的文献搜索也是一个好主意，包括马奎斯“世界名人录”系列、《当代人物传记杂志》（*Current Biography Magazine*）。对医生和医学研究人员而言，还有一个搜索的好地方，那就是 PubMed[①]。

做人物专访时，与采访对象面对面交流总是比电话采访要好。在采访对象自己的环境、地盘上采访有好处。再者，如果要写篇幅稍长一点的专访文章，可以在采访对象熟悉的不同场景采访，如对方的办公室、家中或是最常光顾的地方，仔细观察周围的环境，这些细节是

① PubMed 是医学、生命科学领域的数据库，旨在组织、分享科研领域的信息。

很好的叙述素材（记得用手机拍照，作为参考）。

写专访时，最好是传播正能量。与工作有关的活动、社区服务、志愿者工作、兴趣爱好等都是很好的话题。还有一些好的话题，包括职业生涯的开始、童年时期的梦想、遭遇的挫折、难忘的批评、挑战等。用细节与奇闻轶事丰富文章，可以使文章形象生动，抓住读者的注意力。

很多优秀的采访也会囊括与采访对象关系密切的人士，比如同事、家人或朋友。绝大多数采访都是积极正面的，因此，不妨问一下采访对象，关于此次专访，还有哪些人可以采访，以及他们的名字、电话或电子邮箱。采访对象很可能会推荐他信赖的同事，而不是心存不满的前雇员。

大多数出色的采访明智地融合了采访对象的职业生活、休闲娱乐、社会生活和家庭生活。你可以用寓言或比喻将职业生涯与个人细节做比较。比如，我曾采访过医学院的一个学生，他在摩托车事故中失去了一只手。身体的残疾使其进入医学院的道路困难重重。（可以想象，解剖实验室或为患者体检时都需要两只手。）我将他进入医学院的历程比作马拉松——他最爱的休闲方式。这一对比成为强有力的叙述。

人物专访可以采用多种结构，以下是简要的总结：

- 经典结构：（1）导语；（2）采访对象的知名成就、杰出贡献等；（3）采访对象的历史背景；（4）结尾。
- 将采访对象的一生划分为几个不同的方面。
- 按时间顺序来讲述采访对象的一生，用闪回手法。
- 采访对象一生中几个平行的插曲：比如三种不同的成功，一种是个人的成功，一种是职业上的成功，一种是慈善领域的成功。
- 探索一个主题：比如 Lady Gaga 与其惊世骇俗的价值观。

● 问答式结构。

请记住，写专访文章时，不要对采访过度编辑、美化。如果你的确想要加入一些详细的赞誉，那么最好是通过与采访对象关系亲密的人来表述，比如崇拜采访对象的同事。最后，与采访对象无关紧要的信息，可以用花絮报道说明。

写专访文章时，最好角度要新颖。最受欢迎的角度可能产生新的角度，包括并列、对比。比如，玛格丽特·古洛夫在 AARP 杂志上发表过一篇题为《相濡以沫》（Stronger Together）的文章，讲述了电视记者梅雷迪思·维埃拉（Meredith Vieira）与丈夫知名作家理查德·科恩（Richard M. Cohen）的生活。在某种程度上，这篇文章将维埃拉和科恩表面上光鲜亮丽的职业生活与养家糊口、与慢性病艰苦斗争的现实困难做了比较。

应该说，重要人物或名人专访充满挑战。通常很难预约到充足的采访时间，因此，作者往往要依赖其他消息来源写专访。尤其是知名人物的专访，很难构思出新的角度。比如，大多数人已经知道汤姆·克鲁斯是山达基教教徒，如果写一篇有关他目前的宗教信仰的专访，这也许会令人厌倦。写一写他早期的神学院教育或许更有意思。

古洛夫表示："一般来说，对于名人专访，如果你能约到一两个小时，你就已经很幸运了。你要确保自己做足了功课，这样，在那一两个小时中，你才不会问一些他们已经回答过成百上千遍的问题。"

讣告

讣告与专访类似，只是有一个显著的差异：讣告的对象已逝。写讣告时，对象逝世的消息要放在深入研究之前。接着，作者向第二手消息来源寻找事实和引语的支撑。也可以采访与逝者相识的人。

讣告的主要挑战在于要让对象充满活力，让对象活过来，而不是简简单单地记流水账，列出其生前取得的成就、贡献和奖项。

“做得好的话，人物专访和讣告非常相似。”北卡罗来纳大学教堂山分校医学与科学新闻项目主任汤姆·林登博士说道。“讣告应该让逝者起死回生。如果讣告仅仅讲述逝者各方面的贡献，我们对其个人风格一无所知，对其为人没有感觉，那么，我觉得，这并不是一则写得好的讣告。”

服务类文章

优秀的服务类文章既能给受众带来愉悦，又能提供有用的信息。这类文章直接瞄准读者，用信息改善读者的生活，不管是健康、休闲、金融，还是职业信息。

我曾经写过一篇有关手机和癌症风险的服务类文章。（尽管这个话题仍有争议，但是有限的证据表明，手机放射的电磁波或许会导致神经胶质瘤。）这篇文章讲述的是如果手机的确可能增加癌症风险的话，受众如何将风险降到最低。（研究人员建议读者用免提耳机、发送短信或者将通话时间降至最低。）

选择服务类文章的主题时，最好选取自己了解的主题。因为服务类文章要求直接的研究、深入的了解，如果作者不了解主题，写出的文章很可能水平很低。比如，如果你在写一篇攀岩设备的文章，而你本身却是一个电视迷，这很可能超出你的知识范围。写服务类文章时，关注新产品是一个好主意，同样，考虑成本、节省时间等窍门也可以成就一篇引人入胜的稿子。

撰写有关产品的服务类文章时，最好将角度主要放在决策程序，而不是特定的产品上。比如，如果你想要写一篇关于数码相机的文章，你的角度（原谅这个双关语）可以关注百万像素是否会影响图片质量。（增加的百万像素是否真的能够提升照片质量，很多人对此有争论。他们说，500 万像素的相机拍出的照片和 1 200 万像素的相机拍出的一样清晰。）

写服务类文章时，第二人称视角很重要。比如，我曾写过一篇关于手机的文章，主题段落写道："放下你的手机，拿起你的固定电话，这是否明智？"这里的"你"指的就是读者。与此类似，服务类文章的导语和正文也应该与读者相关。

用权威口吻写作也很重要。如果你已经做了一定的研究，你的叙述和推荐自然而然会变得有力。尽量采用合适的小标题，使得文章结构清晰。花絮报道也是不错的办法。花絮报道可能包括地点的指示、问答和清单（列出注意事项和利弊）。比如，如果要写一篇关于数码相机的服务类文章，可以加入花絮报道，列出大多数受欢迎的数码相机类型。

更多服务类文章的例子，请参阅任意一期《男性健康》杂志。通常，该杂志几乎将整个预算都投入服务类文章——很多有关性、饮食、仪表等方面的文章。这类服务类文章很有启发性，也有娱乐性。值得注意的是，该杂志采用了一种尖刻的教条式口吻，这种风格使该杂志从众多同类杂志中脱颖而出。

指南

指南类文章属于服务类文章。人们几乎可以就任何主题撰写指南，从为兔子搭笼子到烘培松饼，都可以。然而，选择主题时，谨记一定要安全、合法。（你应该不想指导读者如何编写病毒程序或者如何"吃霸王餐"。）

指南类文章通常由以下部分构成：

- 导语或引人入胜的过渡性介绍
- 材料
- 步骤、窍门和建议
- 插图、示意图或照片

- 意外的结局或强大的结尾

文章开头列出需要使用的材料，每一个步骤采用平行的结构，用类型相似的词句。指导应该是权威的，可以使用诸如“接着”“何时”“现在”“下一步”等词。指导必须是清晰的、可复制的。对于自己没有亲身尝试过的东西，永远不要写。预测读者在哪些地方可能会犯错，提供解决问题的技巧。尽可能在指南中包含图解、示意图或照片，以便读者对过程有直观的了解。给所有图片配上清晰的文字说明。指南类文章的文字说明应该重复文中的信息，这一点有别于其他类型的花絮报道。此外，撰写指南时，叙述应该尽可能简单。最后，谨慎使用引语，用第二人称写作，用权威口吻写作。

在这方面，男性杂志《马克西姆》（*Maxim*）无人能及，《马克西姆》将整个不惧权威的栏目都贡献给了娱乐大众的特稿。比如，2012年11月那期有五篇指南文章：“如何远离大爆炸?”“如何修剪出超炫的胡须?”“如何将身体锻炼成像相扑选手那样?”“如何像冠军一样打败对手?”“土耳其两日游攻略”。

游记

游记：服务

要写出优秀的游记不容易，需要平衡娱乐性、服务性和信息性。尽管写游记也许看起来很浪漫：来一场说走就走的旅行，去一些全然陌生的地方，了解一个新颖的、令人兴奋的主题，但事实上，写游记是一份劳动密集型工作，要求作者进行很多思考，在关注住宿费用、交通工具、饭店菜单等世俗事务的同时，还要保持新鲜的视角。但是，如果你能写出好的游记，你的文章就有巨大的市场，航空杂志、旅行杂志、报纸、女性杂志等都需要这类文章。

游记通常包含以下四个服务主题之一：游客、旅行经历、对旅游地的印象或是特别的、独一无二的美景。写游记时，重要的是不仅对目的地要有新的视角，而且要抓住该地的精髓。比如，海港小村是圣迭戈海湾颇受欢迎的购物和用餐地，如果你要写一篇关于海港小村的游记，你就不要写琳琅满目的饭店、商店，这会非常乏味、烦琐，在网上迅速搜索一下，你就会发现很多人已经写过类似的内容。可以考虑换一个角度，从一个清晰的视角来看待海港小村。可以采访一下在木栈道上卖艺的街头艺人。无论如何，不要让你的游记显得泛泛而累赘。正如任何特稿一样，作者不可能涵盖方方面面，你必须决定要写什么内容，这个选择很难，但不得不做。

写游记时，要充分感受你要写的地方。与当地人交流，在街上走一走，坐一坐公共交通工具，参观一下市场、商店，看一看博物馆，试一试本地的餐厅，或者参加一下宗教或文化仪式——尽一切可能充分领略环境氛围。可以在一天的不同时段参观各个地方。通常，当地人会给你清晰的建议，他们甚至会教你一两个新词，可能对写作有用——比如牙买加语“irie”（谢谢）、菲律宾语“salamat po”（谢谢），或者夏威夷语“Mahalo”（感谢）。此外，找到好的参考书也很重要：地图、旅游指南、观光手册——很多都能在当地的图书馆或商店找到。（网上也有一些有用的资源，包括 www. travelwriters. com、世界商会、美国旅游协会。）

我们很多人都有这种感觉：对异域的美好记忆可能稍纵即逝。因此，离开旅游地之前，整理笔记和思绪就显得尤为重要。动身之前想好你的故事。随手拍照，留下照片记录，提醒自己，它们为什么重要。

写游记时，尽量保持客观中立。尽管有些游记是由旅游景点赞助的，但是游记不应该是推广，诱惑游客参观。如果是这样，那么游记就是广告或是公关文章。因此，写游记的人必须保持警惕，有意识地保持客观中立。

为刊物写游记时，作者通常要自己拍照，买一台高品质的相机，掌握使用方法，这会对你有帮助。

游记：第一人称叙事

游记可以采用第一人称体验叙事形式。安德鲁·麦卡锡除了做演员之外，还是《国家地理》的游记作家、自由编辑。他擅长第一人称叙事，对这一类型的写作提出了很好的建议。

> 我努力创作一些个性化的故事，我希望故事的展现方式能够获得读者的认同。一旦与读者建立了认同感，那么，我们与读者之间就有了联系感。一旦有了联系感，就有了投入感。一旦读者投入其中，我们就能将他们带到任何地方。
>
> 我不在乎服务类文章。我更感兴趣的是吸引读者，而不是宣传。我一直在努力创造一个读者可以进入的世界（我相信，旅游改变了我的生活，也可以改变你的生活），我写的每一篇游记都贯穿着这样一种信念。
>
> 如果文章写得足够好，那么此时，作者消失了，读者成了“我”。文章放之四海而皆准，这应该是作者追求的目标。为了实现这一目标，文章一开始就必须是个性化的。否则，作者只是纸上谈兵，谁会在意？我并不是什么领域的权威专家，我所说的全部源于个人的亲身经历。如果我写下个人经验，那么我就抓住读者了。突然之间，读者就会投入到我的文章中。你希望读者点头，读者一旦点头，你就成功了。

麦卡锡写游记时，遵循主题段落结构：导语介绍一段引人入胜的奇闻趣事，通常在主题段落中设定某个目标。比如，在《寻找黑珍珠》的专题报道中，麦卡锡在开头描述了这样一个场景：为寻找一枚黑珍珠，麦卡锡跳入大溪地泻湖。在主题段落中，我们得知，黑珍珠是麦卡锡准备送给母亲的礼物。正文主要描写麦卡锡去大溪地之后发生的一些趣闻，最终将我们带回到他最初跳入湖中寻找黑珍珠的故事。

麦卡锡自己也承认，连贯的叙事有时需要一些技巧。有些要颠倒时间顺序，偶尔需要向采访对象提出一些有引导性的问题，以便引出故事。但是，有一点麦卡锡特别指出，那就是绝对不要对采访对象的引语作过多修改。

麦卡锡说："如果你需要修改引语才能使它符合你的观点，那么，你的观点就是错误的。但是，为了让叙事成功，我曾经调整事情发生的顺序，用不同的方式构建故事，我觉得这一点是可以接受的。"

评论

评论通常分为两大类：书评与艺术评论，后者包括对电影、电视、剧院、音乐、表演艺术、绘画、美食、餐厅、美酒等等的评论。某种程度上，这两类评论的界限有点模糊——毕竟，书也可以被视为艺术。尽管如此，大多数书具有很多共同的特征，有别于戏剧、电影、绘画等。比如，相对于毕加索的画作或是百老汇的戏剧，解剖学方面的书和生理学方面的书更相像。

艺术评论

如果说评论文章会影响公众的看法，相信没有人可以否认。你本来想花 15 美元看一部电影，但是看了这部电影的差评之后，你也许会等到电影出 DVD 版时再观看，或是在美国在线影片租赁商 Netflix 上租来看，或是在有线电视上观看，或者也许压根不看了。实际上，评论有巨大的影响力，以至于一些知名评论家本身也是名人，有着显著的影响力，比如很多美国人熟悉的已故影评人吉恩·西斯科尔

(Gene Siskel)、罗杰·埃伯特（Roger Ebert）以及他们的口头禅“赞!”

大多数评论包含五个部分：

- 导语或引人入胜的开头，吸引读者阅读评论
- 界定评论对象
- 总结评论对象，而不是列大纲
- 用论据支撑观点
- 意外的收尾或者有力的结尾

正如任何特稿写作一样，写评论时，有力的开头也很重要。开头要开门见山，亮出观点。措辞的选择与呈现的方式可能为文章的余下部分奠定基调。“我总是在思考如何在第一段、第一句就抓住人们的眼球。”资深影评人乔·莱登（Joe Leydon）说道。莱登为美国著名影视杂志《综艺》(*Variety*）等刊物供稿。

写评论时，很重要的一点是作者要对评论对象进行恰当的界定，最好在开头和结尾都界定一下。提供足够多的信息，让感兴趣的读者知道去哪里核实信息，这也很重要。很显然，好莱坞大片很容易在本地影院看到，地点就不一定需要提及。但是，对于地方剧，只在特定时间、特定剧院演出的作品，提一下剧院地点就显得很周到了。

正如观点文章一样，优秀的评论应该有理有据。“好的评论就是观点。陈述你的观点，用例子来支撑观点。”莱登说道，“仅仅说好、坏或是中立，这是不够的。必须要加以证明。”换句话说，一旦观点表达出来，就必须展开。比如，将《闪灵》（*The Shining*）评价为一部恐怖电影，不如说在电影中杰克·尼科尔森陷入疯狂，令人恐惧并解释原因，这对读者更有意义。

作者在评论时有时会犯一个错误，那就是写故事梗概，而不是故事概述。故事梗概指的是按时间顺序发生的事件。比如，评论家写一

篇《闪灵》的梗概，也许首先会描述杰克·尼科尔森的性格，他在一家旅馆做冬日守门人，家人来到这家旅馆（这是电影最初的一个场景），评论家也许会继续描述接下来的每一个场景，直到最后（尼科尔森死去）。读者不想阅读电影中的每一个场景，读者想看的是整个电影的精髓，想要故事小结。要概述《闪灵》这个故事，可以描述一个作家和他的家人作为孤独的守门人，如何在一家幽灵般的旅馆中过冬。在此期间，作家陷入疯狂，试图杀害自己的家人。

有时，概述不一定需要很完整，尤其是当读者对评论的内容很熟悉时。比如，如果你评论对《罗密欧与朱丽叶》新近的改编，那么，阐释莎士比亚原剧的基本预设"两个错爱的恋人"就没那么重要了，更重要的是描述最新的改编与其他改编的不同。

有人觉得评论特定的美酒、戏剧或者饭店有点令人生畏，尤其是当他们觉得自己缺乏这方面的经验时。罗杰·莫里斯是一个自由作家，擅长写美酒、美食、旅行，我对他的一次电话采访中，他告诉我专业知识可以有多种形式。

"我觉得，评论家要成为自己评论领域的专家，"莫里斯说道，"经验非常有用，但是专家有各种各样的……有些人有丰富的经验，有东西拿得出手，还有很多人也许没有那么多经验，但是有很强的观察力，或者对事物有很好的思考或者看待趋势的眼光独到。他们有很多拿得出手的能力。"

正如任何类型的文章写作一样，写评论时，一定要考虑写作对象。"你要根据刊物来写评论或者观察类文章。"莫里斯说道，"对《每日邮报》这样的刊物而言，它的读者就不如《葡萄酒爱好者》或《侍酒师杂志》的读者专业化程度高。这不是简单化或是故作聪明，而是要努力弄清楚你可以使用多少专业术语。对于了解背景的读者，你可以使用更多的术语，无须事事解释清楚。对于不太了解背景的人，你不需要深入或过多解释细节。”

“当写作对象是普通大众时，采用对话口吻也许是一个不错的想法。”莱登说道，“很久以前我就知道，写评论时，对话口吻非常有效。在这方面，美国最优秀的影评人无疑是罗杰·埃伯特。读他的评论文章，好像他就坐在你的对面，和你共用晚餐，向你娓娓道来他刚看过的一部影片的感受，引人入胜，富有启发。”（采访时，罗杰·埃伯特还在世。）

莫里斯在评论美酒或其他任何东西时，都会将对象放在背景中考虑。莫里斯说道：“在文学评论中有一个流派叫新批评主义，新批评主义认为，任何东西都没有背景。这意味着，如果你在品尝美酒，那么你就不需要带任何背景品尝，不需要知道美酒由谁生产。另一个流派则认为，从背景中你可以了解更多信息，这也是我所推崇的流派。品酒时，如果你了解酒的背景，比如，品尝 2012 年的波尔多时，了解生产商的信息会对我有帮助，因为知道生产商的历史，就不是在完全盲目地品酒。”

莱登评论时也会考虑背景。“你需要了解一些电影史，当代影视制作人在电影中所有的参考。”莱登说道，“我的意思不是说，评论昆汀·塔伦蒂诺《被解救的姜戈》之前，你要将所有意大利式的美国西部片通通看一遍，但是评论之前，至少应该熟悉几部意大利西部片——即使只是最初的《姜戈》。”

除了考虑背景，莫里斯也会小心斟酌不同读者的口味。“人们的口味不一，几乎没有绝对的事情。比如说，纳帕谷的卡布瑞葡萄酒，大多数花了大量时间写葡萄酒评论的人或是对葡萄酒有所思考的人可能会说，卡布瑞是一家非常优秀的生产商，但是也有一些有见识的人会说，这个品牌的价值被大大高估了。电影也是如此，事事皆是如此。”

“我很乐意为自己的想法辩护，但是我也认识到，也许有些有经验的人不喜欢这种酒，我尽量不去说教，不百分之百一边倒。我会说明自己喜欢的地方、喜欢的原因，即使我对某些酒不是很感冒，我也会说明，也许有些人喜欢这类酒，解释他们的审美眼光。因为，我不喜欢并不代表这个酒的品质就不好。一个人的美德，在另一个人身上也许是缺点。只有当葡萄酒制作商没有控制好某些事情时，我才将其视为缺点，但是有时，你不和他们交谈的话，你根本就无从知晓。”

正如莫里斯一样，影评人乔·莱登在撰写言辞激烈的评论或是可能导致读者产生极端反应的表述时，也会小心谨慎。“正如哗众取宠的场景会使你跳出电影一样，一个句子也可能使你跳出评论，可能让读者觉得，这个人和我没有共同语言，和我的感受不一样，他们弄错了。”

抽样偏差

在科学研究中，当研究人员随机抽取的样本不能代表样本总体情况时，就会出现抽样偏差。比如，如果研究人员试图通过抽取 NBA 球员的样本来估计美国男性的平均身高，结果将与实际相去太远——NBA 球员真的很高！评论产品或服务时，聪明的评论家会尽力随机抽取样本。

“很多时候，我宁愿评论餐厅或酒庄过去产出的总体情况，也不愿意评论某一顿饭或者某一瓶酒。”莫里斯说道，“这是我的角度，很多美食评论家也是如此，都会对评论的餐厅多光顾几次。你对读者负有责任。如果读者喜欢你，他们会赞同你的推荐，或者至少会考虑。”

有些产品会随着时间的推移而发生变化，比如美食和美酒，评论这类产品时尤其要注意抽样偏差，这一点非常重要。书籍和电影这类成品大多数不会随着时间的推移而改变。莫里斯说道：“我写影评那会儿非常年轻，可能想得也不是很周到。如果现在让我写影评或书评，我的态度不会那么友好，因为电影和书都摆在那儿，大家都能看到，它们不会改变。不会出现这样的情况，比如‘你让我们今天晚上过得很糟’或者‘那个酒很差’。作品已经摆在那里了，已经完成，每个人都可以看到。如果现在的我写影评，我会比评论美酒和美食时更严格。”

但即便是写影评，抽样偏差也是存在的——尤其是对新手导演而言。“我可能对新手导演更宽容，而有些人我知道他们可以做得更好，对这些人，我可能更苛刻。”莱登说道。

遗憾的是，有些艺术评论家过于刻薄。（如果读者有兴趣了解更多负面评论，我建议看一看杰米·肯尼迪的纪录片《质问者》（*Heckler*））。评论艺术作品时，请记住，电影、戏剧或音乐会的参与者可能已经尽了自己最大的努力，没有理由无情贬低这些作品。比如，我曾应邀为索尼影视娱乐公司的一部电影写影评，最后我写的是关于影片中一位女演员的笑容的评论（这位女演员有几颗牙齿不整齐）。回想起来，我当时觉得这样写是风趣幽默，但实际上最后给人的感觉是尖酸刻薄。这篇影评还可以，也有人喜欢，但是时至今日，我仍然对这位女演员牙齿不必要的评论感到愧疚。

评论艺术作品时，至少有三个原因让我们不要过度批评。第一个理由是维持他人的生计。一篇差评不仅会对一家餐厅、酒庄不利，也会影响它们的员工，而这些人依靠销售这些产品和服务来养家糊口。

莫里斯说：“评论美酒、美食时，有些机构规模庞大，你的意见不太会造成什么影响，然而，有时，面对一些规模很小的机构或是新的机构时，在变得太过愤世嫉俗、做出任何聪明的评论（我通常喜欢发表这样的评论）之前，我会想一想，有些人的生计掌握在我的手中。相比评论的酒庄或餐厅，读者是我首要考虑的因素。我会努力解释清楚我所看到的问题，但不会发表太尖锐或太讽刺的评论，好像我是凶狠的匈奴王阿提拉[①]。”

① 阿提拉（Attila，406—453），古代欧亚大陆匈奴人的领袖和皇帝，史学家称之为“上帝之鞭”。

避免过度批评的第二个理由是，不要让自己出洋相，有损你评论家的信誉。“如果你写的内容很多，那么很容易做出某种判断，觉得自己是正确的。当截稿日期临近时，也很容易说一些愚蠢的话。”

让很多评论家避免负面评论的第三个理由是，很多成名的评论家本身是很慷慨的人，他们希望赞美他们所评论的艺术作品。尽管不留情面的评论或许会取悦他们的受众，但是这么做有悖他们评论的初衷。

“大家记得你的差评会多于你的好评。”莱登说道，“他们会记得你严厉的批评，多于你热烈的讨论。我说的是你的受众、你的读者。人们往往认为，评论家更喜欢严厉的批评而不是热烈的讨论，其实不然。我不是虐待狂，我希望每一部电影都是优秀的作品，我希望看到伟大的作品。如果我能够发现一位伟大的导演，我将激动万分。”

评论家走极端的一个很好的例子，或者说一个相当卑劣的例子，就是皮特·威尔斯发表于《纽约客》的评论《盖伊的美国厨房与酒吧》(Guy's American Kitchen & Bar)。这家餐厅的老板是盖伊·菲尔瑞（Guy Fieri)，菲尔瑞也是电视节目《小餐馆，大餐厅》花哨的主持人。在这篇文章中，威尔斯用一系列问题将这家餐厅贬得一无是处。比如，威尔斯写道：“你试过那款蓝色饮料吗？那款色彩艳丽得像核废料的饮料？西瓜口味的玛格丽特鸡尾酒？你知道为什么它的味道像是某种散热片和甲醛的混合物吗？”

基本上，很多评论家认为，除非产品或服务值得评论，否则最好还是不要评论。贬低一家餐厅、酒庄，或者百老汇先锋戏剧，或者任何人可能都不会感兴趣的东西，最后只是浪费读者的注意力。

“大多数人不会对你讨厌的东西感兴趣。”莫里斯说道，“在多数情况下，人们希望在他们可能喜欢的东西上获取你的意见。如果我去了某个地方，没有任何喜欢的东西，那么，基本上，我就不会写关于它的评论。”

最后一点，技术进步使评论可以通过各种形式获得。乐威公司储备了很多唱片、电影和电视节目的评论，观众可以通过元数据的形式获得这些评论，这些评论也可以授权其他技术公司使用，比如提供网络电台服务的潘多拉公司。

新闻资料包

写影评时，新闻资料包是绝妙的二手资料来源。典型的新闻资料包包括与电影中的事件相关的历史信息；或短或长的故事梗概；关于制作、设计和位置的笔记；演员、制作人、导演或其他创作人员的简介；供发表的照片。如果宣传人员或公关人员联系你，请你写一篇影评，他很可能会为你提供宣传资料。有时，你也可以在网上找到这些资料，或者联系公关公司，或者与制作公司或电影工作室有关的部门联系。最后有些网站内容加密，不供宣传使用，但是如果你代表刊物，或者有电影工作室公关部门的联系方式，你可以要求对方提供这些内容。

分级评论

除了评论，很多读者还渴望评论家对艺术作品分出等级，这让评论家大为苦恼。很多评论家认为，分级评论会鼓励读者不去阅读评论。再者，分级评论体现不出微妙的差别，比如，即使是糟糕的电影有时也会有好的评论。

“有相当一部分人阅读评论时希望看到有几颗星或字母等级。”莱登哀叹道，“而且希望评论家最好给予清晰的等级，而且不能等到最后，必须一开始就表明等级。”

博客评论

博客为新兴评论家提供了很好的机会，使得他们可以在网上发表评论，让更多的人知道自己的观点。曾经一度，初露头角的评论家无处赞美自己钟爱的艺术作品。而如今，任何人都可以在几分钟之内创建一个博客，在互联网一隅宣扬自己的观点。

“博客让各种各样的人都有机会发表自己的观点，我很喜欢。”莫里斯说道，“八九十年代我写评论那会儿，几乎不可能获得一份有关美食或美酒评论的工作，因为周围通常只有两家报纸，而且它们都已经有评论员了。我花了很多时间为报纸撰稿，还有很多时间不去写稿，因为无处投稿。我喜欢博客的民主，博客为每个人提供了写作机会——甚至是永远可能写东西的人。而有些人冒出来，开设博客，并且表现得非常出色。”

搁置怀疑

大多数高中生看书或是看电影时，老师都会教他们搁置怀疑。这种方法培养长大的评论新手，也许会尽量避免怀疑电影、戏剧或书籍的合理性。然而，很多评论家会对准这种怀疑，尤其是当他们不喜欢某部电影时。“当你没有投入到电影中，电影中的逻辑错误或是合理性的夸大就显得尤其引人注目，”莱登说道，“如果你想说电影很差的话，质疑这种逻辑错误或夸大就成为‘弹药的一部分’，”

比如，莱登不喜欢电影《新泽西爱未眠》（*Jersey Girl*）。因此，他质疑本·阿弗莱克饰演的主人公的人生最重要的面试与女儿表演戏剧的时间重合，这种巧合太奇怪了。但是，格雷戈·金尼尔（Greg Kinnear）和马特·戴蒙（Matt Damon）饰演的双胞胎兄弟长大后前往好莱坞发展，一炮而红①，莱登对这样的情节却更加宽容。和很多评论家一样，莱登喜欢这部电影中表达的美好信仰，喜欢电影在观众心中留下的“崇高的精神”。

书评

书评有几方面价值。首先，通过书评，读者可以了解尚未听说过

---

① 电影《贴身兄弟》（*Stuck on You*）中的情节。

的作品。其次，书评可以评价一本书对某个领域、学科或类型的贡献。再者，对于很多可能没有时间阅读整本书的人，书评可以作为对该书重要内容的精彩简介。

对于很多新手作家而言，书评是发表署名文章的好途径，是获得与编辑共事经验的好方法。（任何职业作家都要学会如何与编辑合作，原因有很多，与编辑合作能够提升作者对风格的理解，帮助作者预测编辑和出版物的未来需求等。）有很多地方可以发表书评，包括美国科学促进会（AAAS）的刊物《科学书籍与电影》（*Science Books & Films*）。

决定写书评之前，先要想清楚，自己是否适合写这篇评论。如果你是护士，对物理学和天文学的了解有限，那么你也许不会想写一本关于宇宙学的著作的书评。此外，可能的话，你可以考虑让不同专业知识领域的评论家参与进来，请这位评论家帮你评论某一本书。比如，如果你是天文学家，要评论一本关于天文学的书，可以考虑邀请物理学家帮助你。

正如任何类型的评论，书评包含观点（大多数书评三分之二的内容是简介，三分之一是观点）。可能的话，在书评一开始就介绍你对该书的观点。提出观点时，最好平衡一下。每一本书，不管好坏，都有其积极和消极的地方。失衡的评论，读起来也不真诚。除了提供例子支撑观点之外，书评还应该包括关于这本书的具体事实、背景信息或历史视角。

以下是不同的主题，写书评时可以考虑：

- 该书的宗旨，是否符合宗旨
- 该书的分类（科学、大众、文化或其他）
- 该书的范围
- 该书的受众

- 该书的排版布局和组织结构（图片设计、图画、照片、索引、词汇表等等）
- 相关性（科学、文化或其他）
- 与其他作品的比较
- 精确性
- 重点
- 社会意义
- 作者背景
- 该书描述的科学、道德、精神或哲学观点
- 人物、情节和背景如何反映主题
- 风格考虑：语法、标点、句法、措辞等
- 文章的连贯性、一致性和统一性

构思书评结构时，看看供稿的刊物此前发表的其他书评。这些文章可以让你了解成功的文章是什么样的，你的书评如何撰写才能取得成功。还有一个有效的方法，即遵循科学论文结构：IMRAD 结构，撰写科学文章时，这个方法尤其有效。IMRAD 结构由四部分构成：引言（Introduction）、方法（Methods）、结果（Results）和讨论（Discussion）。

引言包含引人入胜的导语与背景信息。在评论字典或百科全书等参考书时，描述方法部分尤其重要，因为这类书也许很难整本阅读。这部分可以包括对该书内容的概括。讨论部分可以阐释你对该书的看法。

书评完成之后，与其他人讨论一下也会很有帮助，特别是与专家的讨论。比如，如果你在写预防保健方面的书评，可以考虑咨询一家学术研究中心的家庭医生，看看这篇书评是否对该书进行了公正公平的调查。请记住，写书是一件很不容易的事情，也许都有不足之处，

但是几乎每一本书都有其可取之处。

正如艺术评论一样，除非是被迫，否则没有理由在评论中贬低任何一本书。书籍在知识和信息的传播中至关重要。评论某本书时，一定要确保你评论的书对世界做出了有价值的贡献。不要仅仅为批评而评论，将时间浪费在某本书上。要抱着帮助他人的信念而评论。

幽默

幽默作家不像单人喜剧演员，不能依赖于声频调制、手势、面部表情或“胡萝卜头”（Carrot-Top）① 式的红头发道具。喜剧演员可以在舞台上不知疲倦地表演、提升戏剧，但幽默作家没有这种奢侈。尽管如此，如果你有幽默写作的天分或者渴望写幽默文章，那么，务必要尝试一下，幽默是绝妙的天赋。

幽默写作是否可教，这是一个存在主义问题，超出新闻范畴。“我觉得你不可能教他人如何变得风趣幽默。”普特利策奖得主、幽默作家戴夫·巴里说道，“你要么幽默，要么不幽默。但大多数人都有一定的幽默感，我觉得你可以教人们如何变得更有趣。”

对初露头角的幽默作家，巴里给出了一些有用的建议：“在写作中，有些事情没有对错。对幽默进行太多分析没有用，你也不可能将幽默简单归纳为规则。但是，有一些错误是可以避免的。人们试图进行幽默写作时可能犯的一大错误就是，无止境地消费某个笑话，采用某个想法，然后无止境地变化使用。第一次，读者觉得很好笑，接着就会变得单调乏味，接着作者就忘掉这个笑话。把最精彩的留到最后，用笑话给读者带来惊讶，然后转到别的事情上。”

出色的文笔加上对风格的理解可以帮助幽默作家创作出引人入

① “胡萝卜头”是美国著名喜剧演员，一头红发是其标志性装扮。

胜、风趣幽默的文章。巴里说："我对语法有透彻的了解，我发现这非常有用，现在仍然有用，了解某些英语语法最精确的使用方式……这完全是精确度问题。两个词之间总是存在差异。同样一件事有很多不同的表述。如果你想变得风趣幽默，那么了解这一想法的所有表达、措辞方式，这将非常有益。我可以尝试不同的方式，看看哪一种最有意思。"巴里接着说，"对幽默作家而言，仅仅将笑话写下来，就觉得已经很好了，不用再修改了，这可能不会成就伟大的笑话。"

幽默作家应该谨慎地认识到，幽默与冒犯之间有清晰的界限。从心理学角度而言，幽默与冒犯之间的这种渗透关系是合情合理的。巴里说道："如果写幽默文章，你更要认识到，你看不到你的读者，你不知道读者是谁。如果写作对象是报纸或是广大的互联网受众，那么你应该认识到，你可以写一些极具冒犯性又非常有趣的东西。但是，如果你的文章具有冒犯性，而读者不站在你这边，那么你可能会为此付出代价。"

巴里也提醒说，即使幽默作家过去在创作极具冒犯性的幽默故事方面非常成功，这样的幽默也许也不再能吸引普通大众了。"如果你要靠幽默写作为生，准备写超级尖锐的强奸式幽默，你的读者可能会减少，很可能有人会不喜欢你。"

正如"超级尖锐的强奸式幽默"，幽默作家在采用"下流幽默"时也要小心谨慎。巴里说道："我对下流幽默的感觉是，当这样的幽默有一点点出人意料时，效果最好。我喜欢下流幽默，我觉得它应该有一席之地，可能会非常有趣。但我不认为它是幽默的核心。你可以用它来强调笑话。如果你突然在卫生间谈论一些高深莫测的东西，这可能很有意思。但是，如果你用它作为文章的主要支撑，这也许就不是很好。"

如果你不确信自己写的东西是否有趣，那就拿给别人看。巴里说："如果我有疑问，我就拿给妻子看，她很有幽默感，头脑冷静。如果她不觉得有趣，那就没有意思，知道这一点也有帮助。我觉得大家都应该把文章拿给我的妻子看——开玩笑，但是，让别人看看你的文章，这有好处。不要让母亲之类的人看，她总是会说一切都好。最终有一天，你不需要征求别人的意见，但是刚开始时还是有必要征求。"

毫无疑问，幽默写作充满挑战。巴里说道："最难的地方在于设计笑话。我通常没有多少话题，没有多少信息。幽默写作相当费力。如果你要写一篇如何为冰箱除霜的文章，你不用做就知道有哪些步骤。而写幽默文章时，你完全不知道自己要说什么。关键就是说一些人们没有见过的新东西——你自己也没有见过的东西。"

正如其他类型的写作一样，幽默写作要求作者投入大量时间。"时间是关键。"巴里说道，"写作要花费大量时间，这个过程很痛苦，很少能自然而然、一气呵成。幽默作家寥寥无几，主要原因就在于，作家希望幽默写作更容易、更有意思。幽默写作确实有趣，但并不容易。'如果我坚持下去，就一定能成功。如果我不断地改写这个句子，我就一定能找到最佳的表达。如果我在开车或跑步时不断思考，我就会想到另一个玩笑或玩笑的另一个部分。'这种感觉需要花费几年的时间来培养，需要一点一滴的积累，才能成就一篇成功的文章。"

时事性是幽默作家的一大问题。幽默作家需要了解大众文化，请记住，今天有趣的笑话，可能明天就过时了。安布罗斯·比尔斯、S. J. 佩雷尔曼、阿尔冈琴圆桌会①的作家们，无论他们多么有影响

① 阿尔冈琴圆桌会是20世纪20年代左右纽约市一些作家、评论家、演员形成的一个非正式聚会，他们经常聚在阿尔冈琴饭店的一张圆桌上用餐，高谈阔论，交流见闻。

力，在今天可能都不如几十年前显得那么有趣。

如今最火爆的一些幽默文章由《洋葱新闻》（*The Onion*）发表，该机构以讽刺性新闻著称，自诩为“全美最可靠的新闻来源”。而《洋葱新闻》的作者和编辑在讽刺恶搞方面的确表现出色，每隔几个月，他们就会发布一些嘲笑政治家、组织或外国政府的新闻。

巴里看到幽默写作正朝着互联网方向发展：“互联网、推特上将会出现更多的幽默文章，篇幅将变得更短，频率更快，比过去的互动性更强。新闻幽默写作的黄金时期已经过去，如今发生了太多变化。我不知道幽默作家在这个方向还能走多远，还有多少运气。”

不是所有人天生都适合做幽默作家，但是如果能在写作中加入少许幽默，这将是非凡的财富。巴里说，幽默是“作家的武器库中最好的工具，幽默总会受到人们的欢迎。人们热爱幽默——尤其是当话题有些陈旧乏味时，如果文笔幽默，人们依然会喜欢。应该尽可能地运用幽默——只要合适。”

短文

此处的“短文”指的是篇幅为 250～400 字的超短篇文章。读者通常会在杂志专栏或新闻通讯中看到此类短文。

短文的篇幅很短，导语通常可以浓缩为一句话。而这句话必须能够吸引读者继续阅读文章的余下部分。

我曾经写过一篇短文，关于初级保健医生工作之初的几年面临的经济困难，这其中包括儿科医生、内科医生、家庭保健医生等。导语和主题段落简明扼要：“达特茅斯的研究人员采用经济模型分析得出，初级保健医生不像专科医生，他们在刚入行的三到五年期间通常入不敷出，生活拮据。”

在短文写作中，特别重要的是要将信息进行优先排序，确定哪些信息应该放入文中，哪些应该舍弃。如果编辑只给文章预留几百字的空间，那么就没有篇幅来赘述。而事实往往就是如此。比如，在写初级保健医生生活拮据的短文时，我暗指他们赚的钱比专科医生少，但是我并没有明确指出他们的平均年薪是多少。如果讨论这些具体的数字，就没有足够的篇幅来叙述更重要的事情了，包括专家对这些研究发现的看法。

篇幅短并不意味着研究可以减少。常规的流程仍要继续：做好调查研究、采访合适的对象，一定要核查事实。短文写作中尤其重要的一点是，选择强有力的引语。你也许最后不得不舍弃很多精彩的引语，任何特稿也是一样，这在短文写作中尤其令人心痛。

短文写作是向刊物和编辑推介自己的很好的方式。如果你能够写出一篇有力的短文，证明自己的内在气质，你很可能会给编辑留下深刻的印象，从而获得工作邀约，写出更多更重要的故事。这个本领可不简单。

流行趋势文

“流行趋势”指的是社会、经济、科学或大众文化中可以量化的上升或下降的现象。在科学和医学领域，趋势可以指某种疾病越来越流行或是影响人数上升。比如，人们一度认为 2 型糖尿病只会影响成年人，然而随着肥胖率的上升，更多的儿童患有 2 型糖尿病。2 型糖尿病在儿童中的流行趋势令人恐惧，因为糖尿病是一种潜在的疾病，可能会导致失明、心脏问题、肾脏问题等。另一个令人不安的趋势是自 2007 年金融危机爆发以来，失业率在上升。2012 年 9 月，失业率为 7.8%，相比 2007 年 5 月上升了 4.4 个百分点。大众文化领域的一个趋势就是，拥有 iPhone 手机成为一种时尚，这也解释了为什么苹果公司市值已经超过 5 000 亿美元。

《华尔街日报》刊登了一篇题为《你如何拼写嬉皮士？可以拼作宾-果》（How Do You Spell Hipster? It Could Be B-I-N-G-O）的文章，作者朱莉·贾贡（Julie Jargon）描写了宾果游戏（Bingo）① 在二三十岁的年轻人中的复兴，尤卡纸牌游戏、保龄球和针织也是。宾果游戏以几种新的形式出现，包括全球地下反叛宾果俱乐部、在黑夜中玩的宇宙宾果游戏。显而易见，这种趋势也获得了名流的支持。美国著名的另类摇滚乐队“碎南瓜”的比利·科根（Billy Corgan）每月在其位于芝加哥的 Madame ZuZu's 茶室中举办宾果之夜。很多名人聚集在此，玩数字游戏。

通常，流行趋势起初只是个人的观察、奇闻趣事，之后才被追踪成为可以量化的现象。编辑也许基于自己的观察注意到某个趋势，安排了写作任务。鲍尔州立大学新闻学教授大卫·萨姆纳博士说：“我认为，所有的流行趋势开始时都是奇闻，后来才以数字和统计数据的形式出现，尤其是在大众文化领域。”

要发现流行趋势，美国《广告时代》（*Ad Age*）杂志是一个好地方。实际上，全球最大的市场研究公司益普索集团与《广告时代》杂志合作创造消费趋势、消费者态度和消费者行为的故事。根据益普索集团等公司的研究，2012 年美国主要的一些流行趋势包括人们对经济和政治持续失望，获得大学学位的人越来越多，为慈善捐赠的人越来越多，消费者的债务减少，癌症患者减少，怀孕的少女减少，吸烟者减少，酒驾、垃圾和死刑减少。

还有一个发现趋势的好地方，特别是发现实时的趋势，那就是红迪网（Reddit）②。在该网站上，根据用户投票，最受欢迎的故事排在

---

① 宾果游戏是一种填写格子的游戏，在游戏中第一个成功者以喊“Bingo”表示取胜而得名。

② 红迪网是美国知名社交新闻论坛网站。

最前面。

请记住，对读者而言，仅仅以数字表示趋势没有什么用处，重要的是让趋势直观生动，创作一些奇闻趣事，采用讲故事的形式。比如，如果一个作家决定写一篇关于 2 型糖尿病在儿童中的流行趋势，那么在文中描写一个患病的孩子的故事，也许是一个不错的办法。

思想文章

记者常常被要求，新闻报道要兼顾问题的两个方面。有时，造成分歧的仅仅是一些鸡毛蒜皮的小事，比如两个运动队的粉丝之间常常因为一些微不足道的小事对立。（当然，激烈的足球比赛之后偶尔会发生暴乱，亚拉巴马大学的粉丝也是鱼龙混杂。）

然而，有时，人与人之间、不同群体之间的分歧更加严肃，可以称之为争议，甚至是冲突。没有人会轻视枪支或堕胎法案等问题背后暗含的情感与信念。众所周知，严重的冲突可能会导致毁灭性的后果，可能会引发战争，甚至有人会为此付出生命的代价。幸运的是，大多数记者对悲剧都抱有同情心，会明智地避免将报道建立在他人的痛苦之上。尽管如此，如果小心翼翼、正确判断，分歧、冲突和正义也可以成为引人入胜的报道素材。

调查性新闻与思想文章有相似之处，但却是不同的类型，两者有着本质的区别。调查性新闻揭示的往往是显而易见的犯罪行为。撰写调查性新闻时，记者会参考第一手资料来源，分析原始的数据。而且，调查性新闻记者不会在新闻发表前请消息来源预审。实际上，调查性新闻的消息来源往往不愿意和记者交流。

研究

我在此处将任何有关对立观点的新闻都笼统地归为思想性文章，

因为它们都要求作者进行大量的思考、做大量的工作。为了真正全面地了解问题，记者必须深入研究。优秀的记者会阅读第一手、第二手资料，比如 *CQ Researcher*、与专家交流、采访观念对立者等。大多数情况下，优秀的记者会采取公正的观点，选择与同样公正的受过教育的消息来源交流，以期还原问题的全貌。

布鲁姆分类法

撰写思想文章时，有一个方法很有用，那就是布鲁姆分类法。该方法之所以有用，是因为它可以帮助我们理解人们如何吸收和运用所学的知识。布鲁姆分类法的初级层面是记忆知识，在没有真正理解概念内涵的情况下将知识复述出来。比如，你也许可以教一个 4 岁的小女孩记住莎士比亚的十四行诗，但她不太可能会分析。然而，如果你具备了必要的批判思维技巧，你就不仅能复述信息，而且能整合并运用信息。写思想文章时，重要的是上升到布鲁姆“倒三角”的高级层面，综合评价信息。

角度

创业者如果想向风投公司申请创业资金，他们会起草商业提案。然而，随着计划的逐步开展，商业提案会不可避免地发生变化，因为随着更多信息的出现，问题会变得更加复杂。类似地，随着你对事情的挖掘不断深入，思想文章原先设定的角度很可能会发生变化。除非你对问题及其主要潜在因素有深入的了解，否则你的角度会随着文章的逐步深入而变化。

开始写思想文章时，可以预测或假设一个角度。有一点很重要，你要告诉编辑，角度也许会变。如果角度改变，或是有任何新的进展，你都要及时告知编辑，发送电子邮件。要注意，有些刊物不允许撰稿人中途改变文章角度，因此开始工作之前，你必须要弄清楚这一点。比如，AARP杂志的编辑期望稿子如预期的一样，向这样的刊物推销、投稿之前，最好确保做了足够的研究。

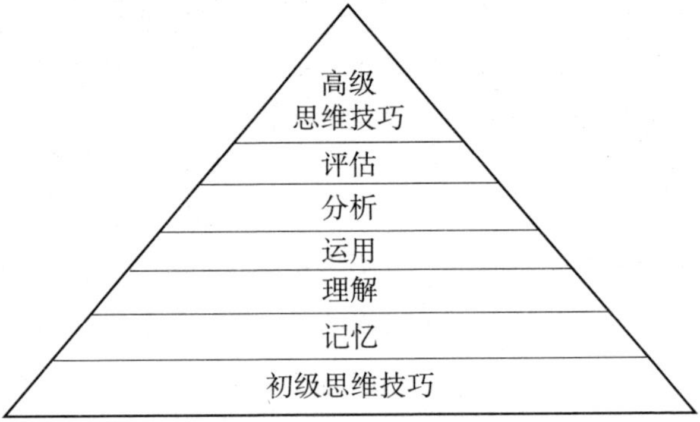

图7.1 布鲁姆分类法

思想性文章的角度复杂，涉及多个因素。你必须考虑文章可能会影响谁、如何影响、是否严重（只是让人恼羞成怒，还是性命攸关）？此外，你必须考虑文章的主要驱动力将会持续多久。棒球队在季后赛中的失败影响也许只会持续几个小时，粉丝可能很快会忘掉，期待新的赛季。但是，中东地区的紧张形势会持续多久？我们很可能在未来几年内都能看到“阿拉伯之春”带来的变化和余波，其影响并非转瞬即逝。

撰写思想性文章时，还必须考虑，是什么因素驱动了参与者，必须理解参与者的心态。在《特稿写作的艺术与技巧》（*The Art and Craft of Feature Writing*）一书中，威廉·布隆代尔注意到，很多问题背后都有经济因素的影响。经济因素是很多情况中最基础的共同点，这一点很多人都可以理解，比如，2012年总统竞选辩论中，针对“大鸟”（Big Bird）① 以及“大鸟”可能消失的威胁，主流媒体大

① 大鸟指的是美国儿童教育电视节目《芝麻街》中的主角。该节目由美国公共电视台（PBS）制作，于1969年11月10日在全国教育电视台（PBS的前身）首次播出。它是迄今为止，获得艾美奖奖项最多的一个儿童节目。

做文章。米特·罗姆尼提议削减公共电视台经费之后，“大鸟”的粉丝和他的木偶伙伴们称此举十分愚蠢。（应该注意的是，米特·罗姆尼与“大鸟”之间并没有私人恩怨。美国有几万亿美元的债务，罗姆尼想偿还部分债务，而钱必须有出处。此处争论的焦点就在于，是否应该以关闭《芝麻街》为代价。）

尽管经济因素是人们考虑事情的首要因素，但其他因素也会影响人们的理性思考，包括社会、政治、心理因素或多种因素的综合，正如蒙大拿自由人曾试图宣称自治，最终却于 1996 年向美国联邦调查局投降。

结构

通常，撰写思想文章时，很难将结果归纳为某个特定的结构。当然，文章有导语、主题段落和结语，但是，文章的主体部分不尽相同，这取决于你所做的调查研究与你研究的问题。很多时候，可以按照主题划分概念，按照说话者将直接和间接引语分组，但是，即使是这样，可能也很困难。也许你需要引语彼此呼应，好像对话一样。

构思结构是撰写思想文章的关键。可能的话，用小标题划分是一个不错的想法。用侧栏和图表建立多个信息入口也是明智的做法。

求助

思想文章通常需要很多人的帮助和参与。采访时，可以告诉采访对象，哪些地方有困惑，需要他们的支持。幸运的是，大多数采访对象都乐于帮忙，都希望尽可能恰当地描述问题。为了使沟通顺畅，当你遇到自己不理解的问题时，就给采访对象发电子邮件。但是，要小心谨慎，不要让采访对象过度影响你的写作。记住，这是你的文章，完整公正地呈现故事是你义不容辞的责任。

发表前预审可能会非常有帮助（更多内容，请参阅第 4 章）。有时，思想文章中的问题太复杂，请采访对象审阅并理解引语对写作会有所帮助。

写科学类文章时，科学家也许可以求助同行。最好的期刊都实行同行评议，这意味着作者的同行会在稿子发表前审稿，提出意见和建议。记者不参与同行评议。尽管如此，同行评议的原则也许还是有用的。如果你在写一篇报道，觉得可以让别人看一下稿子，那就找一位公正的专家帮你审阅一下。比如，如果你是一位职业记者，通常写一般大众感兴趣的话题，你接到一个任务，要写一篇关于目前新型癌症治疗方案的文章，这个方案目前仍有争议，你可以考虑请教一位肿瘤学家帮你审稿，征求他的意见和建议。当稿子完成时，出于礼貌，你可以请编辑在文末感谢这位独立的审稿人。

写思想性文章时，有一个困难让人很受挫折，那就是信息矛盾，具体而言，采访对象提供的事实信息也许与已发表的（同行评议的）研究成果或者其他消息来源的叙述存在冲突。

“同行评议的期刊更精确，”萨姆纳说道，“人们在采访中说的话，你不能总是全信，这也是为什么你需要采访多个对象、做背景调研。如果采访获取的信息与同行评议的研究结果有冲突，我会加以纠正或者弃之不用。”

最后一点，思想文章的长度比较统一——很多篇幅很长。尽管通过电子方式阅读长篇新闻日益受到人们的欢迎——感兴趣的话，看一下网站 Longform、Longreads 和 MATTER，但是对很多文章而言，最佳的形式还是纸质版。

“我认为，要保留读者的注意力，电子屏幕比纸质页面更具挑战。”科学记者罗伯特·伊里翁说道，“‘数字原住民’从儿童时代就使用电子媒体，他们渴望在线看到更多实质性的内容，随着他们的长大，这种情况也许会改变。但就目前而言，最明确、最有影响力的长文叙述仍然是纸质版。”

8 特稿的结构与技巧

人应该长什么样子?

很显然，这个问题没有一个正确的答案。除了在解剖学意义上拥有一些共同的身体部分之外，所有人看起来都不一样。高、矮，胖、瘦，黑、白，我们每个人都有自己的样子。

与此类似，文章的结构也没有定式，最典型的就是特稿。文章的样子反映了文章的主旨、范围、对象、角度、刊物风格等等。作者花了几个小时、几个月，甚至是几年的时间调查研究之后，文章逐渐成形。此时，作者与文章之间的关系即将圆满。

波因特学院的奇普·斯坎伦（Chip Scanlan）写道："最好的故事通常能形成自己的样子，作者要考虑的是文章的素材，想要表达的内容，以及最佳的表达方式。"

那么，我们为什么还要花时间研究文章的结构特点呢?说句公道话，很多记者和学者不会花很多时间讨论结构，他们觉得，预先设定某种结构，将其强加到故事之上，会显得矫揉造作。"我就是写个故事，根据写出来的内容辨认故事的结构。"鲍尔州立大学新闻学教授戴维·萨姆纳说道，"结构是流动的，不是非常科学化的。我不想强调严谨的结构，除非是在按时间顺序的叙述中。"

我之所以在此讨论结构，首先是因为我发现结构很有意思，更重要的是，某些结构教学法的内在特点也许可以给你指导，一旦文章初具雏形，结构特点可以帮助你思考文章的焦点。比如，如果文章的结构看起来像钻石结构，从具体到一般，再从一般到具体，你也许会考虑根据这个结构写作。

值得注意的是，有些刊物要求文章要符合特定结构。典型的结构是主题段落结构的变体，有奇闻趣事的导语、主题段落等。在这种情况下，作者策划故事的自由较少。此外，很多获奖故事结构新颖，融入专家讲故事的元素，包括微妙的闪回、碎片式的结构，这两点不在这里的讨论范围之内。

叙述结构

叙述结构可能是所有结构中最受特稿作者青睐的类型。叙述结构直截了当，有开始、中间和结尾。

关于叙述结构，波因特学院的教授萨拉·奎因表示："你被牵着往前走，不知道故事将如何结束。这很像电影，充满感情、细节丰富、给人以深深的触动。"

采用叙述结构的报道通常按时间顺序讲述。事实证明，这种叙述方式非常成功。1979—2003 年之间，在 25 篇获得普利策奖的特稿中，有 19 篇采用了叙述结构（按时间顺序讲述），这些特稿要么将叙述结构作为主体结构，要么将叙述结构与其他结构混用。（如果你还没有尝试过，强烈建议登录网站 www. pulitzer. org，读一读普利策奖获奖文章。）

有的故事天生适合采用叙述结构，有清晰的开始、中间和结尾。我们看一看 2002 年让华盛顿、弗吉尼亚和马里兰的居民闻之色变的"环城狙击手"事件的报道。

开头：2002 年 10 月，一名身份不明的狙击手开始在华盛顿、弗吉尼亚和马里兰地区暗杀无辜受害者。

中间：华盛顿地区居民恐慌不已，冷酷的枪杀案引起国内外广泛关注。执法人员花了几个星期的时间，紧张追踪杀手或杀手们。

结尾：2002 年 10 月 24 日，约翰·艾伦·穆罕默德与年轻的同伙李·博伊德·马尔沃最终被逮捕。穆罕默德被执行注射死刑，马尔沃被判终身监禁，不得假释。

很显然，"环城狙击手"背后的故事不仅如此，但上述报道对事件的展开构成了出色的叙述结构。有清晰的、直线的问题（狙击手或狙击团伙在逃跑中），有结尾（罪犯被逮捕）。

主题段落结构

采用主题段落的故事也称作消息或分析型特稿。这种结构最先由《华尔街日报》开发，后被该报及其他刊物广泛运用。主题段落结构的显著特征是用奇闻趣事型导语抓住读者的眼球，接下来用几个部分详细阐述文章的命题，并阐述反命题，保持平衡。主要标志是有一个语境部分，用新闻行话来说就是“主题段落”。

在主题段落结构中，作者开篇用奇闻趣事型导语吸引读者的注意。接着，主题段落提出命题。正文段落详细阐述命题，提供论据支撑，同时阐述反命题及其论据。

2012年《洛杉矶时报》刊登了一篇题为《登革热，何处下嘴?》(Dengue，Where Is Thy Sting）的报道，记者文森特·贝文斯（Vincent Bevins）在该文中采用主题段落结构，描述了研究人员通过释放转基因蚊了抗击登革热传播的技术。贝文斯在报道开篇讲述了一件有趣的事情，巴西研究人员在一家百货商店外面放蚊子。主题段落解释巴西政府官员如何通过释放转基因蚊子来消灭传播登革热的蚊子。

> 巴西巴伊亚州伊塔布马市附近地区被烈日炙烤着，这片小小的区域是政府采用新措施抗击登革热的首个试验地，人们对此仍存争议。登革热令人们十分苦恼，全世界范围内，已有22 000人死于登革热。在州政府的支持下，科学家将几百万只转基因蚊子放到野外，希望借此消灭此地传播登革热的蚊子——也许最终，消灭全世界传播登革热的蚊子。

文章正文进一步说明登革热疾病有多种症状，从流感似的发烧到有生命危险的出血热，介绍了生物学家如何让转基因的雄蚊将致命基因传递给下一代，有了这种致命基因，蚊子在尚未成熟时就会死亡。正文还介绍了对立的观点，有些生物学家和环境保护群体反对放转基因蚊子。

主题段落在趋势报道中非常有用。首先，奇闻趣事型导语举例说明趋势。接着，主题段落说明趋势，并介绍反趋势。然后，主题段落进一步探讨、阐释趋势与反趋势。

奇普·斯坎伦于 1994 年发表了一篇题为《儿童节食?》（Too Young to Diet?）的报道，该文采用了主题段落结构。导语介绍了年仅 10 岁的节食者莎拉，主题段落揭示了儿童节食带来的危害，可能引发饮食失调症等，并说明了反趋势，即儿童群体中日益普遍的肥胖症促进节食趋势的形成。余下部分则用事实和叙述审视了这两种趋势。

组织结构：画面、焦点等

乔恩·富兰克林（Jon Franklin）凭借《凯利女士的怪物》（Mrs. Kelly's Monster）成为普利策特稿奖的首位获奖者，他对组织结构有诸多思考。在《为故事而写作》（*Writing for Story*）一书中，富兰克林将特稿写作与虚构短篇小说写作进行了比较，把特稿写作比作电影制作。

根据富兰克林对组织结构的理解，特稿的基本叙述“分子”是画面，画面是故事的最小单位。一套画面构成了焦点，“聚焦”某个行为。不同的焦点依靠过渡衔接在一起，构成更大的焦点。更大的焦点代表了时间、心情、主题和人物的变化。

富兰克林用不同的层面描述结构。首先是润色层面，主要是语法、标点、意象和风格。其次是结构层面，指的是不同的焦点，以及焦点之间如何关联。再次是大纲层面，这也是最重要的层面，主要指的是人物和行为的相互作用。

富兰克林指出，故事的第一个重要焦点通常是发现问题，第二个重要焦点是发展，第三个重要焦点是解决问题。在问题的发展中，作者进一步探索问题的过去和现在。作者也会审视问题如何解决，在此过程中是否进行了反复的试验。（诸如闪回等更复杂的叙述结构通常出现在第二个焦点，即发展焦点中。）

六部分指南

《特稿写作的艺术与技巧》（*The Art and Craff of Feature Wrting*）的作者威廉·E. 布伦代尔（William E. Blundell）推荐的结构，获得了很多专业记者粉丝的支持，其中包括科学类作者罗伯特·伊里翁。伊里翁教授的特稿写作方法正是受到布伦代尔的启发。

以下是六部分的分解，充分说明了作者写每一部分时需要考虑的问题。请注意，不是所有的报道都由六部分组成，也不是六部分都需要一视同仁。

（1）历史。某个事件或问题的历史意义是什么？过去对现状有无影响？

（2）范围。这一事件或问题的影响范围有多大？目前紧张程度如何？影响本地、全国还是国际？可能的话，作者应尽量用数字和事实将影响范围量化。

（3）理由。这一问题或事件是由于经济、社会、政治还是心理原因造成的？还是多方面原因？为何现在出现？

（4）影响。这一事件或问题对谁的帮助最大？或者对谁的伤害最大？他们如何反应？

（5）冲突。这一事件或问题让谁心烦意乱？谁反对？如何反对？

（6）未来。事态发展对未来有何影响？专家对此感觉如何？

伊里翁表示：

在杂志新闻写作课中，我通常会教授一个相当标准的故事结构，那就是经典的研究型叙事结构，任何编辑都乐于接受这种结构，因为……对大多数读者而言，按时间顺序讲述的故事最容易理解。

你有一个非常吸引眼球的开头，读者欲罢不能，愿意将时间都投入到这篇文章中，因此开头的四五百个字非常重要。

接着，描述事件的背景，让读者更好地理解这个事件。历史回顾是作者可以再创造的部分，通过自己的研究、咨询科学家的观点以及他们认为此前最重要的工作是什么。

接着到重要的解释部分，可以描述一些现场的细节……

最后，提出问题，所有这些都意味着什么？为什么对社会如此重要，抑或对于我们对自然或宇宙的了解如此重要？可能会带来哪些影响、哪些公共政策？可能的话，再来一个“下一步”，哪些重要问题尚未回答？

成功公式

成功公式由五部分构成：

(1) 简讯。发生了什么事情？五个 W 和一个 H。

(2) 背景。这一问题或趋势有历史背景吗？说明历史背景。

(3) 范围。这是一起地方性事件还是全国性事件？

(4) 优势。这个问题指向何处？会发生何事？

(5) 影响。这一问题为何值得报道？谁会关注？为何关注？

很多特稿采用了成功公式的要素。

华尔街日报体

华尔街日报体从小的细节入手，推展开来，从特殊到一般。开头是导语和主题段落，正文是支撑部分。解释性的内容出现在正文中。结尾再回到开头。

分节结构

分节结构让人想起几个短篇特稿或一本书的几个章节衔接在一起——每一节都有导语、正文和意外结局。各部分必须连贯，吸引读者。每一个新的小节开始要简要列出关键点。

功能结构

如果描写的机构或组织有不同的功能，作者可以将报道分为几个部分，描述这些功能。比如，如果你想审视外国医学研究生教育委员会，该机构负责认证国际医学研究生，你可以将报道分为几个部分，分别反映机构的三种功能：认证、同化（国际医生）和慈善。

钻石结构

钻石结构以奇闻趣事型导语开头，说明要讲述的问题或故事的大致内容。接着，故事从奇闻趣事扩展开来，描述问题。结尾部分，回到开头的奇闻趣事。人们将这一结构比喻为“钻石”，因为文章的范围从具体（狭隘）到一般（广泛），再回到具体（狭隘）。钻石结构的特稿也有主题段落。钻石结构可用于特稿写作，常见于广播新闻和报纸。

2007 年全球金融危机爆发后，很多人失去了工作，失业成为一大社会问题。到处都是无法生活、不能养家糊口的人。如果你要写一篇关于失业的报道，也许可以考虑采用钻石结构，以特定的事件开始和结尾，比如某个人或某个家庭在失业中挣扎。在文章的中间部分，

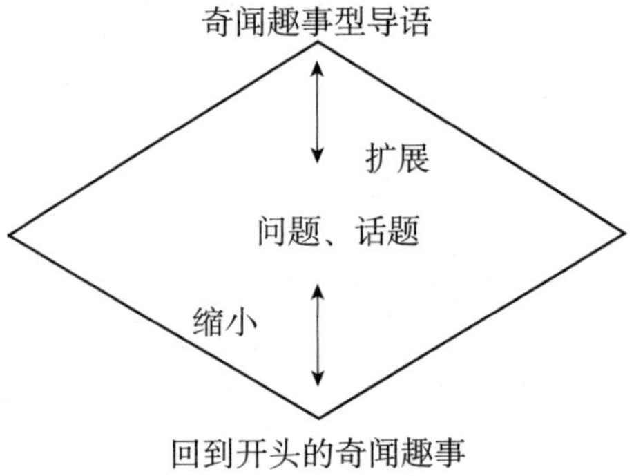

图 8.1 钻石结构

你可以在更宏观的背景下去审视失业问题，包括经济、社会和政治因素。结尾可以回到开头的人物故事，看看某个人或某个家庭在失业中的挣扎，缩小范围，完成钻石结构。

沙漏结构

“沙漏结构”一词由罗伊·彼得·克拉克于 1983 年创造，该结构融合了倒金字塔结构和扩展叙述。沙漏结构最适合戏剧性报道，也可用于犯罪、政府、经济问题等报道。

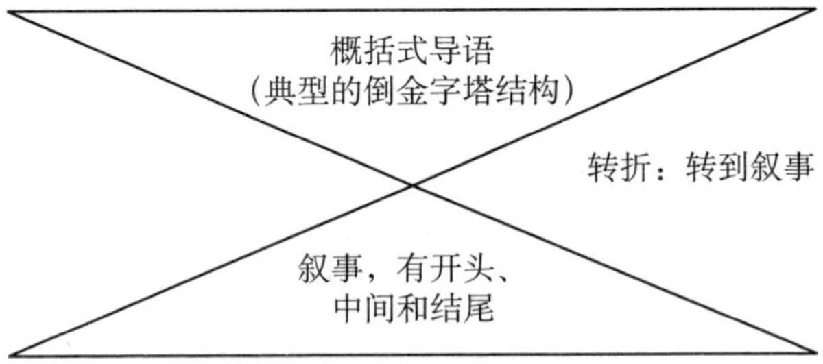

图 8.2 沙漏结构

和任何典型的新闻报道一样，采用沙漏结构的报道也是以概括式导语开头，接着是几段详细的细节描述，段落按重要性排序，越重要的越靠前。细节指的是报道中最重要的几个要素：五个 W 和一个 H。报道的中间部分清晰地转折，转到叙事上。简短的转折改变了焦点，直接将叙事交给目击者、执法人员、专家、受害者等。沙漏结构的最后一部分由叙事构成，有清晰的开头、中间和结尾。

沙漏结构的好处在于它符合不同类型的读者口味。开头类似倒金字塔结构，吸引时间有限、只想大致了解消息的读者，扩展叙述则吸引那些想要详细了解故事细节的读者。

五盒结构

五盒结构由普利策奖获得者里克·布拉格（Rick Bragg）创立，该结构在他本人的写作中常常见到。以下是五个盒子：

（1）导语展现一个画面或细节，抓住读者的注意力。

（2）主题段落概括故事情节。

（3）用一个新的画面或细节（次导语）引入剩下的事实和叙述。

（4）次要的辅助的信息。

（5）意外的结尾，画面、评论、引语或其他。

1995 年，布拉格在《纽约时报》上发表了一篇特稿，题为《当亚拉巴马州犯人老了》（Where Alabama Inmates Fade Into Old Age），该文就是采用五盒结构来呈现故事的。在第一个盒子中，布拉格介绍了格兰特·库珀这个人物，库珀曾是杀人犯，已被定罪，患有中风和老年痴呆症。在第二个盒子即主题段落中，作者提出文章的主题：文章关注的对象是逐渐老去的服刑犯人，他们需要特别的、安全的住所。第三个盒子以亚拉巴马州的一所带有田园风味的监狱画面开始，该监狱关押的是患有残疾的老年犯人。这一新的画面出现之后，我们对整个监狱关押的犯人有了更多的了解，我们知道老年犯人的现状如何，需要何种特殊的医疗护理和设施。第四个盒子提供一些额外的信息，这些犯人对社会而言已经不再具有威胁，他们生活凄惨、令人怜悯。最后，报道以如下引语结尾，大多数犯人会在人们的遗忘中死去：

> “对他而言，外面世界已了无牵挂。”沃顿·贝里说，“当囚犯到了一定的阶段，让他留在监狱里也许比放他出去更人道。此时，他的妻子已经离开人世，孩子也不再来看望他了。”
>
> “他们中大部分人由我们安葬在公地上。”他说。附近的杰弗逊州立大学的殡仪和入殓师班级为了获取经验，免费为尸体做下葬准备。
>
> “他们为死者化的妆真的很好。”沃顿说道。

导语：画面或细节
主题段落
次导语：画面或细节
额外信息
意外结局：结尾

图 8.3　五盒结构

特稿写作

对任何作者而言，实践中的特稿写作过程都不容易。新闻报道和观点文章有时结构非常清晰——前者是倒金字塔体，后者是散文，而特稿则有很多种形式。结构的多样化使特稿写作尤其难以组织，特别是对新手作者而言。不同的作者各有其独特的组织方法，要讲清楚这些方法更为困难。尽管如此，事实证明，还是有一些可以借鉴和参考的技巧和方法。

很多作者写特稿时喜欢条理清晰。他们将来自消息来源的引语作为一类笔记，将事实、图表、理论概念等作为另一类笔记。如此一来，很容易找到需要的信息。一旦所有的引语和事实组织好，有些作者就开始按照时间顺序写特稿了，写导语、主题段落、正文和结论。写每一小节的内容时，作者会考虑叙事和结构要素，包括画面、背景、细节、冲突、解决和影响等。

系统地写一篇故事可能会面临一定的挑战——尤其是对新手作者而言。伊里翁推荐了一个方法对新手群体也许有用，他在职业生涯早期采用过这个方法，即首先列出相关引语，再补充细节。

“我把自己喜欢的、很显然在写作时会用到的引语写下来，有几个或是一堆。”伊里翁说道，“看着这些引语，我的脑海中逐渐呈现出故事格局，我就知道哪些地方要采用哪些资料来源。可能有一两个资料来源贯穿全文，有几个次要的资料来源偶尔出现一两次。这个过程帮助我确定，哪些引语最有影响力、最尖锐，这些引语将成为叙述的起点。一旦将这些写下来，就会发生有趣的事情。如果你要写一篇3 000字的特稿，将这些资料来源的最佳引语挑选出来，输入电脑上，你发现，你已经有三四百字了，你已经有开头了。”

对我个人而言，一旦投入到特稿构思中，而截稿期限又十分临近时，我发现脱离上下文写作比找一个地方插入新的信息更为容易。在最后几个小时，我再将新的信息插进去。

最后一点，写特稿时，我会小心谨慎，保留所有文字。删掉很多不必要的文字也许会让人觉得很满足，但是千万要抵制住这个诱惑！现在删掉的东西可能后面还需要，没有什么事情比这更令人沮丧的了。对于暂时不需要的东西，不要删掉，放入另外一个文档中，类似废料场，留着以备不时之需。

9 事实

每一篇文章都应该有事实。采用事实的关键之处在于作者要谨慎地选择，避免滥用。如果事实太多，文章会变得乏味，可能会让读者觉得读起来很困难，可能会吓坏读者，甚至可能永远失去读者。在大多数情况下，读者并没有义务一定要阅读你的作品。因此，作者应该努力增加文章的趣味性和可读性。

如果你在写某个人物简介，这个人在休闲时很喜欢参加考验耐力的竞技类运动，比如铁人三项、马拉松、远足等，那么讲述太多有关他的娱乐活动的事实，可能就显得不那么明智。比如，如果他跟你说，他十几岁就徒步走完亚巴拉契亚国家步道，那么提一下步道全长约 2 180 英里、跨越美国 14 个州就足够了。很少有读者想要了解更多信息（比如，步道上有 250 多个三面的庇护所，步道有 550 英里的路程位于弗吉尼亚，抑或也许会在植物中发现臭菘草，等等）。如果有人对此感兴趣，想要了解更多有关亚巴拉契亚国家步道的信息，你没有责任去告诉他们，他们可以自行找到这些信息。

陌生的术语

有时，重要的事实中含有某个特定领域的新术语或行话。无论何时用新词语来介绍事实时，请给出它的定义。

比如，你在写一篇有关糖尿病的报道，你决定这么写：

> 根据美国疾病预防控制中心的数据，2010 年，确诊的糖尿病的流行程度是美国总人口的 6%，1 880 万人。

毫无疑问，“1 880 万”这个数字很庞大，但是一扫而过的读者也许并不确定这个统计数据到底意味着什么。读者或许对“流行程度”这个词也不熟悉。“流行程度”是流行病学领域的术语，指的是在某一个既定的时间内，确诊患有某种疾病的总人数。更糟糕的是，无心的读者可能会将不熟悉的术语与别的词混为一谈——在上述例子中，可能将“流行程度”误认为“发生率”。“发生率”指的是一段时间内确诊的新增案例的人数。比如，“2010 年，糖尿病确诊的发生率为 190 万人，占美国总人口的 0.61%。”上面这个句子最好写为：

> 根据美国疾病预防控制中心的数据，2010 年，糖尿病的流行程度，或者说糖尿病患者确诊的总人数是美国总人口的 6%，1 880 万人。

最后，不管出于何种原因，如果你需要在文中其他地方再次提及“流行程度”这个词，建议再次明确定义，以防读者忘记它的意思。请注意，如果两次出现的地方很接近，那就没有必要再给出定义了。

全面看待事实

读者喜欢阅读观点，可能的话，建议用读者可以理解的话来描述事实。比如，全面看待数字或统计数据可以帮助读者了解信息的重要性。

我们再来看看上述糖尿病案例。2010 年，1 880 万美国人被确诊为糖尿病患者。但是，1 880 万人到底是多少人呢？大约相当于佛罗里达的人口数。如果你想让糖尿病影响的人数给读者留下深刻的印象，那么不妨将它与佛罗里达的人口做比较。

> 根据美国疾病预防控制中心的数据，2010 年，美国确诊的糖尿病的流行程度是美国总人口的 6%，1 880 万人，大致相当于佛罗里达的人口数。

与钱有关的事实似乎总能引起读者的兴趣。讨论金钱时，全面看待数字也是一个好的方法。看看下面这个例子：

> 根据美国疾病预防控制中心的数据，2007 年，全美糖尿病治疗费用总计 2 180 亿美元，相当于比尔·盖茨 2011 年净收入的三倍多。

众所周知，比尔·盖茨是世界上最富有的人，用他的财富来描述糖尿病治疗费用使得“2 180 亿美元”这个数字更容易理解。

选择事实

在文章中采用的事实必须是有用的事实。通常，事实有多个，你必须选择那些对读者具有意义的事实。事实通常以统计数据的形式出现，以数字表达，可以支撑论据或论点。尽管统计数据可能会被各种方式操纵，但是它们仍然可以作为良好的事实支撑。

设想一下，你正在写一篇有关美国贫困状况的报道，需要事实来支撑。你可以访问美国联邦统计网站，寻找有关收入的统计数据，也可以访问美国人口调查局网站。（美国人口调查局网站密切记录收入和贫困水平情况。）

写这篇文章时，可能最好关注那些强调文章宗旨的统计数据，即贫困。比如，2011 年，美国贫困家庭数（根据政府的定义，“贫困家庭”指的是四口之家的年收入在 23 021 美元以下的家庭）为 950 万个，这意味着大约有 2 500 万人生活在贫困之中。为了让读者更好地理解这个数字，你可以告诉读者，得克萨斯州的人口就是 2 500 万。

中等收入家庭的年收入是 50 054 美元，这类统计数据对读者的用处不大，甚至可能会引起读者的困惑，因为这个数字听起来并没有显得那么“贫困”。

我在此简要介绍了统计数据，而全面审视统计数据以及数据与新闻的关系，将远远超出本书的讨论范围。如果读者有兴趣了解更多内容，我建议读一读维克多·科恩（Victor Cohn）与刘易斯·科普（Lewis Cope）的著作《新闻与数字》（*News & Numbers*）。

事实核查

随着杂志和报纸的从业人员规模缩减、利润下降，很多刊物不再对严格的事实核查投入资金，这一现象令人震惊。事实核查人员曾经是从业人员的一部分，但这样的日子已成过去。因此，确保事实正确，向编辑保证稿子中的事实都是真实的，成为作者的责任。为了达到这一目的，最好在每篇文章的结尾处附上简要的资料来源清单，列出引用的第一手和第二手资料来源、网站地址、采访的次数和时间、采访对象的姓名和联系方式等。尽管资料来源清单不用像参考文献或尾注的格式那么严格，但是也应该包含足够多的信息，让编辑很容易找到资料来源。

几份国家级刊物仍在事实核查上投入资金，设立事实核查员，如《纽约客》、《史密森尼》（*Smithsonian*）与《国家地理》。这些刊物通常要求作者为全文做注释，在文稿中注明资料来源。这个过程可能会相当耗费时间和精力，会很烦琐。科学类作者罗伯特·伊里翁为《史密森尼》《国家地理》撰稿，他表示，一篇 2 000 字的稿子，全文注释后很容易超过 5 000 字。

伊里翁说："现在还是有刊物在聘用事实核查员，记者有责任准备完整注释版的稿子——要么将注释嵌入文中，要么以尾注的形式——完整地描述每一个事实的来源，不管是来自原创的科学文献、论文或网站，还是来自某个特定的访谈，这些都需要注释，事实核查员就负责核实这些信息。作者提供资料来源清单、电话号码、电子邮件，事实核查员会核实所有的事实。理想的情况下，这是最佳的方式，因为杂志通过事实核查消除了潜在的隐患。但是在预算削减的时代，部分事实核查员被裁减了。最终，不论采用何种手段，作者必须在稿子发表前确保事实完全正确。"

最后一个简洁有力的建议：假设与推测是勤劳的事实核查的敌人。你认为你知道某事并不意味着你就是正确的。每一位优秀的作者在事实方面都有些自恋。为此，一切都要核实！

10 叙事

无论是消息、特稿，还是评论，没有哪种类型的文章完全由事实构成。如果文章通篇都是事实，那会索然无味，很难引起读者的兴趣——你也不想看到读者对元素周期表比对你的作品更感兴趣吧。所有的文章都有一些叙事或讲故事的要素。实际上，在通常情况下，作者很容易从最简单的第一手资料来源中获取叙事素材，一代又一代的记者从报案证明这样寻常的文件中获得了叙事的灵感。

罗伯特·布赖恩特（Robert J. Bryant）在《哥伦比亚新闻评论》上发表了《跳过沙拉，跳过肉》（Skip the Salad，Pass the Meat）一文，我们一起来看看布赖恩特在文中对叙事的论述："从这个意义上讲，叙事是新闻的红肉，互相交织的事实是肌肉，因果的不断前行使得事情从 A 发展到 B，继而发展到 C。"

波因特学院资深学者罗伊·彼得·克拉克在一次邮件采访中，向我解释了他所理解的广义的叙事。"对我而言，"克拉克写道，"关键区别在于报道和故事之间。报道的目的是传递信息，而故事的目的是传递体验。叙事通过场景和对话，将读者带入另一个时空中。叙事不是为你指向那里，而是让你身临其境。"

所有文章都有一些讲故事或叙事的要素。即使是报社和通讯社发布的消息也带有叙事元素，比如美联社。美联社每周为重大新闻故事设计 15～20 条导语备选。这些导语原本只是为了提供给下班后阅读的读者，现在却成为在任何时候传播的故事的典型要素。这样的叙述导语有上下文，读者更容易被带入，更能吸引读者的兴趣。因为读者可能对标题已经非常熟悉，广播、互联网、有线新闻等都已播过该新闻。叙事、视角和意象也许能够通过一种新颖的方式吸引读者。

我们看一看美联社在特丽·夏沃（Terri Schiavo）去世后编辑的两条导语。15 年前，特丽·夏沃成为植物人，此后一直处于植物人状态。2005 年，在夏沃丈夫与父母长期的法庭对抗之后，夏沃的进食管被拔掉。

以下是美联社传统的新闻导语：

> 在丈夫与父母长期的痛苦抗争之后，特丽·夏沃于周四离开了这个世界。美国法院、国会大厦和白宫也卷入了这场令人心痛的生存权之争。夏沃的进食管被拔掉的第十三天，她离开了人世。

下面这条是更具叙事性的“另类”导语：

> 哥哥被赶出房间，在丈夫的怀抱里，她离开了这个世界。喂饱了的斑猫躺在她的臂弯里，床边放着一个花束，里面有百合和玫瑰。特莉·夏沃走得并不平静，正如她活着时一样。

新闻和特稿中越来越多地采用叙事要素，特别是在报纸中。卡尔·塞申斯·斯特普（Carl Sessions Stepp）在《美国新闻评论》（*American Journalism Review*）上发表了一篇题为《长话短说》（I'll Be Brief）的文章，他在文中写道：

> 对读者的担忧的确促使越来越多的报道采用讲故事这一叙事。备受关注的西北大学读者研究所通过研究发现，“有证据表明，采用特稿风格的故事的增加带来诸多益处。采用叙事手法的新闻和特稿能够引起读者的兴趣，尤其是女性读者的兴趣，话题从政治到体育再到科学。读者认为，采用特稿风格报道的报纸更诚实、有趣，更友好、睿智，更精通内幕，也更符合他们的价值观。”

有人或许认为，报纸报道的叙事空间不大，因为这类文章篇幅短小，预算紧张。实际上，这一论断毫无根据。杰克·哈特（Jack Hart）是《俄勒冈人》（*The Oregonian*）的资深编辑，也是普利策奖获得者，他建议写作者，当时间较短、人物和场景较少时，篇幅短小的叙事要和长篇一样具有戏剧性。此外，他认为，要为读者创造一个场景，只需要精心组织三个细节。

叙事建议

要弄清楚如何将叙事要素融入写作中，这需要花费一生的时间。要了解叙事，不妨从阅读创意作家或文学非虚构类作家的作品开始。强烈推荐读者买一本杜鲁门·卡波特（Truman Capote）的《冷血》（*Cold Blood*），读几期《哈珀斯》（*Harper's*）杂志或《纽约客》。

我个人对叙事的理解很大程度上受到罗伊·彼得·克拉克的影响。此处介绍的很多内容也是受到克拉克《写作工具》（*Writing Tools*）一书的启发。强烈推荐读者读一读这本书，深入理解其中要义，然后内化于心。

人物塑造

人物对任何叙事都非常关键，人物需要塑造。

塑造故事人物时，需要考虑如下细节：

- 人物的外形描写，包括着装、个人卫生、言谈举止和外貌
- 人物周围的环境、结构和社区
- 故事中人物之间的关系和冲突
- 人物自发的行为，对他人的反应
- 人物的所说所思，人物的建议、忍耐、信仰或推崇的事物
- 人物的家庭成员、朋友、同事、雇主、员工、熟人和相关人员
- 人物的职业、爱好、活动、信仰的宗教
- 人物的心病、缺点、道德越轨或犯罪史
- 人物的习惯、日常生活中的活动、每日的行程

请记住，塑造人物时，展示总是好过讲述。换句话说，要采用细

节描写人物，而不是用形容词来充实人物。

男性时尚杂志《细节》（*Details*）刊登了一篇题为《比克拉姆·裘德瑞的狂热和纵欲崇拜》（The Overheated, Oversexed Cult of Bikram Choudhury）的文章，作者格兰西·马丁（Clancy Martin）出色地刻画了比克拉姆·裘德瑞这个人物。裘德瑞是高温瑜伽“比克拉姆瑜伽”的创始人，极其富有、好色淫秽、花哨夸张，生活奢侈无度。

> 裘德瑞还有其他怪癖。他说，自己一天只吃一顿饭（鸡肉或牛肉，不吃水果、蔬菜），只喝水和可口可乐，晚上只需睡两个小时。传闻说他和学生发生过关系。当我问他时，他并没有否认这一点——他说是她们敲诈勒索他：“只有她们让我别无选择时，我才会这样做！她们跟我说‘老板，你必须上我，否则我就自杀’，只有这时，我才被迫这么做，想象一下，如果我不这么做，会发生什么事情！因果报应！”

这篇报道很好地揭露了裘德瑞的丑恶行径，两年后他仍然备受报道的困扰。2013年，裘德瑞被一名女学生指控性骚扰。

场景设置

早在电影出现之前，叙事就存在了。尽管如此，有时，参考电影的拍摄手法对叙事仍然有益。

场景设置非常重要。为了抓住一个场景，导演会采用各种各样的拍摄手法，从特写镜头到长镜头，同样地，作家也会通过描述性的语言来做到这些。你是想要用近镜头审视犯罪现场飞溅的血渍，还是想要用全景拍摄来描写残暴的犯罪现场周围郁郁葱葱、平静的氛围，这些都由你自己决定，并且都可以成为精彩的叙事。

设置场景时，请记住，一定要让读者能够直观地感受到你所说的内容。综合运用五种感官：视觉、听觉、嗅觉、味觉和触觉。注意一些可能会被忽视的重要细节。如果你在现场，沉浸在某个场景中，那就用脑子或数码相机将周围环境拍下来。想一想时间、地点。你是热得想脱掉衬衫，还是冻得想要裹条羊毛围巾取暖？花几个小时，甚至几天的时间来思考一下你要描写的场景。

看看下面这个导语，该导语摘自《大西洋月刊》发表的文章《脸书让我们变得孤单吗?》(Is Facebook Making Us Lonely)。

> 伊薇特·维克斯曾是《花花公子》的模特，二线明星。她最为人所知的是在《50 英尺高的女人的攻击》中扮演的角色。去年 8 月，她应该 83 岁了，没有人确切地知道她的死亡时间。根据洛杉矶法医的报告，在邻居发现她之前，她至少已经去世一年多了。发现她的也是一位女演员，名叫苏珊·萨维奇，她注意到伊薇特邮箱里的蜘蛛网，里面的信件也已泛黄，于是她通过一扇坏了的窗户把手伸进去，打开了门，走了进去，屋里到处是一堆堆垃圾邮件和衣服。

这个导语描写了一个可怕的、令人沮丧的场景——木乃伊般的尸体躺在乱糟糟的公寓里。注意，作者的描述很像特写镜头（邮箱“蜘蛛网”)，还有全景镜头（“一堆堆垃圾邮件和衣服”)。任何人读了导语之后都可以想象出死者的景象有多么凄惨：曾经的明星死在肮脏的公寓中，数月无人问津。

做调查研究时要积极主动，努力寻找那些能够吸引读者的细节。AARP 杂志的特稿编辑玛格丽特·格罗夫建议说：“描述任何东西时，都要有很多细节，这样你才可以选择那些能推动故事发展的细节。”

设置场景时，还要考虑“现实效果”。这个词语由罗兰·巴特(Roland Barthes) 创造于 20 世纪 60 年代，指的是单独存在没有意义、但放在文中能带来一种现实感的描述。比如，描述犯罪现场一盏打翻的蒂凡尼灯，灯本身没有什么意义，但放在文中可以为文章烘托出一种“现实世界”的感觉。然而，请记住，“现实效果”的运用要有节制，正如其他文体一样，叙事文章的篇幅也是很宝贵的。

意外

在《按时交稿：工作中的记者》（*Writing to Deadline: The Journalist at Work*）一书中，作者唐纳德·默里（Donald Murray）建议读者问一问自己：“报道故事时，有什么事情令我感到意外?”他还建议：“既要看表面，也要看背后，既要听人们说出来的话，也要听人们没有说出来的话，想象一下可能是什么。”

意外可能来自扣人心弦的故事或情节的转折，可以事先做铺垫。明智的作者用意外推动读者看完整个故事。这种张力就像过山车一样，缓缓到达最高点。

故事中的意外和视频媒体中的意外一样具有吸引力。想一想让读者感到意外的电视剧。美国娱乐时间电视网推出的电视剧《嗜血法医》（*Dexter*），在第六季最后一集中，连环杀手德克斯特·摩根杀人的场景被同样身为警官的妹妹撞见。在《绝命毒师》（*Breaking Bad*）第五季的中间，沃尔特·怀特被身为美国缉毒局警察的连襟发现真相：这个曾经平凡的化学老师变成毒枭。还有一部特别成功的美剧《迷失》（*Lost*），故事一环套一环，扣人心弦，但是最终观众都审美疲劳了。

发表于《名利场》（*Vanity Fair*）上的《金发女郎失踪案》（The Case of the Vanishing Blonde）一文中，作者马克·鲍登（Mark Bowden）用意外的方式叙述了乌克兰女人如何被人从酒店房间带走，如何被强奸。在这个真实的故事中，私家侦探肯·布伦南（Ken Brennan）苦苦思索事情是如何发生的：

> 除非这起案件由一群魔法师完成，否则受害人必须从电梯走

到大堂，通过前门离开。真相不太明显，但一定藏在监控录像的某个地方。

通过精细的侦探工作，在几个段落之后，布伦南终于弄清楚了罪犯的作案方式。罪犯戴着眼镜，身材高大。他用行李箱将这个女人偷偷地运出酒店。值得注意的是，这个男人此前在故事中已有铺垫。

抽象阶梯

将叙事才能融入故事时，想一想抽象阶梯。“抽象阶梯”这一术语由塞缪尔·I. 早川（S. I. Hayakawa）于 1939 年普及。抽象阶梯的底端是具体或特定的形象，顶端是一般性的问题、主题或普遍的情绪。比如，如果情人节你送给男朋友或女朋友玫瑰花，这既在抽象阶梯的底端，也在顶端：玫瑰花是具体的形象，象征的则是你对情人的喜爱与倾慕。

阿富汗尼姆鲁兹省位于伊朗与巴基斯坦边境，水资源匮乏。部分居民的饮用水来自伊朗，通过运河运输过来。卢克·莫杰尔森（Luke Mogelson）在《纽约时报杂志》上发表的一篇文章中采用了抽象阶梯，将阿富汗人和伊朗人对水管直径的不同看法与阿富汗人对伊朗人的情绪做比较。水管直径是位于抽象阶梯底端的具体形象，而阿富汗人对伊朗人的感觉则位于阶梯的顶端。

他写道：“我发现，你可以通过人们对管道直径的描述判断出人们对伊朗的态度。对伊朗心存怨恨的官员会发誓说，测量参数不会超过几英寸，而常常访问伊朗医学机构的人也许会说管道直径为四英寸。”

还有一个例子来自《纽约时报》的一篇文章，题为《真正的蓝色在朴实中脱颖而出》（True Blue Stands Out in an Earthy Crowd），作者是纳塔莉·安吉尔（Natalie Angier）。文中提到，科学家对蓝色这种颜色的复杂度以及它在自然界中的样子产生了浓厚的兴趣。作者描述了位于抽象阶梯底端的蓝，即呈现蓝色的具体的动物和水果。接着，作者沿着抽象阶梯往上，讨论与蓝色相关的特质，如创造性、平静、忧郁等。

正如梯子的底端和顶端最为稳定，一个脚踏实地，一个靠在墙上，抽象阶梯的顶端和底端也是最好理解的。抽象阶梯的中间既不具体，也不抽象，可能令人费解。优秀的撰稿人会注意中间部分，努力解释清楚。撰稿人如果有能力、有耐心，中间部分可能会带来很大回报。比如，2012 年，《纽约时报》记者戴维·科钦尼维斯基（David Kocieniewski）因系列报道“深入法律丛林解释美国最富有的公民和公司通常利用漏洞避税”荣获 2012 年普利策奖。

我们写的很多东西都位于抽象阶梯的中间部分，比如商业、科学、艺术、政治、体育等。写作时，脑海中有抽象阶梯会大有裨益。具体而言，要学会何时提供例子，何时在宏观背景中解释事物。一定要想方设法过渡到具体的例子和一般性的思考，不要戛然而止。

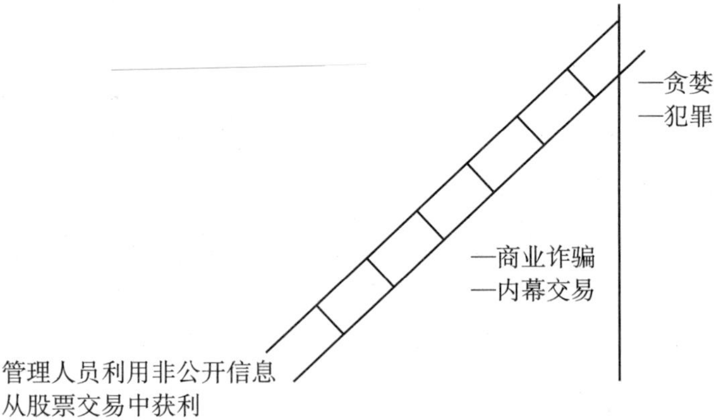

图 10.1 抽象阶梯

并置

将两个看似完全不同的事物或想法并列或比较，这会成就一篇非常好的稿子，可以激发读者的想象，让叙事熠熠生辉。

在大多数人的观念中，阿富汗等地的自杀性炸弹袭击者并不在乎个人安危，但是摩格森（Mogelson）指出，实际上这些人被枪击时通常会感到胆怯，这就是一种奇怪的并置。

> 这些人本来的计划是要引爆自己，但当你真的向他们开火时，他们又会感到害怕。一旦枪击开始，自杀式炸弹袭击者就四处逃窜，躲藏起来。他们不想被打死。他们来这里是为了赴死，但他们却害怕子弹，这种现象很奇怪。

背景故事

有时，解释故事关键任务的最佳方式就是简要描述人物的过去，即背景故事。背景故事类似于人物简介，但更侧重于人物身上对故事而言非常重要的方面。寥寥数行就可以帮助读者加深对人物的理解，理解人物的意图和能力。

在一篇题为《历史重演，布鲁克林的故事要搬到拉斯维加斯》（What Happens in Brooklyn Moves to Vegas）的文章中，读者见到了网上鞋业零售公司美捷步（Zappos）的创始人、企业家谢家华。谢家华想要把 1 200 名员工全部搬迁到拉斯维加斯市中心区，以此吸引其他公司到这片区域——算是城市中心区复兴项目。谢家华想要建一座关注社区的新城区，居民之间随意交往。这个想法很新颖，但是能否实现？作者乔恩·凯利（Jon Kelly）通过介绍谢家华的背景故事，使读者明白，但凡有任何人能够实现这一宏伟的计划，那一定是谢家华。

> 尽管亚马逊于 2009 年以高达 12 亿美元的价格收购美捷步，但是谢家华仍然继续经营该公司。他一直致力于维护公司另类的企业文化，包括主张办公环境人人平等，每个人的办公空间都是

同等的、开放的，每隔几个月，员工会更换办公位置，以便更好地了解彼此。

从这一背景故事中，我们了解到，谢家华基于这种企业文化创办了一家十几亿美元的公司，他希望在新城区中继续延续这种文化，并且很有可能成功。

比喻手法

精心挑选的类比、暗喻、明喻能够起到加强论点的作用，增加叙事效果。看一看下面这个明喻（明喻使用“像”、“如”等词来比较两个事物）。这一明喻是有关蓝色这种颜色的，摘自《纽约时报》上的一篇文章，题为《真正的蓝色在朴实中脱颖而出》。

> 在刚果盆地中心区工作的科学家宣布，他们发现了一种新的猴子品种，在哺乳动物学上非常罕见。更罕见的是，这种猴子身上有一个最引人注目的特征，那就是 lesula：这种猴子雄性的臀部和会阴处有一块亮蓝色的区域，与周围的毛发截然不同，就像穿了一条霓虹灯内裤。

读者如果不是生物学家，也许很难理解蓝色的“lesula”是什么，但是由于作者纳塔莉·安吉尔采用了一个绝妙的比喻，读者就可以想象，这种蓝色的“lesula”看起来就像是穿着蓝色的霓虹灯内裤。（个人而言，我想到的是萨莎·拜伦·科恩（Sacha Baron Cohen）[①] 饰演的波拉特可能会穿的丁字裤。）

在文章稍后，我们得知，在自然界中，蓝色有两种存在形式：一

---

① 萨莎·拜伦·科恩是美国知名脱口秀主持人，电影《波拉特》（*Borat*）的主角波拉特的扮演者。《波拉特》是由拉里·查尔斯执导，萨莎·拜伦·科恩等主演的一部喜剧影片，于 2006 年 11 月 3 日在美国公映。该影片讲述了一个来到美国旅行并短暂生活的哈萨克斯坦主持人的搞笑经历。

种是色素色的蓝色，一种是结构色的蓝色。色素色是一种化学颜色，而结构色是一种构造出来的颜色。很显然。如果没有进一步的解释说明，这个概念很难理解，因此安吉尔采用了一个类比形式的暗喻来解释什么是色素色，什么是结构色。

> 结构色的蓝色本质上是由肥皂隔膜构成的，这种隔膜所处的方向和厚度刚好使得它永远闪耀着蓝色。

聪明的读者或许会问，暗喻和类比的区别在哪里？暗喻是用动词"是"来比较两种东西。比如，"月是银盘。"（the moon is a giant white saucer），这是一个暗喻。诗人通常采用暗喻的修辞手法，不必受逻辑的限制。而类比通常是有逻辑的，表现了被比较的两个事物之间的关系。

暗喻和明喻都可能是类比，实际上，最好的比喻通常都是类比。看看下面这个明喻的类比，摘自罗伯特·伊里翁发表在《史密森尼》的文章《锁定黑洞》（Homing In on Black Holes），它解释了为什么观看夜空中的物体很困难。为便于读者理解，上下文一并摘录。

> 自从几百年前，伽利略第一次观察到木星和土星以来，地球上模糊的大气层就一直困扰着天文望远镜的使用者。通过大气层观察星星就好像是透过游泳池水的观察硬币。气流使星光来回抖动。

如果你想用类比解释文中的概念，但又不确定哪个合适，不妨问一下消息来源。科学家等专业人士通常会被要求用普通大众能理解的术语来解释他们的工作。因此，他们往往测试不同类比的有效性，发现了最佳的类比。

关于暗喻和比喻要素，伊里翁提出了一些很有用的建议：

> 只有当你想到的东西能够让读者很容易想象出来或者很容易联系到日常生活，这个暗喻才会有效。故事中需要清楚有效的暗

喻的地方就是解释的部分，我尽力向读者解释，某个事情如何运作，某些科学过程如何展开，或者与我们日常生活距离很远的事物是什么样子……

一定要问问采访对象，他们与公众、朋友或同事交流时，是否想到过一些很有用的类比。通常情况下，研究人员善于解释事物，尤其是有过受访经验的研究人员，这将对你非常有益，可以帮助你构思恰当的比喻。上述这类问题可以帮助激活大脑的某个区域，采访对象开始说一些更容易理解的东西，即使他们自己还没有想到可以改编的类比，或许也可以帮助你找到正确的方向，接着，你就可以对这个比喻进行提炼，让它更恰当或者在技术上更精确。

构思精彩的比喻很有挑战。你必须用心思考、求助他人。有时，你可以和同行聊一聊要写的故事，寻求他们的建议，构思一个新颖的暗喻，将故事的某个部分生动地展现在读者面前。虽然这很难，但你不得不做，此时，编辑可能是你的最佳盟友。尝试想出一个比喻——即使起初有点勉强，编辑可能会说：“方向对了，看看能不能改一下，让它更好理解一点，或者让它成为更普遍的经验。”一起努力，发掘一些行之有效的暗喻。

名称

在文中使用具体的人名、动物名、事物名称，会让叙事变得更精彩。名称可以是清晰的、象征性的、说明性的。有些时候，一旦你听到某个名字，你可能就知道这个名字所代表的意义。比如，施瓦辛格主演的著名角色“终结者”可能就不会到处去采花，如果他这么做了，那一定不是在屏幕上。

转义

暗喻的一个有效但很微妙的例子就是转义。转义指的是采用动词的比喻或暗喻意义。通常这个动词以迂回、间接的方式表达句子的意思。比如“当人们‘收获’经济收益时”，“收获”这个动词就使我们的头脑中出现农民收获庄稼的画面。

想象一下，你刚去纽约参加了一个派对，你喜欢的所有说唱艺术家都演出了。那么，如果你只是告诉朋友：“一群伟大的音乐家让全场沸腾!”这没有什么意义。但是，如果你跟朋友说：“布斯塔·莱姆斯、基德·酷迪、莫斯·迪夫、鲁佩·菲亚斯科、德瑞博士、史努比狮子、杰斯、格斯特菲斯·基尔拉，以及其他武当派说唱成员都来了，他们让全场沸腾!”这样更有意义。（我知道，让这些人聚到一块几乎不可能。他们风格各异，演出成本让人难以承受，也许有些人还可能对东西海岸的矛盾心存芥蒂。）

在发挥名义价值方面，罗伊·彼得·克拉克是大师。当乔·帕特诺（Joe Paterno）陷入宾夕法尼亚州性虐丑闻时，这个新闻给球迷们带来巨大影响，包括克拉克本人在内。在一篇题为《乔·帕特诺和宾夕法尼亚州被玷污的灵魂》（Joe Paterno and the Stained Soul of Penn State）的评论文章中，克拉克为这位伟大一时、而今堕落的帕特诺哀叹。

> 撰稿人想不出更好的名字：乔·帕特诺、乔圣人、圣洁的学生运动员家庭的父亲、乔爸爸、爸爸乔，拉丁语中的爸爸“Pater”。永远的父亲帕特诺。
>
> 我们的父亲，如今麻烦缠身，空洞虚伪的名字。

再看看名字价值更诙谐的一面——游戏开发商乔纳森·布洛

（Jonathan Blow）如何攻击社交网站游戏《农场度假》。以下摘自《大西洋月刊》上的一篇文章，题为《最危险的游戏玩家》（The Most Dangerous Gamer）。

> 有一次谈话中，布洛将游戏《农场度假》的开发者比作抢劫犯、教唆喝酒者、伯纳德·麦道夫（Bernard L. Madoff）[①]、殖民大脑的蚂蚁寄生虫。

作者通过布洛对名称的选择表达出布洛的情绪，作者还采用了头韵——重复字母 b 和 l[②]——来增加叙述的力量。

文字游戏

聪明的撰稿人会通过文字的选择进一步增强故事的吸引力。文字具有一种机械性能，写作时可以发挥其影响。文字游戏包括头韵、半谐韵和重复等。

头韵指的是重复单词首字母的音节，如 s、t、l、b 等。下面这个例子采用了头韵的手法描述游戏开发者乔纳森·布洛。在这个例子中，字母“s”押头韵。

> 布洛自我要求严格，这一点在他童年时期达到了顶峰。他执迷于追求真正的精神自立（spiritual self-reliance），逃避与迷信是他最大的敌人。

文字游戏的另一个例子是排比，通过重复关键词吸引读者的注意，唤醒读者的情感，激发读者的想象。伟大的演讲家都采用排比的修辞手法增加演讲的效果，比如富兰克林·德拉诺·罗斯福、亚伯拉罕·林肯、马丁·路德·金等。比如马丁·路德·金的“乐队

---

① 伯纳德·麦道夫，纳斯达克前主席，制造了美国历史上最大的诈骗案“庞氏骗局”。

② 英文原文：In one talk，Blow managed to compare FarmVille's developers to muggers，alcoholic-enablers，Bernie Madoff，and brain-colonizing ant parasites.

指挥家”，正如罗伊·彼得·克拉克在美国有线电视新闻网上发表的一篇评论文章中指出，“乐队指挥家”在非洲裔美国人的文化中具有独特的地位。（更多内容，请观看尼克·卡农主演的电影《乐鼓热线》（*Drumline*）。）

> 是的，如果你说我是一位乐队指挥家，那我就是一位为了公正的乐队指挥家、为了和平的乐队指挥家、为了正义的乐队指挥家。其他一切浅薄鄙陋的东西不值一提。

对这一引语不太精确的改述，刻在了位于华盛顿的马丁·路德·金的纪念碑上，颇受争议：“我是一个为了公正、和平和正义的乐队指挥家。”改述后的引语给人一种错误的印象，好像马丁·路德·金自诩为乐队指挥家，正如著名诗人玛雅·安吉罗（Maya Angelou）所说，这样的引语改述对马丁·路德·金不公平，听起来他好像是一位“狂妄自大的笨蛋”，安吉罗对《华盛顿邮报》说道：“他一点儿也不傲慢，他的谦卑来自内心深处。很明显，‘如果’后面的重要的从句被遗漏了。而没有了它，整个句子的意思都变了。”随后，人们计划将这句引语从纪念碑上移除。

在题为《邻居提醒我们内心深处的善意》（A Neighborly Gesture Is a Reminder of the Kindness Hiding Inside of Us）中，普利策奖获得者、专栏作家、评论员康妮·斯葛丝（Connie Schultz）通过一组“明天”的排比，强化了她与邻居之间的友好举动。

> 明天，我发誓，我将走出家门，去取报纸。
>
> 明天，我会冲到马路尽头，去取报纸。
>
> 明天，我会将邻居的报纸放到他们车库的门口，放在他们喜欢的地方。

短句和简短的段落

长句像18英寸长的眼镜王蛇一样难以驾驭，而短句就像乌蛇一样，可以发出有力的一击。与此类似，简短的段落也可以产生效果，正如倒金字塔体消息通讯中的段落一样。

美国广播公司 ABC 的新闻记者乔纳森·卡尔（Jonathan Carl）的一篇文章，恰如其分地展现了短句嵌入简短的段落中产生的力量。文章题目是《罗姆尼和拜登联合执政？的确可能》（A Romney-Biden Administration? It Could Happen），卡尔在文中表示，如果竞选双方在 2012 年总统大选中打平手，那么一个看似不可能的事情就很有可能发生，即罗姆尼和拜登搭档。

> 这听起来很疯狂，的确很疯狂。这场选举可能导致罗姆尼担任总统、拜登担任副总统，这样的结果的确可能发生。
>
> 我解释一下。
>
> 如果选举学院中有纽带（正如我下面解释的，可能有），那么新当选的众议院会选举总统，新当选的参议院会选举副总统。

在为美国有线电视新闻网撰写的题为《史蒂芬·科尔伯特已离去》（Stephen Colbert's Got Sway）的文章中，克拉克对伪保守党政治人物史蒂芬·科尔伯特的讽刺进行反思。文章是这样结尾的：

> 当我和科尔伯特的粉丝一样大的年纪时，我正在读奥威尔、赫胥黎、伯吉斯的小说，这坚定了我对当权派话语的怀疑。在今天这个时代，在意和阅读这类小说的人越来越少，它们的影响力很可能被削弱。
>
> 今时不同往日，这也是好事：戏剧和讽刺对恶棍的语言进行了消毒。打开电视，把爆米花递过来。

读者会注意到，最后两句话很简短，传递了一个简单的信息：我们不要哀叹伟大的愤世嫉俗者、讽刺家和怀疑论者已成过去，这不可避免，相反，让我们坐下来，好好欣赏脱口秀节目《科尔伯特报告》

(*The Colbert Report*)。

有经验的作者也可以用片段来代替短句，只有主语和谓语。用片段来强调、总结，使读者感到震惊，以增加强烈程度和非正式性。

看看下面这句话：

> 我刚听说，乔纳森从楼梯上摔下来，受了重伤。你能想象得到吗？他的两条胳膊、骨盆、右腿和尾骨都受伤了。可怜的孩子！

最后一点，有的作者喜欢在一系列长句中插入一个短句，这样读者可以获得片刻的休息，就像一台正在摆动的风扇，给读者带来习习凉风。

长句

是否建议写作者使用长句，在这一点上，我也曾挣扎过：仔细斟酌了很多天，反复权衡利弊，给克拉克发邮件，征求他的意见。（读者可能注意到，这个句子本身很长，这也体现了做出这个决定有多么艰难。）克拉克建议我指导读者运用短句、中等长度的句子和长句。

当你用长句作为叙述素材，表达各种情绪，比如单调、渴望．痛苦、挫折、困惑、焦虑等，此时，一定要避免记流水账。即使是长句，无论有多复杂，一定要表达一个相关的思想。将主语和谓语放在一起，构成一个右分枝结构的句子。

下面这个例子中，主语“我的儿子”与谓语“调皮捣蛋”被一个很长的插入语隔开，结果，句子的意思显得很混乱。

> 我儿子——未经允许就拿走了车钥匙，参加派对，彻夜不归，从我钱包里偷钱，破坏街道标志，经常翘课——调皮捣蛋。

让主语和谓语离得近一点，句子的意思会更容易理解。

> 我儿子调皮捣蛋——未经允许，就把车钥匙拿走了，参加派对，彻夜不归，从我钱包里偷钱，破坏街道标志，还经常翘课。

时态

叙述时，很多作者喜欢用过去时，偶尔用历史现在时（historical present）①。看看下面这个例子：

> 这个星期天的早晨太完美了。我躺在床上，孩子们给我端来了早餐：鲜榨果汁、松脆的火鸡肉、松软的蓝莓松饼。早餐后，我带着小狗出去遛了弯儿，呼吸了新鲜空气。散完步，舒舒服服冲了个热水澡。我情不自禁地感叹：生活，真好！

这一小段采用过去时讲述了一段美妙的经历。仅有一次转为现在时是当作者感慨“生活，真好”的时候。时态的转变强调了一种持久的情绪。

有时，用历史现在时也可以奏效。历史现在时是用现在时描述过去发生的事情，让故事充满生机与活力。看看下面这个例子：

> 星期天早晨真是完美。我躺在床上，孩子们给我拿来早餐：鲜榨的果汁、松脆的火鸡肉、松软的蓝莓松饼。早餐后，我带小狗出去遛弯儿，呼吸着新鲜空气。散完步，我舒舒服服地洗着热水澡。我情不自禁地感叹：生活，真好！

请注意，为了效果，标题通常用历史现在时，如“奥巴马总统动身前往亚洲”（President Obama Goes to Asia）。

传统媒体和大众媒体典故

我二十多岁的时候，曾住在一间公寓里，隔壁住着一位五十岁左右的绅士，他酷爱音乐。这位绅士不仅喜爱他年轻时代的音乐（20 世纪 60 年代早期），对其他各个年代的音乐也同样喜爱。从他那响亮

---

① 历史现在时，或称“戏剧现在时”“叙事现在时”，是指用现在时叙述过去的事件。

的立体声扬声器中，你既可以听到弗兰克·辛纳屈（Frank Sinatra）[1]、迈尔斯·戴维斯（Milles Davis）[2]，也会听到比基·斯莫兹（Michael Jones）[3] 或麦可·琼斯（Biggie Smalls）。

我哥哥就住在我的楼上。他执着地相信，这位年长的家伙也可能会喜欢现代嘻哈说唱音乐。几年以后，当我成为一名职业作家时，我逐渐开始钦佩起这位绅士，钦佩他既能跟上最新的艺术家的潮流，也能够欣赏过去的音乐时代的大师。这种与时俱进的能力可以帮助作者与读者建立关联。

遗憾的是，有些人认为大众文化和新媒体低俗，大众媒体没有传统媒体有分量。这种错误的认识很可能是先入为主的偏见造成的。根据媒介理论家马歇尔·麦克卢汉（Marshall McLuhan）的说法，“媒体专业的学生很快会预料到，任何时代的新媒介都会被熟悉此前媒介模式的人们定义为‘伪媒介’，不论这些新媒介究竟是什么。”

正如史蒂文·约翰逊（Steven Johnson）所说，对大众传媒价值抱有怀疑的人，应该强调，大众传媒既引人入胜，又很复杂。在其所著的《一切坏的东西都对你有益》(*Everything Bad Is Good for You*)一书中，约翰逊写下了这段话：

> 几十年来，我们一直想当然地认为，大众文化正在走下坡路，滑向低级大众口味的标准，我们猜测这可能是因为“大众”渴望沉默而简单的乐趣，而大型媒体公司一味迎合大众的趣味。但事实上，文化对智力的要求不是越来越低，而是越来越高。

约翰逊认为，大众媒体实际上使人们变得越来越聪明，比如电视

---

① 弗兰克·辛纳屈（1915—1998），20世纪最重要的流行音乐人物。

② 迈尔斯·戴维斯（1926—1991），美国爵士乐的传奇人物。

③ 比基·斯莫兹，原名克里斯托弗·华莱士（Christopher Wallace，1972—1997），美国嘻哈音乐人。

和电子游戏。(约翰逊的观点缺乏坚实的科学证据，但是他的假设却很有意思。)此外，电视叙述变得越来越复杂、越来越有吸引力，足以与任何一本书媲美。很多聪明人不仅仅将时间花在读书上，也花在看电视上，比如《绝命毒师》；花在玩游戏上，比如《魔兽世界》。实际上，美国雪城大学电视与流行文化布莱尔中心创始人罗伯特·汤普森博士认为，我们正处于电视的第二个黄金时代。今天的电视节目比以往任何时候都更具理性、更加电影化、更具文学性。

当然，我们承认，有一些典故确实是陈词滥调，撰稿人应该抵制这种很容易实现的目标。比如，将阿诺德·施瓦辛格称为“州长侠”或是“大块头”，这就有点过时了。到了今天，我们或许可以说，大多数人都会反感任何与“江南 Style”有关的东西了。但是有些典故还是很新鲜、很吸引人的。

以下这个新闻标题出自新闻和八卦网站“高客网”，一位消息来源向我介绍的。该标题很可爱地模仿了现在的一种流行文化现象：发短信。

> 天哪，泰勒·斯威夫特背着康纳·肯尼迪和他的堂兄好上了？有消息，给我短信。

有的读者可能错过了这条新闻（也有读者可能很关注），我简要介绍一下故事背景：康纳·肯尼迪是一个高中生，也是罗伯特·肯尼迪的孙子（约翰·肯尼迪的侄孙）。2012 年夏天，康纳·肯尼迪与歌星泰勒·斯威夫特正在谈恋爱。泰勒·斯威夫特与康纳的堂兄帕特里克·施瓦辛格又有了关系，因而有了上面这个标题。

在《纽约时报杂志》上发表的一篇题为《心情也有照明吗?》（Is There Mood Lighting Too?）的短文中，作者霍普·李维斯（Hope Reeves）写道，有些奶农安装了两室水床，让奶牛可以躺下休息。相比用木屑填充的床，水床不仅睡起来更舒服，而且价格更低，有助于奶牛产出高质量的牛奶。作者开玩笑说，两头奶牛睡在水床上是多么浪漫的一件事，作者还提到经典摇滚乐队“老鹰乐队”。

品质更好的牛奶卖的价钱更高。之前奶牛睡的地方是用木屑铺的，改用水床后，成本每年节省 6 000 美元。想象一下，如果整晚再播放老鹰乐队的歌，会发生什么？

有时，当文章的主题与大众文化典故有关时，敏锐的作者会意识到这一点，正如美联社的这篇消息，题为《奥巴马抨击罗姆尼患有“罗姆尼失忆症”（Romnesia）[①]》（Obama Accuses Romney of Suffering from ‘Romnesia’）。

奥巴马咧开嘴笑，借用喜剧演员杰夫·福克斯沃西的风格，杰夫的经典话语就是“你可能是个乡巴佬”。星期一在伯克莱屯举行的最后一场总统辩论中，这个喜剧相当于给总统热身了。

“如果你说你会维护女性的选择权，但是在辩论中，你又说你会‘很高兴’签署法律条文，废除所有的选择权，兄弟，你肯定得了‘罗姆尼失忆症’了。”奥巴马说道。

大众媒体和传统媒体的典故都可以用，最常见的就是希腊罗马神话、沙士比亚戏剧和圣经故事。优秀的作者对传统和大众媒体都拥有渊博的学识，能够谈古论今。

罗伯特·汤普森表示：

如果作者对美国文化、世界文学以及《圣经》、希腊罗马神话和莎士比亚戏剧三大领域有着广泛的了解，那么这篇文章一定有意义。但是，如果你仅仅是想让自己显得很聪明，最后几乎都会栽跟头。

你可以用一些高雅的典故点缀文章，写得好的话，即使读者不熟悉这类典故，他们也不会感到迷惑，大众文化的典故也是如

---

① 罗姆尼失忆症由罗姆尼的姓氏（Romney）和失忆症（Amnesia）合并而成，是奥巴马发明的新词，用来讽刺对手罗姆尼立场多变，前后不一。

此。要理解文中的典故，你不需要对这个典故非常了解……归根到底是写得好不好。读者不必非得看一集《甜心波波来啦》(*Here Comes HoneyBoo Boo*)① 才能理解这个典故，因为读者已经听说过这个节目。读者也不一定非得看过《哈姆雷特》才能理解哈姆雷特的名句“晚安，至爱的王子”或者“生存还是毁灭”。

很多情况下，高雅的典故可能会取悦观众，因为观众认为自己懂了，即使他们不了解该句话的上下文。我们看到人们一直在使用一些经典的文学典故，即使这个人也许从来没有读过或者看过这部剧，也会理解这个典故。

罗伊·彼得·克拉克写道：“我喜欢对传统与新兴媒体都保持敏感的作者。在一段话中，既能提 Ladygaga②，也能谈论托马斯·阿奎纳（Thomas Aquinas)③。我并不担心读者可能没有意识到某个典故，我会向读者解释，或者通过上下文来使读者明白。”

很多为公众写作的作者尽力跟上大众媒体的步伐。对很多人来说，包括我在内，这让每天花四个小时看电视、看电影显得名正言顺。“这是工作的一部分，”资深记者霍莉·米勒说道，“你必须了解正在发生的事情，了解人们关心什么、正在看什么电影。”

然而，作者一定要记住，随着有线电视的出现，大众文化开始变得碎片化。

汤普森说：“如果你想用《绝命毒师》或《广告狂人》（*Mad Men*）中某句精彩的引言作典故，观看这两部电视剧的 200 万观众中有一些人会非常熟悉这个典故，也会欣喜地看到这个典故。但是，还有很多人不了解。尽管这两部电视剧非常精彩，尽管它们已经获得丰

① 《甜心波波来啦》是美国家庭真人秀节目。

② Ladygaga，美国当代流行女歌手，以雷人装扮著称。

③ 托马斯·阿奎纳（约 1225—1274）是中世纪经院哲学的哲学家和神学家，将理性引进神学，用“自然法则”来论证“君权神圣”说，代表作《神学大全》。

厚的票房收入，但是大众文化是相对分化的，我们现在所处的时代已经不是当初《我爱露西》（*I Love Lucy*）① 和《小城名流》（*The Ed Sullivan Show*）② 的时代了，那时候，大家都在同一时间收看同样的节目。而在今天，最好的大众文化节目收视率也只有 1%……全美有 3 亿多人，如果有 300 万人观看，这个节目已经算很火了。”

要想了解大众文化现状，可以观看电视节目《辛普森一家》（*The Simpsons*）或《恶搞之家》（*Family Guy*），除此之外，可以关注几个社交媒体和网络资源，包括佩尤研究中心的网站 www. journalism. org。该网站有新媒体、脱口秀、竞选运动和新闻报道。此外，红迪和优酷等网站上也有新闻和视频，反映当前文化的时代精神。

非标准英语

很多优秀的作家喜欢用口语为文章增添些趣味，这些口语可能来自音乐、电视、互联网、流行模因③等。使用恰当的话，这些口语能给人耳目一新的感觉，比如 swag（狂扭屁股）、bling（闪闪的）、playa（西班牙语中的浪荡女）、baller（很牛的人或事）、blowin' up（爆炸）、tebowing（狄柏式的祈祷）④ 等。

---

① 电视剧《我爱露西》开启了美国肥皂剧的新时代。这部剧从 1951 年 10 月 15 日开播到 1960 年 4 月 1 日停演，生动地描绘出整整一代美国女性的生活。

② 《小城名流》是美国最早的夜间综艺节目，1948 年开播。

③ 模因（meme）是文化的基本单位，通过非遗传的方式，特别是模仿而得到传递。“meme”一词最初源自英国著名科学家理查德·道金斯（Richard Dawkins）所著的《自私的基因》（*The Selfish Gene*）一书。

④ tebowing 源于橄榄球运动员 Timothy“Tim” Tebow 的名字。Tebowing 可翻译为“狄柏式的祈祷”或“狄柏式的行为”。因为是虔诚的基督徒，狄柏每场比赛前都要单膝跪地祈祷。2011 年 10 月底，狄柏的粉丝克兰斯德将狄柏的祈祷照片贴在脸书网站，首次使用了“tebowing”，结果不出一个月，就获得上千万次使用；更有粉丝专门设立 tebowing 网站，在全球征集照片。由于其全球使用的广泛程度，2011 年 12 月全球语言监测机构正式确认“tebowing”为一个英语单词。时代杂志在 2011 年 12 月 19 日也专门介绍了这个新的流行语。

AARP杂志特稿编辑玛格丽特·格罗夫鼓励作者在文中使用新词。“英语是一门活生生的语言，它总是在变化。问题只是这个词是否用得恰当。”

有一点很有趣，也让很多传统的语法学家大为懊恼，那就是今天的很多俚语将名词作动词用。比如，你可以“谷歌”一台电视机的价格，然后“发信息”（text）告知你的朋友。

一、二、三，等等

使用要素的数量对叙事可能会产生戏剧性的效果。

看看下面这句话：

> 我高兴。

这是个绝对陈述，这句话说明了说话人“我”此刻的状态。也许刚刚和家人一起享用了感恩节晚餐，正坐在电视机前和家人一起观看底特律雄狮队与芝加哥熊队的比赛。

> 我高兴，我兴奋。

这句话的意思是“我”不仅高兴，而且很兴奋。幸福感从满足感跨越到了更多的东西——这个东西增加了我的幸福感。也许因为在感恩节的橄榄球比赛中，我最爱的球队底特律雄狮队触底得分，我既高兴，又兴奋。

> 我高兴，我兴奋，我乐观。

这句话包罗万象——好像这三个词构成了我当前的状态。这个表述有边界，就像数学中的闭集。这一系列要素完全说明了一种状态。合在一起，暗示了有希望。比如，也许比赛的最后几秒钟，雄狮队触底得分，进了一个三分球，领先熊队几分。换句话说，看起来雄狮队要赢了。

> 我高兴，我兴奋，兴高采烈，乐观，满足，愉快，喜不自胜……

这个句子类似于数学中的开集，没有边界，可以加上无数要素，可以加上更多的与“高兴”一词类似的词，描述我此刻的精神状态。也许雄狮队获胜，比赛结束后，我查了一下自己买的百万大博彩的彩票，发现中了 1.35 亿美元的大奖。

很多网络文章简明扼要。注意故事中包含的要素数量，你的网络写作会变得更加简洁。很多职业作家意识到了这一点，在写文章或写博客时会小心谨慎地选择要素的数量。

2012 年，在纽约当保姆的尤塞尔恩·奥尔特加（Yoselyn Ortega）杀害了她照看的两个孩子，本人自杀未遂。这起惨剧令人不寒而栗、意想不到。事件发生之后，《赫芬顿邮报》的生活编辑洛丽·列伊博维奇（Lori Leibovich）发表了一篇题为《孩子跟我在一起不安全》（The Kids' Aren't Safe With Me）的博客文章，在文中她写下了与患有精神分裂症的保姆之间的亲密对话。

该文以一个简单的概念开篇，这也是整篇文章的核心：保姆亲口承认，孩子和她在一起不安全。

> “孩子和我在一起不安全。”
>
> 电话那头的声音异常平静、不露声色。她是我的保姆（我叫她“莉安”），她此刻在家，正和我的两个孩子在一起。

在文章的后面，列伊博维奇讲述了背景故事，雇用这个保姆时，列伊博维奇觉得她非常出色。作者在一句话里包含了两个要素，以此来解释这个保姆当时立刻吸引了她儿子的注意力，他们第一次见面时，保姆不仅陪孩子玩乐高，还给他讲神话故事。这两个要素互相补充，表明保姆给孩子带来了身体和精神两方面的愉悦。

> 她和我儿子一起在地板上玩耍，帮他搭乐高城堡，给他讲神话故事。

在另一处背景故事中，列伊博维奇采用了三个要素说明他们夫妇在雇用这个保姆之前觉得她有多么优秀。

> 和莉安一见面，我们就知道自己会雇用她。证明人的话也使我们更加坚定了自己的想法：莉安确实充满爱心、聪明、风趣。

这个句子包含了三个要素，进一步强化了我们的理解。表面上，这个保姆满足了雇主的一切要求：充满爱心、聪明、风趣。除此之外，雇主还能要求保姆什么呢？很显然，她全部满足。

正如罗伊·彼得·克拉克在《写作工具》（*Writing Tools*）一书中所说，如果一个句子中包含四个或四个以上的要素，那么这个句子可能会达到“逃逸速度”①。过长的句子会加重读者的负担。

不久前，我接到一个任务，写一篇有关水果多样性的文章。进行了一些研究之后，我惊讶地发现，水果的种类如此丰富，即便是看似平常的水果也有很多种，比如苹果和橘子。我发现，其他写有关水果文章的记者同样对此惊讶不已，他们有时列举几种要素或者几个例子来给读者留下深刻的印象，让读者了解水果的种类多么丰富。

《密尔沃基新闻哨兵报》（*Milwaukee Journal Sentinel*）刊登的一篇题为《挑选你自己的南瓜和苹果》（Pick Your Own Pumpkins，and Apples，too）的旅游文章中，作者布莱恩·E. 克拉克（Brian E. Clark）描述了一片商业果园中有许多种苹果，这让读者印象深刻。这些有趣

---

① 逃逸速度是指第二宇宙速度，一物体的动能等于该物体的重力势能的大小时该物体的速率。逃逸速度一般被描述为摆脱一重力场的引力束缚飞离那重力场所需的最低速率。

的苹果名字使叙述变得更加精彩。

> 弗兰纳里说，他的果园里生产三十多种苹果，不仅有传统的品种，如麦金托什、科特兰、Johnson[①] 蛇果，还有新品种，如蜜脆、嘎啦、snowsweet，还有弗兰纳里的最爱凯米欧。

最后要注意的一点是，使用要素，尤其是两个要素时，两个要素可以互补，如上面的例子，也可以因为相似之处做类比，也可以是相反的要素。

围绕主题

很多作者会犯一个错误，试图将太多想法塞入一个故事之中。这种做法就像在 9.99 美元的自助餐中吃得过饱，要知道，谁吃上七盘都会撑得难受！通常情况下，优秀的编辑会认识到作者何时偏离了主题，会大刀阔斧地修改，让作者重回正轨。

大多数优秀的故事都有一个目标或宗旨，故事的视角帮助作者完成目标。故事一开始，读者就应该看见作者将如何过渡到结尾。如果读者一头雾水，结尾模糊不清，那么作者就失败了。

迈克尔·豪尔顿是 Contently 网站主编，曾是《华尔街日报》的编辑。他说："每一个故事的核心都是关止一件事情。每一个故事都有其指导原则……背后都有一个理念，这是故事的引擎……如果故事核心不止一件事情，故事就不连贯了。"

我曾为一家协会杂志写过一篇有关国际医学研究生的思想特稿。国际医学研究生指的是从外国来美学习、接受住院医师培训的医生。这其中的绝大多数人最后都没有回国，而是留在美国从医。专家将这种现象称为"人才流失"。"人才流失"指的是一国将医学人才送到美

---

① 查不到这一品种，有红玉苹果（Jonathan），此处疑为作者笔误。

国接受培训而产生的计划外的结果：本国医疗系统医学人才的短缺。

国际医学研究生培训由一家名为“外国医学研究生教育委员会”的机构主导。该机构除了为医生进行评估和认证之外，还提供一些其他服务，帮助培训医生融入美国文化，包括在线私人辅导、指导服务。我的文章角度选取的主题是国际医学研究生的人才流失。然而，在写作的过程中，我对机构提供的同化服务产生了浓厚的兴趣，最后写了太多有关这方面的内容，过度关注文章探讨范围之外的问题。编辑将我的初稿删去了几百个字，然后提醒我要围绕主题，“人才流失”才是文章的主题。

为了让文章保持在正轨上，可以将文章的社会关系进行优先排序。换句话说，应该对参与者、见证人和专家进行精简，留下最相关的人。你也不想让自己的作品读起来像《红楼梦》一样，读者要了解书中人物之间的关系才能读懂这本书。记住，当你考虑故事中要包含哪些人物时，你实际上是在走钢丝，一边是事情真相，一边要使文章易于理解。要尽量少用文学特权，尽可能让文章经得起检验，尽可能保持事实的精确性。

本·阿弗莱克（Ben Affleck）执导的电影《逃离德黑兰》（*Argo*）须引以为戒。1979 年伊朗人质危机之后，六名美国人被困。尽管这部电影很精彩，但是电影对加拿大人在解救人质过程中发挥的作用轻描淡写。结果，有人将这部电影称为“修正主义”电影。

还有一个有用的概念可以让故事围绕主题进行，那就是提出问题、解决问题的模式。普利策奖获得者乔恩·富兰克林在《为故事写作》（*Writing for Story*）一书中强烈推荐这一模式。根据该模式，每一个故事都提出一个问题，可能是冲突，也可能是人物要解决的问题。人物试图解决问题，从而产生张力。一旦问题解决，或者安然度过，故事就结束了。

很多闻名世界的故事都遵循了提出问题、产生张力、解决问题的模式，即使不是所有的故事都如此。看看下面这个故事就可以了解。1999 年，母亲试图将 6 岁的埃利昂·冈萨雷斯（Elian Conzalez）从古巴带到美国。但是母亲不幸在途中溺亡，年幼的冈萨雷斯获救，被托付给迈阿密的亲戚照顾，亲戚想让冈萨雷斯留在美国。但冈萨雷斯的父亲要求孩子回到古巴。双方在法庭上进行了一场旷日持久的对抗，最终，年幼的冈萨雷斯被送回父亲那里。

这个故事的问题就在于，冈萨雷斯能否留在美国。故事的张力就是法庭上的对抗，美国与古巴之间的紧张关系（这一主题位于抽象阶梯较高层）。问题导致双方之间的紧张关系，双方都想争取冈萨雷斯的抚养权。结尾就是冈萨雷斯最终被送回古巴。

过渡和主题句

从技术角度而言，恰当地使用过渡和主题句可以帮助作者不偏离主题、保持叙述的连贯。

过渡将句子衔接到一起。以下是常用的一些过渡词语，通常位于句首。

- 因此
- 此外
- 但是
- 尽管
- 最终
- 第一、第二、第三、第四……
- 比如
- 举例来说

- 此外
- 而且
- 换句话说
- 与此同时
- 在过去
- 再者
- 接下来
- 值得注意的是
- 于是
- 这个

除了用上述词语过渡以外，也可以重复或者暗示句子的主题，使叙述保持连贯。相关的引语也可以作为过渡。

最后，主题句简要概括一段话的主要内容，帮助段落之间的过渡。主题句通常位于段落开头。

服务区：奇闻趣事和第四道墙[①]

设想一下，你住在洛杉矶，有朋友邀请你去拉斯维加斯过周末。你兴奋地收拾行李，将生活必需品装满背包，扔到车后座上，朋友坐在后面。你等不及去长街[②]大吃一顿自助餐，看表演，还有玩一下“二十一点”[③]。

洛杉矶到拉斯维加斯一般需要四个小时左右的车程，除非你堵在

---

① 在镜框式舞台上，透过人们想象位于舞台台口的一道实际并不存在的“墙”，由对舞台“三向度”空间实体联想而产生、并与布景的“三面墙”相联系而言的。

② 长街指的是拉斯维加斯大道，是拉斯维加斯最繁华的街道。

③ “二十一点”是一种纸牌游戏。

星期五晚高峰路上。很少有人会直接一路开到拉斯维加斯，特别是当你和好友一起开车时。你们很可能到服务区休息一下，加点油，去一下洗手间，或者在加州贝克镇的“Mad Greek”餐厅吃一份三明治。(贝克镇拥有“世界上最大的温度计”。) 这些消遣也是旅途的乐趣之一。

写文章就像是开车去拉斯维加斯，从某地（洛杉矶）开始，到某地结束（拉斯维加斯）。沿途有服务区，可以上洗手间，吃点垃圾食品。在文章中，休息区就是以奇闻趣事的形式呈现。

如果叙述精彩，奇闻趣事会给读者带来间接的体验，震撼心灵的情感体验。奇闻趣事往往是一些小故事，有开始、中间和结尾。大多很简短，在文中的位置也是有策略的，反映了文章的主题、范围和视角。

聪明的作者做研究时会密切留意引人注目的奇闻趣事。玛格丽特·格罗夫（Margaret Guroff）说：“当我为文章做研究调查时，我会和朋友、家人讨论，给他们讲故事，并且将叙述的故事记下来，因为这些故事非常精彩，已经完美地反映了我想要给读者讲述的内容。”

通过讲述奇闻趣事，读者可以避开事实分析，在第四道墙的后面安营扎寨。在剧院和电影中，第四道墙是人们想象出来的墙，将戏剧与观众分开。有时，人物会打破这道墙，直接与观众对话。例如 20 世纪 70 年代的电视剧《三人行》（*Three's Company*），诺曼·费尔（Norman Fell）饰演地主罗珀先生，有时他在调侃妻子之后转向镜头，冲观众微笑。费尔精彩的面部表情打破了第四道墙，作为观众，我们知道他是在和我们分享他的玩笑。近期的例子，凯文·史派西（Kevin Spacey）在政治惊悚剧《纸牌屋》（*House of Cards*）中的表现亦是如此。

《辛普森一家》（*The Simpsons*）除了对所有能想象得到的文学手

法进行恶搞与讽刺之外，剧中的人物也会时不时地打破第四道墙，直接与观众对话。霍默·辛普森（Homer Simpson）甚至在《辛普森一家大电影》中打破了第四道墙，嘲笑观众容易上当受骗，明明可以在电视上免费看的人物，却要花钱到电影院去看。

珍妮弗·沃尔夫·珀赖因（Jennifer Wolf Perrine）在《最佳生活》（*Best Life*）杂志上发表了一篇特稿，题为《新时代的父亲》（The New Age of Fatherhood）。在文中，作者用奇闻趣事讲述了富有的单身男性为了拥有自己的孩子，花费巨额费用找代孕妈妈。奇闻趣事涉及很多相当成功的专业人士，包括投资人、金融咨询师，这些人因为各种各样的原因单身，但仍渴望拥有自己的孩子。作者在伦理、法律和经济分析中穿插了奇闻趣事。文章在不经意间充分利用了抽象阶梯，阶梯底层是具体的奇闻趣事，高层是伦理、法律和经济层面的考虑。

引语和对话

通过精心挑选的引语也可以使叙述更精彩。引语能增加文章的趣味性。当然，引语不能简单地复述事实、定义或统计数据，作者最好用自己的话来表述。

很多经验丰富的作者和记者对合适的引语培养出了敏锐的直觉，尤其是当这个引语能够支撑文章的观点时。作者在采访或研究时，有时会遇到这种情况：有些话最好从别人口中说出来。尽管没有任何一种万无一失的方法可确保引语精彩，但是以下这些有益的建议应该可以帮助你决定是否采用某个引语。

- 引语应该能引入一种作者以外的声音，愉悦读者。
- 引语引入一种情绪或观点。
- 引语以一种机智、幽默、愤世嫉俗、玩世不恭、有趣、简明或有独到见解的方式解释了主题或问题的某个方面。
- 引语提供了关于人物或情境的看法。

- 引语引入或预示未来的事件。

请记住，对引语的选择十分关键，不同的引语会带来不同的结果。《星期六晚邮报》的编辑兼出版顾问霍莉·米勒表示：“作为作者，你可以通过对采访中引语进行选择，获得不可思议的掌控能力……你所选择的引语就是你要走的钢丝。”

米勒警告作者要小心，不要在故事中塞入太多引语。“你应该不会想着引用一堆同样的话。”米勒说道，“如果引语说的基本上是同样的内容，那么引用一个人的话就足够了。”

虽然，相比采访过少，我们宁可多一点采访，但是，采访太多同样存在风险。“和很多人交流之后，你可能会受到诱惑，想要将所有人的话都纳入文章中。请记住，你不是为了采访对象而写作，你是为读者而写作。如果有些人说的话真的没有什么深度，或者说的话没有意义，那么你就必须删掉。”

尽管写文章时很少用到对话，但对话可能是很有用的工具。对话是两个人物之间的讨论。引语是人们听到并记录下来的话，而对话往往是偶然听到的，或者是通过对说话人和见证人的采访精心组织再现的。根据罗伊·彼得·克拉克的说法：“引语提供信息、解释说明，而对话会增加情节的厚度。引语也许会被听到，但是对话是偶然听到的。作者通过对话将读者代入另一个时空中，让读者体验到故事中描述的场景。”

在《金发女郎失踪案》中，强奸案嫌疑人迈克尔·李·琼斯被侦探艾伦·富特质问。两个人物之间的对话比作者的任何表述都更有力地推动了叙述；同时，暗示了侦探对这桩悬而未决的案件感到的愤怒和挫败。

> “那个星期，有个女孩被强奸了，跟你有没有关系？”
>
> “没有，当然没有！”琼斯回答说，对问题感到的震惊程度恰

如其分，“绝不可能。”

“你没有把这个女孩狠狠地打了一顿，然后抛尸荒野?”

“没有没有。”

总而言之，叙事是文章的生命线，将一系列事实与引人入胜的故事区别开来。但是，正如风格一样，叙事也需要时间练习，没有人在一开始就可以构思出风格美妙、叙事丰富的故事。通过对文章润色修改，作者可以注入叙事要素，将文字改为清爽利落、可以发表的、迷人的文字。正如画家用水彩一层层勾勒一样，作家对文章一遍遍地雕琢，不断修改，直到文章读起来朗朗上口。在某种程度上，正是润色的过程使得新闻同科学区别开来。

“优秀的叙事写作有一种节奏感，读者坐下来认真阅读文章时，文字塑造了读者的阅读体验。”科学作者罗伯特·伊里翁说道，“段落结构、句子长度和句子的重点，这些都很重要。不一定要在第一稿中就搞定。初稿是整个写作过程中最痛苦的部分。通常，你最初做的事情就是要将一堆东西写下来，这样就不用盯着空白的屏幕了。”

特德·斯派克是佛罗里达大学新闻系助理教授，曾是《男性健康》的杂志编辑。他对此深以为然：“关于写作，我最讨厌的事情就是打草稿，我讨厌将东西都写下来。但是，当初稿完成 80%的时候，这是我最欢喜的时刻。此时，我感觉文章已经有了基础，是时候进行内部装修了……让我们来好好打扮一下。这个界限很微妙……要小心谨慎，不要装修过度。通常，修改的最美妙之处就在于精简提炼。”正是通过这些修改，才能使动词变得更为有力，才能尝试多样化的句子结构，才能使优秀的故事变成卓越的故事。

11 消息

外行人也许会以为，仅仅报道事实，没有琐碎的细枝末节，这可能很容易，也很平淡。但实际上，消息的写作技巧很难掌握。新闻专业的初学者通常很难掌握倒金字塔体，因为采用倒金字塔体结构报道消息时，除了要求内容简明扼要之外，还要求有分析和评估——布鲁姆分类学的高级阶段（请参阅本书第 7 章）。因此，新闻报道成为培育众多著名作家的孵化器就不足为奇了。

多年以前，大部分记者的职业生涯都始于为地方性报纸报道新闻。这些人成为采用倒金字塔体报道消息的专家。如今，随着报纸规模缩减，媒体日益分化，很多记者用不着再去接触消息了。尽管如此，每一位记者或撰稿人如果理解消息写作技巧，都能从中获益。

在与很多专家交流、进行大量研究之后，我概括了消息写作的几种形式，如下所列，当然，这几类不可能概括所有的形式。

倒金字塔体

倒金字塔体很有意思。很多记者一生中花费相当长的时间来掌握这一结构，而后又在剩下的时间里质疑这一结构。不管诋毁者如何去批评它，倒金字塔体仍然对消息以及普遍的新闻报道有着持久的影响。

《华尔街日报》前编辑迈克尔·豪尔顿说：“我觉得，倒金字塔体是一种非常有用的结构，适用于很多报道。曾经有一段时间，记者觉得必须远离倒金字塔体，因为这一结构限制了故事写作，记者觉得我们的写作应该更加偏向杂志风格、更加偏向特稿的风格、更加感性。我认为这非常好，我同意上述所有观点。但问题是，如果读者看到报纸上的文章都是杂志风格，千篇一律，那就有点审美疲劳了。有些报道非常适合采用倒金字塔体，倒金字塔体更适合强有力的、迅速有效的行文。”

尽管很多人认为倒金字塔体的产生源于人们的需要——早期电报费用昂贵，人们需要将发送的消息进行优先排序。然而，更可能的情况是，倒金字塔体大致是在林肯总统遇刺时发扬光大的。在进步时期（1880—1910年），随着美联社的崛起，倒金字塔体的应用更为广泛。美联社为所有读者发送事实消息。正如作家兼思想家史蒂文·约翰逊（Steven Johnson）所说，人类很多最伟大的发明和发现都是缓慢实现的，很少有突破性。再者，科学和高等教育的进步很可能减缓了倒金字塔体及概括性新闻导语的发展。倒金字塔体被广泛采用之前，消息报道的文字通常很华丽，读起来不像现代新闻，更像童话故事。最重要的信息留到了最后，这在当时没有关系，因为那时消息传播需要几个星期的时间，没有人急于获得事实。

倒金字塔体以概括式导语开头，包含五个W和一个H：何人、何事、何地、何时、何故以及如何。信息通常由一个引人入胜的细节或是一两句话引入。导语之后的段落按照重要性由大到小排列，提供额外的信息，从一般到特殊。这些“额外的”信息描述的也许是事情的相关性、影响、背景、反应、结果、反响和引用材料等。

尽管采用倒金字塔体的报道呈现事实的方式很直接，但是它们仍然必须是有关的，能够引起读者兴趣的。汤姆·林登（Tom Linden）认为，读者必须“迅速知道自己将会从报道中获得什么……故事的附加值是什么。”

采用倒金字塔体风格的文章，其句子和段落通常很简洁。句子的重点往往放在最后，次要的内容放在重要内容之前。此外，引语通常被分开放入段落之中。正如特稿写作一样，将引语和专家话语分类，对倒金字塔体消息的写作也很有帮助。

2013年3月18日的一则消息诠释了采用倒金字塔体的突发性新闻。凌晨5点43分，《芝加哥论坛报》和《南本德论坛报》（*South*

Bend Tribune）发布了一则消息，题为《两死三伤，私人飞机坠毁南本德住宅》（2 Killed，3 Hurt When Small Jet Crashes into South Bend Homes）。以下是该报道的概括式导语，一句话的叙述之后，很有效地回答了五个 W 和一个 H 中的很多要素。

> 当时，弗兰克·苏杰卡正站在卧室里，房子突然发生震动，客厅天花板轰然倒塌。
>
> 周日早晨，一架小型喷气式飞机在印第安纳州南本德机场附近坠毁，飞机在坠落过程中损坏了三座住宅，机上两人遇难，另有三人受伤。

报道的余下部分是这场空难目击者的叙述。

当天晚些时候，更多的信息出现，其中一名遇难者的身份得以确认，史蒂夫·戴维斯（Steve Davis），20 世纪 70 年代俄克拉何马大学的明星四分卫球员。当天中午晚些时候，美联社以倒金字塔体报道了这次事故，包括史蒂夫·戴维斯的遇难，题为《前俄克拉何马四分卫在印第安纳州空难中遇难》（Ex-Oklahoma QB Killed in Plane Crash in Indiana），报道披露了这起空难中一个引人入胜又令人悲伤的细节：

> 周一，官方表示，一架小型飞机在印第安纳州北部地区坠入三处住宅，这起空难的两名遇难者之一是史蒂夫·戴维斯，俄克拉何马的元老级四分卫，20 世纪 70 年代该球队赢得一个接一个的全美总决赛。

在这个例子中，我们看到另一个概括式导语。这个导语很快回答了五个 W 和一个 H 要素。文章的余下部分讲述了戴维斯以及空难的细节，空难造成大量石油泄漏，上百人被迫撤离。

在上述例子中，报道的焦点从小型飞机坠毁转为曾经的美国偶像遇难，结果，故事的“相关性”也变了。记者们没有被这一戏剧性的转变吓住，很快重新包装，用倒金字塔体作为运算法则，从而宣传了这一新的视角。

互联网也许为倒金字塔体或受此启发的文章提供了一个好的去处。采用倒金字塔体的文章，能够很快地被互联网读者关注到。

两百年来，倒金字塔体的结构几乎没有发生什么变化。有人认为，倒金字塔体与互联网不太可能成为合作伙伴。南加州大学安那伯格新闻与传播学院数字消息主任马克·库珀说："在专业化的世界中，对网络抱有怀疑态度的人们更加传统，更倾向于采用倒金字塔体。倒金字塔体背后的概念就是，它不仅仅是非常好的讲故事的方法，也是非常好的思维方式……倒金字塔体首先告诉人们什么是最重要的，用导语抓住读者的注意力，再提供支撑……在这个意义上，倒金字塔的概念不仅仅是一种很有价值的新闻写作方法，也是很有价值的自我表达方式。"

倒金字塔体更加结构化的细节和更加严格的公式化细节正受到网络的侵蚀，我觉得这没有关系，因为倒金字塔体的重要部分是概念。相比传统的报纸，网络更加倾向于对话，更加注重双向互动。倒金字塔体很多严格的地方与网络文化有冲突。

美国生命科学网（LiveScience）是一家发布科学新闻的机构，将新闻出售给新闻聚合网站，比如雅虎与美国在线。该网站新闻通常采用倒金字塔体。此外，福克斯和美国有线电视新闻网也将博客纳入在线供应内容，博客发布的新闻通常也采用倒金字塔体。

倒金字塔体已经历经了几个世纪，在数字时代依然继续存在。但是正如其他结构一样，我们无法预测它的未来。在一次邮件采访中，新闻学者罗伊·彼得·克拉克写道："我们的行为似乎都表明新闻表达的形式会一直存在，其实不然。新闻是在特定的历史时期产生的，它们的出现受到市场、社会规范及技术的影响。倒金字塔体并非由古

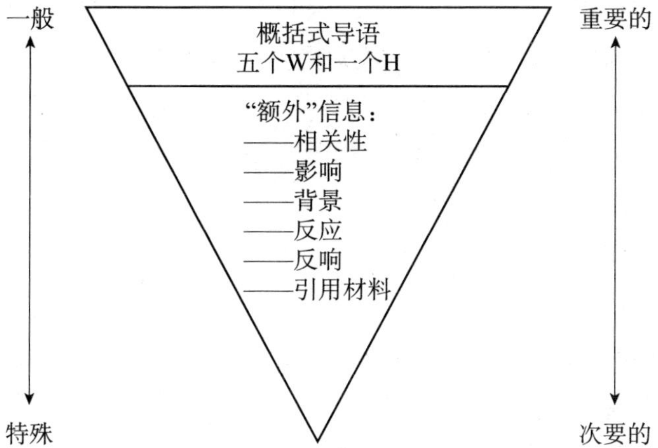

图 11.1　倒金字塔体

埃及的奴隶创造出来的。它与文化环境相关，如内战、电报的发明、有线服务的发明。尽管我们都认为莎士比亚是最伟大的英语作家，但是没有人再用诗写戏剧了。即使是伟大的写作形式也会衰落，让位于新的写作形式。”

另类故事形式

近年来，学者和记者对另类新闻报道形式尤其感兴趣。另类故事形式指的是以直接行文之外的方式来做书面的新闻报道。尽管另类故事形式有各种各样的重复，但是它们也有一些共同的特征。首先，它们讲述自己的故事。其次，研究表明，另类故事形式更能够抓住读者的注意力，让事实深入人心。最后，纸质和网络新闻报道极少采用另类故事形式。波因特的视线追踪研究发现，在 16 976 个纸质样本中，只有 4%采用了另类故事形式。

波因特学院负责人萨拉·奎因教授表示：“另类故事形式的确擅长讲述少量的可消化的内容……也许是更为科学的报道或者事实类的

故事，有清晰的地理位置，可以并列放在一起，就像将竞选市长的两位候选人放在一起。它是不想仅写数字的那种东西。”

另类故事形式有很多种：

- 图文并茂：文字、图片、插图、图表
- 注意事项
- 专家意见
- 展示的照片
- 词汇表：行业术语或关键词的定义
- 指南
- 信息图：信息或数据的可视描述
- 即时专家：某个问题、人物、地点或事情的指导
- 兴趣新闻：针对读者对某个时间或某个问题的兴趣进行解释
- 关键任务
- 关键数据：可能性、风险、等级等
- 列表
- 袖珍资料
- 面板
- 照片故事：用照片讲述故事（就像图画书）
- 利弊分析
- 问答
- 最新进展：如果报道的是突发性新闻，这种形式有助于说明事件最新进展情况
- 时间轴

全面描述每一种另类报道形式超出了本书的范围。然而，我想特别关注一下其中的一种有力的报道形式：问答式。

问答式以读者为导向。作者以读者可能会提出的问题构建一篇报

道。报道有不同的信息进入点。读者通过浏览问答来理解文章，可以从任一问题开始阅读。问答式可能与访谈最为接近，也可以用于科学和医学文章中。

鲍尔州立大学新闻学教授戴维·萨姆纳说："问答式与更为典型的叙述式之间的区别在于，问答式要求读者更专注于阅读。读者希望阅读所有的信息。作者不需要为读者做任何工作，只需将直接的引语放在那里，对于泛泛浏览杂志的读者而言，问答式一般不会引起他们的兴趣。问答式的读者必须是对主题感兴趣或者对采访对象感兴趣的人。"

萨姆纳还指出，问答式的主题必须符合某些特定的条件，"问答式有很多进入点，对受过更多教育、更有文化的采访对象行之有效……不要求大量加工润色、编辑，直接将他们的话摆在那里即可。"

问答式可能带有欺骗性，看起来工作量不大，但实际上并非如此，它是看起来容易，但是做起来难。"有些人认为这是懒惰写作，"《综艺》电影评论员乔·莱登说，"但问答式可能非常困难。每一个反应都必须是独立的，如果某个人离题，想要讲一段很长的故事，你可能会感到很紧张。"

交互设计

随着新闻编辑室的预算削减，我们遗憾地看到，有些成本缩减是以减少绘图艺术家和网络设计团队为代价的。最动态、最激动人心的一些新闻来自交互新闻的合作，涉及记者、绘图设计人员、程序员等。正如任何交互媒体一样，交互设计能够吸引读者的注意力，引发读者的互动。交互设计由数据驱动，读者有输入，有互动。

2008 年，《纽约时报》上发布了一篇新闻，题为 Pogue-o-matic，由《时代》技术专栏作家戴维· 波格（David Pogue）主持。该文吐槽 2009 年节假日期间的摄像机、智能手机和电视机，要求用户点击答案回答问题，该新闻用视频和弹出式对话框展示选项。

2012 年，《纽约时报》又推出一项有趣的交互设计，关注美国目前的混血人口统计数的变化。题为《美国混血家谱》（Mixed America's Family Trees），鼓励读者提交自己的家谱。读者可以点击查看演员卢·戴蒙德·菲利普斯（Lou Diamond Phillips）的家谱，听菲利普斯讲述自己的血统。菲利普斯的血统中有菲律宾、英国、爱尔兰、西班牙等血统。（尽管菲利普斯以扮演墨西哥和北美印第安人的角色著称，但他自己在视频中承认，自己有三十二分之一或六十四分之一的切罗基[①]血统。）

正如任何一个优秀的在线交互媒体一样，在交互设计中，可用性是首要考虑的因素。不要给读者太多的选项，否则会造成读者负担过重。

在《时代》发布的一篇问答中，绘图指导史蒂夫·迪尤恩斯（Steve Duenes）写道："读者不希望花费大量时间去思考事情如何运作。即使有大量的数据，界面设计也应该清晰易懂。通常，这意味着要做一些相当简单的事情，比如限制菜单选项的数量，让描述语言变得清晰易懂。"

同任何文件一样，交互设计应该服务于一定的宗旨，吸引读者，让读者离主题更近一点。因为交互设计的制作过程很难，成本很高，所以设计的重复使用对刊物而言非常重要，设计可以作为模板，服务于同一类目的。

关于这种简单而又可重复使用的交互设计，《芝加哥论坛报》网站上有一个很好的例子，题为《芝加哥的犯罪情况》（Crime in Chica-

---

① 切罗基是北美易洛魁人的一支。

go)。读者通过搜索或是点击具体的栏目，就可以获取财产犯罪的统计数据，以及暴力犯罪和生活质量犯罪的数据。可以想象，这种交互设计的案例可以应用于各式各样的报道。

杂志也有交互设计的例子，尽管可能算不上新闻。比如，《连线》（*Wired*）杂志 2013 年 1 月的一期有一篇交互文章，题为《恶人恶语》（Speaking Bad），该设计让平板电脑用户将引语与相应的反英雄配对。比如，电影《搏击俱乐部》（*Fight Club*）的主角泰勒·德登（Tyler Durden）说的一句话令人难忘："只有在我们一无所有之后，我们才能获得真正的自由。"

请记住，聪明的撰稿人总是知道何时采用交互设计才能让故事受益。如果你的编辑允许你用数字工具讲故事，那么请畅所欲言吧。

调查性新闻

2011 年，我与《圣迭戈联合论坛报》（*San Diego Union-Tribune*，现称为 U-T San Diego）的编辑见面，共进午餐。我当时想要为该报做一些调查性工作。《圣迭戈联合论坛报》有一个非常了不起的调查团队，该团队因揭露奢靡腐败的国会议员杜克·坎宁安（Duke Cunningham）受贿一案而获得 2006 年普利策奖。编辑询问我对统计工作的看法，是否熟悉统计软件，因为他唯一能给我提供的工作机会就是统计工作。我告诉他，我修过统计学的研究生课程，对 SPSS 统计软件略有了解，但不是这方面的专家。那次午餐过后，我们再没有交流过。正是在那个时候，我真正体会到了调查性新闻与其他新闻的区别。而熟练运用统计仅仅是调查性报道区别于其他新闻的特征之一。

经济方面的考虑减少了全国范围内的调查性报道。此外，有些专家认为，随着《60 分钟》等每周新闻节目的出现、新闻团队不断追求调查性报道（是否是公益行为还有争议），调查性新闻的精神已经淡化，比如有些新闻是出于攻击个人或经济因素的考虑。尽管如此，仍然有人在进行着激动人心的调查性报道。比如，ProPublica 是一家为公众利益发布调查性报道的非营利新闻编辑室，2010 年，该机构成为第一家荣获普利策奖的在线发布机构，2011 年再度获得普利策奖。ProPublica 一般与大型新闻机构合作，进行调查性新闻，合作对象包括《纽约时报》《华盛顿邮报》《洛杉矶时报》《60 分钟》等。

在美国，调查性报道有着悠久而传奇的历史，可追溯至革命战争时期与后来的政党报刊时期。就传统而言，调查性报道属于报纸的范畴，但人们也可以在书籍、网站（如 ProPublica）和杂志（如《琼斯夫人》（*Mother Jones*））中找到调查性新闻。调查性报道在塑造美国形象的过程中产生了巨大的作用。

世纪之交，早期被称之为“扒粪者”的调查性新闻记者已经成名，他们给社会带来了巨大的变化。20 世纪 60 年代，蕾切尔·卡逊发表了自己的代表作《寂静的春天》（*Silent Spring*），揭露杀虫剂对环境的影响。20 世纪 70 年代，《华盛顿邮报》的调查性新闻记者鲍勃·伍德沃德及卡尔·伯恩斯坦揭发“水门事件”丑闻，激励了整整一代新闻记者前赴后继地投入新闻行业。

根据《新闻要素》（*The Elements of Journalism*）一书，调查性报道有三种类型：

- “原汁原味的调查性报道”，记者揭露新的信息。从传统看，媒体通过原汁原味的调查性报道推动公共机构进行调查、改革。
- “解释性调查报道”，对已有信息进行孜孜不倦的探索、分析，揭示其中蕴含的更重大的社会意义。
- “调查的报道”，通常泄露经官方调查而得出的信息。

很多调查性报道有以下共同的特征：第一，从事调查性报道的记者旨在揭露犯罪行为。第二，调查性新闻记者花费大量的时间筛选文件、数据，调查犯罪行为。数据分析可能很复杂，需要采用统计学和科学方法来证明假设。第三，调查性报道记者通常需要和另一类消息来源打交道，包括告密者、“现有会员”与“前会员”等。调查性报道的记者非常关心消息来源的人格和动机。第四，消息来源——尤其是处于犯罪行为中心的人们——通常不太愿意公开表明自己的观点，这给调查性报道带来一些阻碍。第五，调查性报道的行为可能会引起争议，这些行为包括采用匿名消息来源的信息、花钱收买消息来源、蹲点采访、秘密报告等。

此处将调查性报道作为一种新闻报道形式简要谈及，完整的分析超出本书的范围。读者如想了解更多有关调查性报道的信息，我推荐大家读一读《调查性报道手册》（*The Investigative Reporter's Handbook*），访问调查性新闻记者与编辑网站，尤其是要细细研读美国调查性报道记者编辑协会（IRE）的研究中心。

推特

2006 年，埃文·威廉姆斯（Evan Williams）与比兹·斯通（Biz Stone）联合创办了推特（Twitter），两人之前就职于谷歌（威廉姆斯也是广为流行的博客软件 Blogger 的创始人）。推特用编程语言 Ruby 编写，界面允许用户进行开放的编辑，融合了其他一些在线服务。2007 年 3 月，推特在西南偏南音乐节登台推出首秀，很快成为一股重要的力量。2009 年，推特用户增长了 1 300%，2011 年，推特每周发布的信息达 10 亿条！

推特是一项具有社交功能的免费短信服务。很多信息由自恋的 Twitterati（指的是拥有成千上万粉丝的推特用户）发布。2009 年，《哈佛商业评论》（*Harvard Business Review*）发表的一项研究表明，前 10%的推特用户发布的信息占推特发送信息总量的 90%。有趣的是，该研究还表明，不同于女性主导的其他社交媒体，推特吸引到的男性和女性一样多。

2009 年，牛津大学媒体字典小组发现，在推特上最常见的词中，排在第二位的是“我”，而在一般英语文本中，“我”在最常见的词语中仅排在第十位。其他流行词也暗示了推特用户的自我中心主义，包括“观看”“尝试”“倾听”“阅读”和“吃饭”。（可能有人有兴趣了解，“fuck”在推特语言中比在书面英语中的使用更为广泛——关于推特词语的讲解到此为止。）

社会名流常常在推特上炫耀自己晒日光浴，自取灭亡的国会议员发布自己穿着内衣的照片，尽管如此，推特依然显示了不可思议的巨大潜力，成为新闻发布载体，特别是突发性新闻的发布载体。2009 年 1 月 15 日，全美航空公司 1549 航班降落哈德逊河，公民记者贾尼斯·克鲁姆斯（Janis Krums）用手机拍下了这一幕，并上传到推特上，发布了该新闻。正如美国革命战争时期的人们用大众传媒刺激美国的民主一样，现在的人们用推特和其他社交媒体网站为美国与全世界的民主和政治运动呐喊助威。比如，在 2009 年的摩尔多瓦暴乱与同一年伊朗试图实施的天鹅绒革命中都有推特的影子。此外，2012 年总统竞选中，奥巴马总统成为政治领域先驱，率先使用推特和其他社交网站，包括红迪、声破天（Spotify）、因斯塔格拉姆（Instagram）、拼趣（Pinterest）与汤博乐（Tumblr）。（令人悲伤的是，2012 年总统竞选准备中，奥巴马备受欢迎的 2008 年脸书竞选运动被放弃。）奥巴马对推特的情有独钟可以追溯到 2008 年总统竞选，当时他在推特上的粉丝是参议员约翰·麦凯恩（John McCain）的 20 倍。

《哥伦比亚新闻评论》的编辑写道：“对推特用户而言，推特是一个镜头，从中可以看到你可以想到的任何新闻事件，革命、火山喷发、国情等，融合了双关语、现场报道、推荐链接等，容易使人上瘾。”

如何充分利用推特信息的140个字符？我将这个问题抛给罗伊·彼得·克拉克，他建议用连载叙事的方式，他可能比当今世界上任何一个作家都更了解这一方式。如果何人、何事、何地、何时、为何、如何和细节都可以倒着读，通过推特制造一个故事，那么新闻的传播会更有意义。这个建议表明，构思推特信息报道新闻时，叙事的衔接非常重要。

克拉克写道：“我喜欢在推特上写东西，我尽可能写出优秀的短文，从不随意制造垃圾。我总是精心构思、反复推敲。然而，将推特作为新闻传播系统有一个严肃的问题：如果你正在实时经历该事件，你才可能会成功。如果来晚了，你可能就会错过最有戏剧性、最有新闻价值的信息。但愿我可以让这个顺序颠倒过来，那感觉就更像连载叙事了。”

用推特传播新闻时，可以借助超链接和多媒体。可以链接到其他网站（用短域名服务商 Bitly 和 TinyURL 来缩短链接网址的长度）、图片和视频，也可以用主题标签来表示流行主题，突出信息。

美国国家公共电台资深战略家安迪·卡尔文（Andy Carvin）对推特账户的经营相当出色。克雷格·西尔弗曼（Craig Silverman）在为《哥伦比亚新闻评论》撰写的文章中写道：“卡尔文每天在推特上发布几百条信息，这些信息为中东相关的事件、观点、争议和谣言描绘了实时的画面。”

卡尔文有选择性地转发突发性新闻，并通过众包了解和验证信息。此外，他还鼓励其他推特用户提供支撑的信息，比如照片。为了让自己的信息有一种经过验证、透明的感觉，卡尔文通常用提问的方式转发信息，诸如“还有人报道这个吗？”抑或“这有多不寻常？”他也会在转发中注明“未经证实”之类的词语。

根据《哥伦比亚新闻评论》介绍，卡尔文将推特信息众包时，遇到了很多有趣的问题。首先，他所依赖的公民记者对“突发”“紧急”“证实”等词语使用不当，这些词在推特信息中通常会大写。其次，他转发的推特信息通常缺乏必要的图片和视频链接，然而他却要用户提供图片和视频链接。再者，透明度也是一个问题，原文的来源是否客观公正，我们无从知晓。比如，对于“阿拉伯春天”战区的暴乱也可能会通过发送推特信息跟进。

对所有使用推特的记者而言，透明度似乎都是一大问题。对一些政治家、社会名流和其他知名人物，我们不可能知道他们的推特账户背后是否有公关团队、数字员工、实习人员或是助手在帮助经营。比如，2012 年 11 月，以色列驻美国大使迈克尔·奥伦（Michael Oren）在自己的推特账户上发布一条信息之后又迅速删除，该信息是“如果恐怖组织哈马斯停止对我们开枪”，以色列“愿意与他们坐下来聊聊”。他将此归咎于一名雇员。

不是所有人都认为有必要对推特的真实性和透明度进行判断。美国南加州大学安那伯格传媒学院数字新闻主任马克·库珀相信，读者有足够的常识来甄别推特信息的质量：“我更倾向于让民众根据自己的判断、自己的资源来决定，是否相信某个叙述或某些消息来源，而不是让第三方来鉴定。我觉得这是不相干的。如果某些事情未经验证或是不值得相信，那么暗含的意思是有些事情是经过验证、可以信任的。这里有一个反民主的色调，因为这暗示了，曾经有一段时期，你可以依赖媒体为你提供绝对可靠的信息。但是，如果回到前网络或是前社交媒体时代，你会发现，媒体其实是非常不可靠的，充满偏见、非常狭隘。的确有一些很棒的信息，但是也有很多糟糕的信息，无形的宣传……媒体中弥漫着一种政治共识，因此，你就有了某种不现实、不完整的世界观。1955 年，你可以一整天地阅读《华盛顿邮报》或《纽约时报》，但是可能获得错误的信息。”

很多记者在推特信息上投入诸多思考，从训练和经历中汲取经验，构思信息。特德·斯派克说：“我在长文中使用的技巧与我在推特中使用的技巧非常相似，我努力花时间仔细斟酌信息的节奏、措辞，思考如何让推特的节奏和影响发挥最大作用，而这也正是我编辑长篇报道的方式。”

通过社交媒体报道新闻都有一个潜在的问题，那就是媒体的存在依赖于经济因素，依赖于拥有这些媒体的公司的决策，推特自然也不例外。对广告收入的贪婪毁灭了聚友和掘客这样的网站，尽管人们对推特和脸书的估值极高，但是这些机构并没有产生巨额的收入。尽管如此，推特仍然继续展现出其作为新闻传播载体的潜力。

很多记者、编辑和学者已经认识到，数字化手段也许是最佳的新闻传播与消费方式。至少在当下，新闻分析最好还是留给纸媒。比如，如果世界某地的城市广场发生枪击案，可以先在推特或博客上发布消息，隔天再在地方性报纸上做深入分析。

“数字通信已经覆盖了一切。”库珀说，“人们倾向于数字化是因为它非常快捷，通俗，能共享……不仅是博客，社会媒体、数字通信、非传统的新闻都已经使传统新闻黯然失色，至少在突发性新闻领域。涉及更加精细、更具分析性的事情时，你需要更多的时间和空间来消化……不管是突发的新闻、火灾，抑或是埃及政府被推翻，在开始阶段，可能更好的做法不是追踪美国有线电视新闻网博客或是美联社新闻，而是追踪推特信息。”

目前的研究表明，读者获取新闻的渠道既可能是传统媒体（报纸），也可能是非传统媒体（网络）。但是即便是新闻传播的手段在持续演变，实际的新闻报道却是经久不衰的。在我们做出分析、反应之前，我们必须先了解事实的重要性。当挑战者号航天飞机爆炸时，当恐怖分子袭击世贸大厦双子塔时，当飓风卡特里娜横扫新奥尔良的堤坝时，新闻报道总是领先于新闻分析。在紧急时刻，我们总是会回归到最本质的新闻形式，不管是通过报纸、博客，还是通过推特传播。

12 观点文章

观点文章可见于各类刊物，报纸、杂志、博客等。比如，《纽约时报》的观点栏目包括专栏、社论、读者来信、专栏版。每个杂志的观点文章的数量各不相同：有的很少，抑或没有，有的在前页（一本书或杂志的前几页）有编者按、读者来信等；有的充斥着观点，比如《新共和》（*The New Republic*）、《国家评论》（*National Review*）。这两份杂志都是政党喉舌，《新共和》是自由党的，《国家评论》是保守党的。政治本质上就是固执己见。在线刊物《赫芬顿邮报》除了作为超级博客发挥其汇集各类新闻内容的功能之外，还拥有众多撰稿人，每天发布观点文章。

我要解释一下社论、专栏版和专栏之间的区别，这很重要。社论代表了刊物的观点，内容由出版商或编辑委员会指定。社论要么署名，注明是代表刊物的作者执笔，要么不署名，默认为代表刊物的文章。表面上，编辑委员会代表的是出版商的原则和信念。

专栏版与社论相反，以《纽约时报》为例，可以说《纽约时报》拥有全世界最受欢迎的一些专栏版，这些专栏版代表了作者的观点，而这些作者既与编辑委员会无关，也与刊物无关。专栏指的是专家评论，这些专家对某一主题非常熟悉，经验丰富。专栏有多种形式，专栏作者通常使用新闻电头、读者提问和论文的形式来阐述自己的观点看法。新闻电头是一种新闻术语，指的是使新闻很应景的故事，例如乔治·威尔在《华盛顿邮报》的联合政治专栏，丹、萨维奇的联合性专栏《野蛮的爱》。

正如专栏的名称所示，观点文章阐释了作者的观点和看法，在社论中，观点文章代表了刊物的观点和看法。观点指的是对某一主题或问题的判断或评价。观点不是事实，但应该以事实为支撑，从而影响和说服受众。

为了使以出版商的立场发表的观点不带有主观性，有些刊物对社论之外的文章使用“观点”一词很犹豫，它们更倾向于用“看法”。在本书中，这两个词可以互换使用。

尽管观点文章可能与新闻、特稿文章有一些共同的特征，但它们在本质上是不同的，因为宗旨不同。观点文章的意图很明显，它要以作者或刊物认为的恰当的方式改变人们的看法，让受众和社会受益。

插入编者意见

当作者在新闻或特稿中插入自己的观点时，就是在插入编者意见。这种做法很拙劣。其他插入编者意见的例子包括假设读者“知道”作者所指。比如，如果作者在特稿或新闻中使用医学术语“剖腹手术”（laparotomy），但没有解释该词含义，那么就是在插入编者意见。

观点文章在新闻业的历史十分悠久，尤其是在报刊新闻中。美国革命战争之前到20世纪初的几十年里，观点文章主导着美国新闻业。观点文章在塑造美国的独立性方面发挥了重要作用。到了20世纪，新闻变得越来越客观、公正，尤其是报刊新闻。这种情绪影响了社论，到了20世纪50年代，报刊社论的权威性降低，几乎失去了自己的影响力。

到了20世纪80年代，天平倾向另一边。优秀的社论变得更短小、更有阐释性。作者在导语中提出观点，不再是客观公正的概括式导语。此外，优秀的社论呼吁读者采取行动。普利策奖对社论写作奖的评审标准也反映了这些变化。委员会开始寻找“风格清晰、有道德宗旨、推理符合逻辑、使用一切可以使用的新闻工具将公共舆论向作者认为正确的方向引领”的新闻。

临近新千年时，最优秀的社论、专栏等观点文章实际表达的观点和看法显得不再重要，重要的是它们能否运用强有力的观点吸引公众的注意力。优秀的观点文章撰稿人同时还拥有很多头衔：思想家、故事家、挑衅者。史蒂夫·图米（Steve Twomey）在《哥伦比亚新闻评论》上发表了一篇题为《消失的专栏作家》（The Case of the Vanishing Columnist）的文章，他在文中写道："简而言之，人们喜欢被激怒，人们更有可能因为文章的单调乏味而放弃专栏，而不会因为观点恼火而放弃。"

随着博客的日益普及，越来越多的人通过电子手段展现自我，表达观点成为一种时尚。在目光所及的任何地方，各种观点文章扑面而来，有些很精彩，也有很多十分糟糕。但即使是糟糕的文章，其中很多似乎也能够抓住我们的注意力和想象力。

观点很重要，观点可以帮助我们理解周围的世界。没有观点，我们很难履行职责、做出决策。观点影响了我们的每一个决定，影响了我们的认知。没有观点，我们将随便投票，随便结婚，随便生孩子，随便吃东西，我们的生活会变得冷漠。最优秀的观点作者帮助我们了解自我、清晰地表达自己的观点。记者要学会如何更好地构思观点文章，为自己的论证奠定坚实的逻辑基础，这非常重要。

优秀的观点文章其关键就在于有力的论证。作者必须以逻辑和事实作为支撑，否则没有人会在乎你的观点，没有人会认真严肃对待，没有人会被说服。构思论证过程时，亚里士多德的三个诉求或者说三个原则很有用：逻辑、可信度与情感。"逻辑"指的是观点清晰，符合逻辑，前后一致，也就是说，论证是否有事实支撑，是否有意义。"可信度"指的是作者或演讲者的可信度。比如，火箭科学家要写一篇关于太空旅行的文章也许就比幼儿园老师写同样的主题更可信。"情感"指的是论证是否会影响受众的感情和情绪。论据有恰当的情感，可以与受众的道德感产生共鸣，鼓励受众做出改变，不仅仅是帮助自己，也是帮助他人。比如，一篇有说服力的社论论述了节日期间慈善捐赠的价值，这篇社论也许会激励受众捐钱捐物。最理想的情况是，优秀的社论融合逻辑、可信度和情感三个方面。

论证观点

论证的构思有几种很好的方式，也有一些不好的方式。下列原则供读者参考。请记住，这些信息不仅可以帮助你构思自己的论证，还可以指出别人论证中的漏洞。

演绎推理

使用得当的话，演绎推理可能是最有力的说服方法。“演绎推理”指的是将一般性原理运用于特殊情况中。比如，医生诊断病人时就是在做演绎推理。如果一位年长的患者胸口疼得厉害，疼痛蔓延到胳膊，基于一般性知识，优秀的医生会考虑是否是心脏病发作。

构思演绎推理时，重要的是明确论证的大前提或一般性前提、小前提或特殊性前提，以及从这些前提中可以得出的结论。

2012 年总统竞选中，观点文章撰稿人试图用演绎推理来论证米特·罗姆尼致力于满足中产阶级需要的说法。

> 大前提：富人不理解中产阶级公民的感受，因为富人挣的钱太多。
>
> 小前提：米特·罗姆尼出生于特权阶层，长大后联合创办资产管理公司贝恩资本，获得巨大成功，赚了很多钱。
>
> 结论：米特·罗姆尼不理解中产阶级的感受。

观点文章撰稿人和自由党政治家都以这一结论来质疑米特·罗姆尼对中产阶级的同情，质疑他理解中产阶级的能力。实际上，奥巴马总统常常提及自己卑微的出身——母亲是单亲妈妈，生活艰难——和罗姆尼形成对照，与中产阶级产生认同感。

然而，这一论证并不完美，存在漏洞。比如，罗姆尼担任马萨诸塞州州长期间代表了很多中产阶级公民，他通过近距离的观察、与中产阶级共事，来了解他们的处境。但是，尽管如此，上述论证已经足够强大，很多聪明人引用了这一论证，说明演绎推理的确力量强大。

归纳推理

归纳推理的过程与演绎推理的过程相反。归纳推理是通过一系列例子来得出结论。归纳推理是有漏洞的，很容易受到批评。要推翻归纳推理的论证，只需找到一种例外情况。原型就是归纳推理的例子，大多数理性的人会迅速反驳这一思维定式。

让我们回到 2012 年美国总统竞选，美国州县市雇员联盟[①]发布了一系列广告，在广告中他们采访了环卫工人，米特·罗姆尼位于加州拉霍亚市价值 1 200 万美元的住宅外的垃圾由他们收集。这些人表示，米特·罗姆尼对他们“视而不见”，他们觉得自己没有得到应有的尊重，因为罗姆尼没有对他们表示感谢，没有冲他们微笑，也没有给他们拥抱或是递上一瓶水。在广告中，美国州县市雇员联盟通过这些例子得出结论：罗姆尼不关心工人阶级。但是仔细看看这个例子，结果证明，罗姆尼实际上知道作为环卫工人的感受。事实上，正如查尔斯·C. M. 库克（Charles C. W. Cooke）在《国家评论在线》（*National Review Online*）上指出的，罗姆尼任马萨诸塞州州长期间，曾亲身体验了一天的环卫工人生活。

---

① 原文为 American Society for Federation，State，and Municipal Employees，但经查证，只有 American Federation of State，County and Municipal Employees，简称 AFSCME，与原文有出入，疑为作者笔误。

举例论证

举例论证可以成就精彩的论证，尤其是当论证基于事实时。比如，如果你想说服某人，富有的政治家的确存在，那么你可以举罗姆尼的例子。尽管罗姆尼的税收记录没有公开，但是大家都知道米特·罗姆尼很富有。

当你从一个例子引申到另一个例子时，举例论证就有问题了。看看下面这个例子：

> 马特·达蒙与本·阿弗莱克是朋友，他们拥有同样的政治观点。
>
> 因此，奥巴马总统与杰里迈亚·赖特牧师是朋友，他们拥有同样的政治观点。

尽管奥巴马与赖特在某个时期是朋友（至少曾经是朋友），赖特为奥巴马提供精神建议，但赖特经常发表带有分裂性和煽动性的言论。最后，奥巴马总统谴责这些言论，不再去赖特的教堂。实际上，约翰·麦凯恩与米特·罗姆尼分别是美国 2008 年和 2012 年总统竞选的共和党候选人，他们都驳斥了某些保守党评论员关于奥巴马和赖特思想相似的说法，比如塔克·卡尔森。

相关性与因果关系

两个变量或者两个因素可能是相关的，但是没有因果关系。比如，所有美国总统都说英语，但说英语并不能使人成为美国总统。当两个特征也许仅仅是有关联时，必须要谨慎，避免说这两个特征存在因果关系。记者试图阐释（科学）期刊文章时，也可能会落入这个陷阱。请记住，要决定两个因素之间是相关的还是有因果关系，这是一项统计学工作，如果你想要论述两者有因果关系，以便支撑某个观点，但是又不确定如何解读统计结果，你可以咨询专家，比如统计学家。

将相关性与因果关系混淆的一个广为人知的例子就是激素替代疗法与冠心病。起初，研究人员从观察研究中得出结论：激素替代疗法对绝经后的妇女能起到保护心脏的作用。毫无疑问，这个结论很有吸引力，也许会影响绝经的读者，促使她们考虑激素替代疗法。但是仔细观察、进一步测试之后，研究人员发现这种关联是不真实的，并列举了几个其他因素，包括社会经济地位，妇科医生可能为绝经妇女采用激素替代疗法，而这些妇女本身可能患心脏病的风险不大。实际上，激素替代疗法要么对心脏病没有影响，要么略微增加了研究参与者患冠心病的几率。

类推法

米特·罗姆尼到底有多少钱？他非常富有，他的财产足够他余生的每一天买一辆崭新的东风日产汽车，同时还能过着舒适的生活。

如果有人要针对罗姆尼的财富辩论，上述类比就对说服此人大有帮助。在观点写作时，类比能够清楚地阐释观点，说服受众。

奇谈怪论

奇谈怪论在幽默文章中能够愉悦读者，但是绝不应该出现在任何严肃的观点文章中。

以下一段奇谈怪论摘自讽刺刊物《洋葱》上的一篇评论文章，该文章题为《不支持女性的男人会让自己的妻子在生日时选择她想要的微波炉吗？》（Would A Man Who Doesn't Support Women Let His Wife Pick Out Any Oven She Wants For Her Holiday?）。在文中，作者假装自己是米特·罗姆尼，如果罗姆尼不关心女性权利和女性问题，那么他就不会让自己的妻子选择家电，装饰厨房，或者在未经监督的情况下履行任何家庭职责。

> 是谁让她决定我们今年和去年去哪里度假的？是谁让她选择我所有的衣服的？是谁说："当然，你可以在我们家开读书俱乐部会议"，尽管这意味着她十个喋喋不休的朋友要在客厅待一晚上？是的，没错，是我，米特·罗姆尼。这个世界上，没有任何人可以指责米特·罗姆尼阻碍女性的进步，总统不可以，好战的支持者联盟也不可以。

上述这个例子是一个有缺陷的归纳推理的例子，用罗姆尼具体的行为例子来论证他对女性的支持，除此之外，这个推理本身也是荒谬的。

观点文章的写作

如何撰写观点文章？和很多其他类型的文章一样，这个问题潜在的答案就是"采用任何能让读者感兴趣的方式。"本小节中提供了一些建议，帮助你构思观点文章。

观点文章通常要写成论文的形式。开头往往是一段清晰的引言，为文章的余下部分做好铺垫。在某种程度上，引言说明了论文的重要性，吸引读者往下看。引言也包含了主题陈述。请记住，观点文章的论点应该是有争议的，而不是描述性的——因为问题必须有两方面。

论文的正文支撑作者的论点，要符合逻辑。通常，论文正文的第一部分为论点提供支撑。接着是解释，反驳重要的对立观点。论证必须符合逻辑，恰当运用事实来做支撑。

论文的结尾重申作者的观点或文章的观点。正如特稿的结尾一样，论文的结尾可以升华观点，进一步阐释问题的重要性，呼吁人们采取行动，或者展望未来。重要的是，引言和结尾要尤其引人入胜。

在很多方面，论文结构让我们想起特稿的结构：引言与导语类似，可以称之为“观点式导语”，主题段落与主旨段落类似，而且论文和特稿都有个收尾。

和特稿一样，观点文章在结构和行文中也采用了叙事要素。比如，有些观点文章得益于访谈，以及与公众的交流。《洛杉矶时报》地铁专栏作家史蒂夫·洛佩兹（Steve Lopez）就以文章传遍大街小巷、激起公众舆论而著称。与任何新闻或特稿作家一样，洛佩兹在专栏中采用了引语支撑，而且非常善于在专栏中运用特稿中常见的描述性和叙述性要素，包括奇闻趣事和画面。比如，2012 年 10 月发表的一篇题为《总统竞选中穷人被置若罔闻》（Poor Go Unheard in Presidential Race）的文章中，洛佩兹指出 2012 年的总统和副总统候选人很少提及贫穷话题。接着，他走遍洛杉矶的大街小巷，与自认为贫穷的人们交流，比如依靠社保为生的遛狗的人，每月赚 700 美元的家庭保健员等。在另外一篇题为《市长候选人涉足人行道争论》（Mayoral Candidates Step into Sidewalk Debate）的文章中，洛佩兹用奇闻趣事讲述了因 5 000 多英里的人行道没有维修而给洛杉矶人带来的伤害，从刮伤、擦伤到骨折。

正如任何文章一样，撰写观点文章时也应考虑文章的对象、范围和宗旨。比如，有些专家抱怨说，地方报纸发表的社论和专栏仅讨论国家问题，浪费了报纸版面。他们认为，只有当国家问题影响到本地或本地刊物的受众时，国家问题才可以出现在地方性刊物上。

杂志在发布观点文章时也小心谨慎地考虑范围、目的和受众。比如长期倡导大麻合法化的《尖峰时刻医用大麻》（*High Times Medical Marijuana*）杂志在 2012 年秋季那一期发表了一篇社论，批评奥巴马总统。以下是这篇文章的观点式导语：

距离总统大选只有短短几个月的时间，我想您也许有兴趣了解在医用大麻问题上支持“国家权利”的超过70%的美国人，他们对于政府对这一问题的处理有何感受？坦率地说，答案是，我们陷入深深的失望与恼火之中。

普利策奖获奖者关于观点文章写作的建议

2009年，纽约格伦斯福尔斯《明星邮报》（*The Post Star*）的社论作者马克·马奥尼（Mark Mahoney）获得普利策社论写作奖。正如普利策网站上写的，马奥尼获奖的原因是他“坚持不懈、脚踏实地的社论，揭露地方政府的秘密，积极有效地劝告公民维护自己的知情权”。为写作本书，我采访了马奥尼，他对社论写作与更广泛的观点文章写作提供了很多绝妙的建议。

建议一：“构建一篇社论，你要做的第一件事就是为论证奠定强大的基础。必须要有强大的论述，否则就没有社论。你要做大量的研究，确保有事实支撑，这样如果有人找你辩论，你可以用奇闻趣事或者用直接的事实为你的观点辩护。”

接着，马奥尼给我举了一个例子，他在一篇社论中描述水力压裂（提取石油和天然气的一种方法）过程中采用的化学药品，他列出化学药品的名单。当美国石油研究院抱怨这个名单时，他告诉他们信息来源于美国环保署网站。

建议二：“一定要考虑事情的另外一面。如果你在社论中仅仅描述自己的立场，没有承认有人或许有其他看法，那么你的论述就会被削弱很多。一定要确保论述涵盖了另外一面。事情总有另外一面，否则你就没有必要写社论了。”

马奥尼回想起自己最初写的一篇社论，他在文中支持美国人燃烧美国国旗的权利。编辑很快指出，这一立场也许会冒犯很多为这个国家浴血奋战的老兵，结果，马奥尼在这篇文章中对老兵为维护美国做出的牺牲给予了认可。

建议三："不要只是说说，一定要让读者有事可做。'我觉得可以……这不是很棒吗？'让我们采取行动或者让官方采取行动。实际上，他们不一定非得采取你的建议，但是你的想法也许会给他们带来启发，促使他们想到其他措施。"

马奥尼给我举了一个例子，他曾经写过一篇社论呼吁人们建造护栏，保护自行车手和行人。这一呼吁奏效了，他的孩子们现在把这个护栏称为"爸爸护栏"。

为了促进此类行动，马奥尼建议提供电话号码、网站、电子邮件和街道地址，供读者参考。

建议四："如果读者觉得文章很乏味，谈论的话题与他们无关，那就写一些与他们有关的事，给他们讲个故事。"

马奥尼获得普利策奖的社论中有一篇将镇委员会代表令人生厌的一次秘密会议比作"在肮脏的路边旅馆的一次偷情"。这个类比成功地激起了读者的愤恨。

建议五："你可以用情感和事实论证相呼应……很多次我努力激怒人们……这是让人们采取行动的一种方式……有时你想煽动人们……有时你想煽动情感……有时你想激起人们的愤慨……有时你想激励人们……用语言唤起人们的情感。"

马奥尼告诉我，让读者觉得与自己有关的一个简单方法，就是提及他们的孩子。每个人要么有孩子，要么曾经是孩子。

建议六："每个人都在抱怨英语有太多单词、太多拼写错误，太多微妙的影响。我觉得英语这种语言非常适合写社论，因为你可以找到表达出最微妙的情感的词语。你可以将句子串联起来，在读者的脑海中形成画面。你可以用句子结构的模式、头韵、拟声词等，用任何可用的东西将意象和思想放入人们的大脑，让读者理解你所做的事情。写社论时，你的确要非常努力地寻找恰当的单词或短语，清晰地表达你的观点。”

建议七：最后，马奥尼建议，社论记者要密切联系社区，通过博客和社交媒体等电子手段与受众进行互动交流。

“我会和人们互动，这也是为什么博客会如此成功。博客不是简简单单地接受我的社论，将它们放到网上或是进一步评论，而是为人们提供互动的机会。这也是网络和纸媒可以互补的地方……你可以使用博客，甚至推特和脸书，激发与话题相关的讨论，让人们参与进来。人们喜欢对事物发表看法。”

13 博客

根据《不列颠百科全书》的定义，博客指的是“一种网络日志，是个人、团队或公司发布的活动、思想或信念的记录。”博客的兴起赋予公民记者很大的力量。现在，只要能上网，任何人都可以创建博客。

我知道有些博客作者并不认为自己是“记者”，但肯定还有一些博客作者是记者，比如以战争报道著称的凯文·赛茨（Kevin Sites）、联合创建公民媒体“全球之声”的丽贝卡·麦金农（Rebecca MacKinnon）。在我看来，博客是一种新闻报道形式，博客上发表的帖子是面向公众的一种文章类型。不可否认，博客影响了很多人，很多博客为新公民新闻时代呐喊助威。博客也可以从其他类型文章的典型风格、结构和叙述要素中获益。

博客简史

乔恩·巴杰（Jorn Barger）是早期的博客作者，也是机器人智慧（Robot Wisdom）网站的创办人，他于1997年12月将“网络日志”（Web log）一词引入英语词汇中。1999年，另一位早期的博客作者彼得·莫霍尔兹（Peter Merholz）开始使用混成词“blog”。到2005年10月，博客数量接近1 960万，每五个月翻一番。每一秒，在世界的某个地方至少会诞生一个新的博客。早期博客很多内容都与时事有关，今天的博客有几种不同的类型：过滤博客或话题博客，有关新闻和政治事件；知识博客，分享专业知识；旅游博客；互助小组博客；个人日志或日记博客；笔记本博客，包含以长文形式书写的外部或内部内容；开放博客等。

博客的历史从根本上与互联网的出现息息相关。1992年，公认的互联网创始人蒂姆·伯纳斯·李（Tim Bernes Lee）记录了万维网的发展，该记录可以称为第一个网络博客。1995年，卡罗琳·伯克

(Carolyn Burke) 开始发表卡罗琳日记。1997 年，网站 Slashdot “为书呆子提供新闻”，提供网站链接，该网站的访问量如此巨大，以至于人们将此现象称为 “slashdotted”[①]。

从一开始，博客就以社区为导向，关注博客的作者和读者。那时，Blogger 或 WordPress 这样的博客软件尚未发明，博客主人用超文本标记语言（HTML 代码）在自己的网站上发表博客文章。这些早期的博客汇集了许多有趣的新闻和信息。

最早的一些新闻和过滤博客有显著的影响力。比如，1998 年，《新闻周刊》毙掉了一条新闻，该新闻中马特·德鲁奇（Matt Drudge）率先在自己的博客中披露美国总统克林顿与白宫女见习生莱温斯基“有染”的消息。早期博客的其他胜利事迹包括 2002 年揭露特伦特·洛特（Trent Lott）固执己见地支持斯特罗姆·瑟蒙德（Strom Thurmond）1948 年的总统竞选，2004 年 12 月，成千上万的公民博客报道了印度洋海啸事件。

很多公民通过早期的博客批评媒体对新闻和政客的报道。2005 年，在一篇题为《对新闻指手画脚》（Journalism's Backseat Drivers）的文章中，巴布（Barb Palser）表示：“博客对新闻的控告源于新闻的严重过失：遗漏、懒散、从众思维。”

2004 年的总统大选中，博客成为重要力量。博客质疑美国哥伦比亚广播公司新闻对布什总统在国民警卫队服役的报道，同时呼吁公开总统候选人约翰·克里（John Kerry）的军事记录。总统候选人霍华德·迪安（Howard Dean）聚集了强大的博客粉丝群，在反对第二次波斯湾战争中赢得了草根运动的支持。最终，丹·拉瑟（Dan Rather）被迫退休，右翼博客质疑他对 2004 年总统竞选的报道，表

① “slashdotted” 指的是因为 Slashdot 网站提及而使得该网站的访问量骤升。

达了对 ratherbiased. com 博客的担忧。

很快，博客圈涵盖了公民监督员、战争博客、政治评论员、党派、分享信息和新闻的人等。越来越多的人开始通过博客记录自己的感受，自我表达开始流行。《新闻学与大众传播学季刊》（*Journalism and Mass Communication Quarterly*）在 2005 年冬季刊上发表的一份研究表明，一流博客中 80%的内容是有关作者的日常生活和情感。53.6%的一流博客用专家来支撑自己的写作，74.2%直接与受众对话。最后，很多一流博客是“混合型”的，既有新闻和外部信息，也有个人视角。

在该研究中，“一流博客”指的是博客的作者只有一个人，记录按时间倒叙排列。一流博客拥有庞大的读者群，至少与一百家博客链接。有趣的是，很多一流博客的读者数量可以媲美小型刊物的读者数量，很多一流博客甚至比主流媒体更值得信赖。尽管该研究没有给出调查的一流博客样本中的优秀博客，但是读者知道符合这些标准的博客有哪些，包括八卦专栏作家彼得·希尔顿（Peter Shilton）的博客 PerezHilton. com，以及自诩为“社交媒体领域领先的医学声音”的凯文博士（Kevin Pho）的博客 KevinMD. com。

根据上述研究，一流博客的作者在网络身份的经营中融入很多思想，力图展现“真实的”自我。有趣的是，这种预先策划的自我展现方式有点类似于表演。演员表演时，展现的是虚构的身份。与此类似，撰写博客时，作者也可以强调性格中的某些方面，淡化其他方面，从而呈现出一个设计出来的身份。一流博客的作者通过不断发文表达自己的想法和感受，吸引读者。值得注意的是，83.26%的博客作者使用的是自己的真名。

一流博客作者的一大担忧是自己的亲和力和能力。很少有人喜欢炫耀、“取悦”公众。一流博客的作者对读者的评论和关注反应迅速，他们充分认识到自己一流的身份取决于读者，包括大多数只“潜水”不评论的网络读者。

2008年，作家克里斯·穆尼（Chris Mooney）在《哥伦比亚新闻评论》上发表了一篇题为《博客经济》（Blognomics）的文章。穆尼在文中表示，大多数为Daily Kos、《赫芬顿邮报》和科学博客（ScienceBlogs）等网站撰写博客的人是“政治活动家、大学生、教授或社会名流，或固执己见、消息灵通的公民。在很多情况下，他们都有自己的日常工作（或者已经退休），写博客纯粹是为了‘好玩’，或是出于对事业的奉献，不指望获得丰厚的薪水——如果有薪水的话——抑或觉得不应该对此有所期待。”

最初，主流媒体记者和博客作者互相提防。主流媒体记者因博客带有偏见、缺乏可信度而轻视博客，认为博客作者缺乏专业的新闻训练。相反，博客作者认为，主流记者是精英人士，他们不希望让公众参与决定什么事情具有新闻价值。但人们很快发现，博客和主流媒体其实可以协同作战。以下内容摘自一篇报道，题为《博客的使用和知觉：关于职业记者和新闻教育工作者的报道》（Uses and Perceptions of Blogs: A Report on Professional Journalists and Journalism Educators），作者是钟端玲（Deborah S. Chung）及其同事。

> 然而，评论员指出，博客可以通过不同的视角帮助传统新闻机构重拾丢失的信任，增加新闻与受众的互动，从而让传统新闻获益……
>
> 博客作者也认识到，他们需要学习传统新闻的价值、编辑的益处、传统记者原创报道的重要性，以便被视为新闻信息的可靠来源。

到了20世纪头十年末，博客从媒体的边缘逐渐走向前沿，几乎每一家新闻机构都开设了博客：《纽约时报》《华尔街日报》《连线》

《美国科普杂志·发现》《纽约客》《大西洋月刊》等等。有的甚至将整个新闻机构都投入到博客的建设与经营中，比如博客新闻网站“高客”、《赫芬顿邮报》，人们将这些机构称为“超级博客”。《哥伦比亚新闻周刊》刊登了一篇题为《博客现状》（The State of the Blog）的文章，博客作者费力克斯·萨蒙（Felix Salmon）在文中写道：“两者正在融合——新闻机构变得越来越博客化，而博客也变得越来越新闻化，这对彼此都有好处。”

用更具哲学意味的术语来说，除了与新闻融合，普通公民（非专业记者）的博客也与集体智慧和参与文化不断融合，并有力地推动这一文化。传统媒体或大众媒体没有垄断这种参与文化。媒体的创造和消费成为集体的过程，必要时涉及大众媒体，但并不依赖于大众媒体。对传统媒体的威胁根植于资本主义：当报纸、杂志、有线电视等不再是唯一的娱乐来源时，到底发生了什么？

近期，萨蒙与一些博客作者表达了自己的担忧，他们担心各种各样的媒体机构将几个员工或整个新闻编辑室投入到团队博客的建设中，这给第一人称博客带来了威胁。很显然，团队博客能够更好地应对突发性新闻，提出新颖的想法，用新的信息吸引读者。然而，事实上，如果第一人称博客足够有趣，即使拥有更多资源和人力的博客越来越多，读者也很可能会继续关注第一人称博客。

很多博客作者发现，在博客上保持突发性新闻和原创思想的持续更新非常困难。他们逐渐认识到，对新闻发表评论相对更容易。作家兼博客作者乔纳·莱勒（Jonah Lehrer）的故事或许可以给我们一点警示。2012 年，莱勒被指控在其于《纽约客》网站开设的个人博客上自我剽窃。在这篇博客中，莱勒重复使用了他为《华尔街日报》撰写的内容。莱勒是一位多产的作家、演说家，手头有很多文章，给人的印象是他的材料都是原创的，但实际上并非如此。有趣的是，人们后来还发现，莱勒在其畅销书《想象一下：创意如何奏效》（*Imagine: How Creativity Works*）中杜撰了鲍勃·迪伦（Bob Dylan）的话，并且还有其他违背伦理道德的行为。

近来博客领域最激动人心的发展就是科学写作。很多研究人员、科学家和医生运用自己的知识对媒体的研究报道发表评论。这类例子可见于科学博客、《发现》杂志等网站。另一个激动人心的发展就是利基①博客。在日益碎片化的博客圈中，很多人开始分享自己的业余爱好，寻找自己的（小范围）受众，比如针织爱好、家酿啤酒等。

博客的组织

简短

在互联网初期，很多作家遵循50%的法则。该法则由网站易用性专家雅各布·尼尔森（Jakob Nielsen）于1997年提出。雅各布·尼尔森建议，鉴于网站的刷新与屏幕分辨率的限制，人们阅读网页内容的速度相比阅读纸质内容要慢25%。因此，网页的篇幅应该是纸质的一半。尽管如今，屏幕分辨率已得到了巨大提高，很多专家仍然建议，互联网内容应简洁明了，包括博客在内。

“这不仅是字数问题，”网络作家、咨询师兼记者乔纳森·普赖斯（Jonathan Price）说，“词语、句子和段落都要更简短。”

对大多数博客而言，“简单明了”似乎最适合大多数受众。大多数通过互联网的沟通都是简短的，不管是通过电子邮件，还是通过社

---

① “利基”一词是英文“Niche”的音译，意为“壁龛”，有拾遗补缺或见缝插针的意思。菲利普·科特勒在《营销管理》中给利基下的定义为：利基是更窄地确定某些群体，这是一个小市场并且它的需要没有得到充分的服务，或者说“有获取利益的基础”。

交媒体网站传播的信息。但是应该承认的是，短文不一定总是最佳的形式。

有人也许喜欢篇幅较长、结构较复杂的博客，原因有三：第一，近几年，人们变得越来越聪明，更能适应日益复杂的媒体环境，比如电视剧、电子游戏和超文本等。第二，人们对长篇网络新闻更感兴趣——佩尤研究中心发现这一趋势："平板电脑允许读者"停顿、逗留、阅读、处理重要的思想。"克里斯·休斯（Chris Hughes）在收购《新共和》杂志后如此说道。他补充说："我们国家对高质量的长篇新闻有着强烈的需求。"（克里斯·休斯是脸书的联合创始人，他于2012年收购《新共和》杂志，该收购成为传统媒体与新媒体融合的最佳案例。）对长篇博客而言，人们对复杂长文的阅读兴趣日渐浓厚也许是个好兆头。第三，人们也许愿意反复阅读更长更复杂的帖子，以便完全理解它的信息。

因为很多博客内容是连载的，为了清楚地理解内容，读者也许会翻看之前的博客，这进一步增加了博客融入更多复杂性的能力。近年来，好莱坞主管们显然愿意让受众重复、温习，他们热心地审查并通过了很多叙事复杂的电视剧，比如《黑道家族》（*The Sopranos*）、《火线》（*The Wire*）等。这些复杂的电视剧受到了评论家和观众的欢迎。

前倾（紧张）与后仰（放松）的体验

重要的是区分波因特学院视线追踪研究主任萨拉·奎因所说的前倾和后仰的体验。（该术语最初很可能是由早期的网络易用性专家雅各布·尼尔森采用的）。在前倾体验中，读者紧张地关注信息——读者也许正坐在椅子上盯着台式电脑、笔记本电脑或手机。在后仰体验中，读者更放松，沉浸其中，感觉身临其境。读者可能斜靠在懒汉沙发里，阅读平板电脑上的一则长篇新闻，这就是后仰体验。

链接

博客的一大好处就是它可以链接到其他信息，可以用简短的陈述引入一篇科学论文、文章或者视频片段，无须进行大量的解释。通过链接外部信息，博客作者可以依靠他人的工作，为读者提供更为翔实的信息。提供外部链接也可以减少不利因素，避免侵权的可能。然而，请记住，一定要描述链接的信息与博客内容的关联。介绍链接的陈述也应该简洁，帮助读者理解文章，而不一定非要读者点击链接才能理解。

正如汤姆·林登（Tom Linden）博士所言："如果在描述某些事情时，有一些视觉和听觉信息能够使读者对问题的理解更全面，那么就可以提供这些信息链接，以此丰富博客内容。"

除了链接更为翔实的信息之外，好的链接也可以提升博客作者的可信度："博客也有能力提供强有力的思想链接。"萨拉·奎因说，"在书籍或刊物中，你可以列出参考文献，汇聚强大的链接将有助于提升博客作者的可信度。此外，如果读者点击链接，发现信息很有价值，很满意，这也会对你产生积极的影响……实际上，你就像是在进行精彩的策划，将读者引导到相应的内容上，给读者需要的、想要的一切，这都有助于提升你的可信度。"

图片

挑选博客图片时，尽量选一些具体而相关的图片。此外，要核查版权信息。很多人从谷歌或维基百科下载图片时，都想当然认为这些图片是公开资源，可以随意使用。然而，有时，这些图片是有归属权的。有时，只要署上作者的名字，所有者就可以使用图片。

纽约公共图书馆网站上有大量免费的图片。如果你需要以优惠的价格购买免版税图片，也许可以查一下 iStockphoto（所有者为盖帝(Gettyimages)）。你也可以在 Dreamstime 购买物美价廉的图片。

视线追踪研究

波因特学院的视线追踪研究对读者与数字媒体的互动进行了出色的研究。通过追踪读者与纸质媒体、网络媒体的互动，研究人员可以得出不同的结论，运用于网络出版中，包括博客在内。

波因特研究中最有意思的一项发现就是关于网络文章，读者会阅读多少内容。研究发现，对于阅读的任一篇文章，读者平均会看完77%的内容——高于纸质媒体的读者。此外，网络读者会看完 63%的故事文本，同样高于纸质媒体的读者。

视线追踪研究还发现，在网络读者中，有条不紊的读者或泛泛浏览的读者的比例是一样的，而纸质媒体的读者更有可能是有条不紊的读者。奎因说："在我们的定义中，泛泛浏览的读者指的是有人可能读了一些文字，扫一眼图片或标题，不一定会回到刚才的文字……而有条不紊的读者总是会回到开始的地方。"

泛泛浏览的纸质媒体的读者不太可能回到原先的文字继续阅读，网络读者很可能会回到他们觉得有趣的地方，仔细阅读。

普赖斯说："人们泛泛浏览时试图连贯地了解博客的内容，是否与他们的兴趣相符……大多数作者错误地假定，读者会认真读完自己的文章。但是，在网络上并非如此。"

泛泛浏览者也许会进行四部分循环：探测、假设、重新探测、思考——对过程的这一假设最初由游戏和教育学者詹姆斯·保罗·吉(James Paul Gee) 提出，该过程被称为"探测原理"。一旦进入这一循环过程，泛泛浏览者在决定阅读之前就一直在评价、猜测文章的内容。因此，要吸引此类读者，最好的编排方式就是采用设计和文本要素来使得这一过程更有效。比如本章后面讨论的，标题可以更具体，用恰当的专有名词。

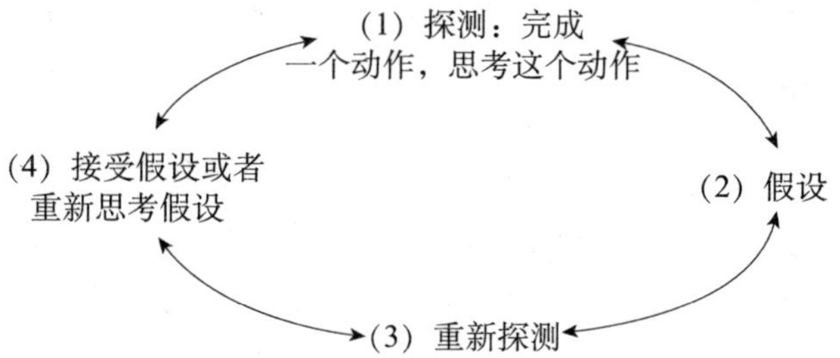

图 13.1 探测原理

视线追踪研究结果为博客和其他网络媒体的设计提供了启示。网络媒体的设计必须兼顾两类读者：为有条不紊者提供清单，为泛泛浏览者提供直观的设计。

最后，根据我对波因特学院视线追踪研究的理解，如果一篇博文很长，也许最佳结构是在报纸头条新闻的基础上，配上醒目的标题、大幅彩色图片、引人入胜的文字说明，以及另类故事形式，如信息图、问答、时间轴等。

风格

很多专家建议，一般而言，如果合适的话，博客应该采取对话式的、个性化的风格。普赖斯说："纸质媒体和网络媒体的关键区别在于，网络写作的风格更像是对话。尤其是博客和社交媒体，必须更加个性化。有时，作者很难决定界限在哪里……需要曝光多少私人生活、个人品位、私人朋友。……问题是你能在多大程度上以个人风格写作，而不是以公司风格或中立、温和的《纽约时报》风格写作。过去很多年，《纽约时报》一直都是理想的风格……你的个人态度、提供的细节中有没有展现个人情感，让人们对你这个人略有了解？文字以及细节中应该带有情感，表明你的态度或者你的生活……对有些人来说，这很不舒服，但是对有些人来说，这非常自然。”

博客：综合体

根据不同的专家研究意见，典型的博客可以采用以下方式呈现。第一，句子和段落应该简短，类似新闻或广播文本，句子的重点落在句末。比如，从句位于独立分句之后。第二，一篇好的博客可以融入有趣的文本侧栏、图片、片头（装饰）、标题（副标题）等，以抓住读者的注意力，吸引读者进入。第三，自然的进入点，包括文字说明、图片、介绍和装饰或者片头应该引起读者的好奇，吸引读者的眼球，就像是典型的纸质媒体文章或者网络文章的导语。第四，主标题、片头和小标题应该使用恰当的名词，应该具体，吸引读者的注意力——这不仅仅是因为读者可能在泛泛浏览，也因为搜索引擎只会列出博客标题，没有正文，因此标题具体一点更有益。第五，最好避免用图片、侧栏或其他要素拆分博客，避免用太多“额外的”信息让文章显得累赘。打断文章的连续性可能会考验读者的耐心。比如，如果你想在文中插入几张图片，也许聪明的做法是将图片集中在一起展示，配以清晰、相关、引人入胜的文字说明。

最终，一篇优秀的博客也许在很多方面借鉴了新闻、特稿和观点文章的特征。第一，大多数博客的内容是及时的，这一点很像新闻。与很多采用倒金字塔体的新闻一样，博客的段落通常都很简短，引语也可以分别插入不同的段落。侧栏也许采用另类故事的形式，吸引读者：问与答、袖珍资料卡、时间轴等。第二，博客可以利用特稿的一些引人入胜的叙事要素——有力的导语，读起来像故事的主旨段落，用标题或小标题厘清层次，结语升华观点，展望未来或者呼应开头。第三，类似观点文章，作者可以将自己的观点插入文中，用事实、逻辑、例子和二手资料论证。因此，博客在很多方面类似专栏。实际

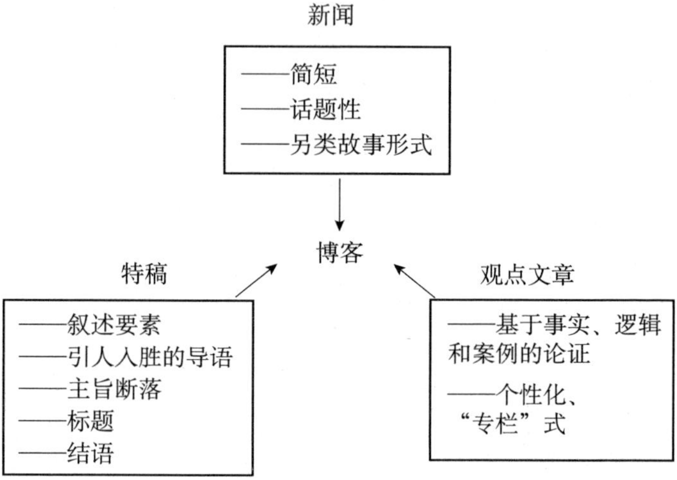

图 13.2　博客对新闻、特稿和观点文章的借鉴

上，国家杂志奖获得者普丽希拉·朗（Priscilla Long）认为自己的博客“科学摩擦”（Science Frictions）更像是专栏。

朗在邮件中写道：

> 我每周为《美国学者》（*The American Scholar*）撰写“科学摩擦”专栏，有关科学以及科学与生活中的其他事物发生碰撞的故事。因为是在网上，所以它被称为“博客”，但实际上我称之为“专栏”。我对这个专栏非常用心，有时一篇 900 字的文章，要花 30～40 个小时。所以，我不认为它是博客。每一篇文章都包含核心的科学，通常是一个个性化的故事，有时是诗歌或神话。我是一个诗人，即使是在散文中我也会非常注意语言的声音，每一个单词都是一个声音。
>
> 大多数博客絮絮叨叨，而我想要实质的内容。有多少作者在博客上喋喋不休地讲述自己的写作经历？也有一些非常出色的博客。在我看来，一篇优秀的博客文章应该有我想要的信息，作者

关注的话题应该是我感兴趣却没有时间关注的话题。

博客的受众

记住博客最初就是与读者的公开交流，很多最优秀的博客仍然是互动性的。如果不再去倾听读者的声音，你就失去了博客的本质。读者可以提供很有价值的观点、看法，帮助你梳理自己的思想或者启发下一篇博客内容。视线追踪研究人员发现，读者对读者反馈和读者评论很感兴趣。请记住，作者如果想要建立强大的网络平台，吸引粉丝，那么就应该小心谨慎，即使不同意读者的立场，也不要否定有思想的评论。

根据乔纳森·普赖斯的观点，如果博客下方没有读者评论或者评论被有选择性地删除，读者会注意到的。“如果能看到两方的观点，这会使读者相信，这是一个真诚的博客，读者愿意与博主进行对话。”高客等超级博客很享受评论引发的争议与对话，回复评论也提升了博客的访问量。

我曾为《今日心理学》（*Psychology Today*）写过一篇有关握手的博客，题为《红灯区》（Red-Light District）。据我观察，如今很多人见面不再握手，而是招手或拍一下。一份研究表明，坚定友好的握手能够给人积极的第一印象，我将此作为新闻线索。文章的导语是我个人经历中的一件奇闻趣事，有一次去野餐，跟人握手时被对方拒绝，他们当时正在吃午餐，这让我大为恼火。

有一位读者评论说，吃东西时拒绝握手是可以接受的，最好不要认为这是对个人的冒犯。我认为这位读者言之有理，这对我也起到情感发泄的作用。我不会再因为伸出去的手被人拒绝而感到难堪了。

同样，我发现，读者评论时给予的即时反馈也提升了我的写作水平。无论如何，我的写作都不会受制于即时反馈，我可以根据反馈立刻做出反应——而要从编辑那里得到反馈，可能需要几天、几周或者几个月的时间。如果博客上写的文章没有道理，读者的评论很快会帮我澄清我的写作。比如，在一篇有关医学术语的博客中，我草率地弄混了敏感（sensitivity）、特异性（specificity）、阳性预测值与阴性预测值（这些都是流行病学术语）。没过几个小时，一位细心的读者看出我的错误并予以指正。我通过评论在线答复功能对这位读者表示了感谢，并纠正了错误。

在某些情况下，删除评论是可以理解的。如果评论中有垃圾广告，评论很偏执，带有性别歧视或种族歧视，语言污秽，或者未恰当署名或未经许可的情况下借用了有版权的信息，那么这样的评论还是删除为好。经营博客时，可以考虑起草一份“使用说明”，排除任何无礼、不道德、容易引起官司或非法的评论。

乐观地看，博客圈的很多互动完全是积极的，博客作者尽最大的努力推动积极的互动，提升博客的访问量。很多博客作者创造模因，链接回自己的博客，从而提高访问量。模因的成功不可避免地依赖于作者和其他博客作者以及受众的关系。博客作者通常隶属于他们支持的地方、国家或是国际社区。博客作者不仅互相评论，有时还会私下见面，成为朋友。

最后，博客的经营要花费大量的精力，作者必须时刻处于警戒之中，在增加博客访问量与分散博客访问量的评论中保持平衡。丽贝卡·布拉德（Rebecca Blood）是早期的博客作者，也是《博客手册》（*The We-bloge Handbook*）的作者：“没有节制的话，你不可能有一个生机勃勃的评论社区，因为人们一旦发现评论没有节制，博客立刻会充斥各种垃圾信息，任何涉足的人都会觉得，博客作者不关注自己的网站。”

钓鱼贴则是另外一回事。这类发贴人的唯一目的就是挑起争端，要么是向博客作者，要么是向其他评论人。他们不是不同意你的观点，而是刻意用令人不快的言辞激起人们的反应，为了达到这一目的，他们不惜一切代价。

垃圾信息或钓鱼贴的存在可能会让有兴趣发表严肃评论的人觉得‘没有人在乎这个地方’，大多数人都会转向其他博客，转向他们能获得渴望的对话的地方。

很多博客作者屏蔽网站的评论功能，因为每天梳理所有的评论需要花费一定的时间，而99%的评论一定是垃圾广告。精心维护网站社区的人一定愿意每天花费一定时间，确保真正的评论贴出来。这是很大的投入，最理想的情况是能够对评论进行实时梳理，这样，看帖的读者很快会发现与作者的对话开始了。读者不太可能在看帖之后的第二天再去看是否有评论发表。

最后一点，如果你有幸为大型刊物撰写博客，那么刊物的网络技术人员会清除掉很多垃圾广告。然而，钓鱼贴就不太容易辨识了。

博客：可原谅的过失与不可饶恕的罪过

很多作家定期更新博客，这种规律性可能会导致错误的发生。如果错误是无心的，这没有关系。作者也许误解了某篇期刊文章的意思，或者将某个想法的来源弄错。通常，读者会在评论中指出你的错误。如果你真的犯了错误，最好纠正错误，保留原帖，这样可以保持博客的透明度。你也许还想要链接到正确的信息。很可能，读者——如果你在为刊物撰写博客，那么就是你的编辑——会接受这种忏悔行为，原谅轻微的过失。

然而，有些过失很严重——这些过失被称为博客“不可饶恕的罪过”。比如，因为收了别人的钱财或礼物而写博客，却没有告知读者这一利益冲突，这就是一个严重的错误。（即使你告知读者某篇博客是因收了别人的钱写的，这仍然很有可能是一个伦理道德问题。）一时的财务不当行为可能会玷污博客（博客作者）的声誉。比如，2010年，备受尊敬的科学博客网被曝收费为百事公司主持了一个营养博客，很多专家博客作者因此离开了科学博客网，其中包括时间生物学家兼博客权威人物波拉·齐夫科维茨（Bora Zivkovic）。

另一个不可饶恕的罪过就是利用博客侮辱、威胁、骚扰他人。种族主义、性别歧视、对老年人的歧视、宗教不容忍、同性恋恐惧症等，这些都不应该在博客中宣扬，实际上，在任何地方都不应该宣扬。2007年，蒂姆·奥赖利（Tim O'Reilly）创建了一套"博客行为准则"，他建议"在真实生活中不会对别人说的话，也不应该发表在网络上。"

综上所述，博客是一种新闻形式，它为撰稿人和读者提供了无数帮助。很多博客鼓励读者与作者互动——提问、提出相反的观点。博客也为读者提供了一个获取有用信息的简单方式。比如，佩尤研究中心发现，61%的人在网络上寻找健康方面的信息，42%的人表示，他们自己或者他们知道有人在网上找到过有用的健康信息。此外，专家博客提供的信息可能会给其他记者带来启发，从而进入刊物。51%的记者看博客，53%的记者从博客中获取故事灵感或启发。这些发现表明博客在传播有价值的信息方面具有重要作用。根据《美国新闻评论》刊登的题为《新闻业中的指手画脚者》（Journalism's Backseat Drivers）的文章，博客也充当了"主流媒体与网络时代精神沟通的渠道"。新闻从业者、积极分子、政治决策者等都可以将博客作为晴雨表，评估任何既定的时刻网络上的公众情绪。

鉴于博客的信息有可能会影响无数人的思考，有一点就显得很重要，博客作者要践行有原则的新闻，尽可能确保博客的内容前后一致、可以验证并且公开透明。

对博客作者的小小建议

- 写感兴趣的博客
- 内容宜短不宜长（简短的句子、简短的段落、简短的帖子）
- 让句子的重点落在句尾（从句放在独立分句后面）
- 采用个性化的对话口吻
- 用逻辑、事实和例子支撑观点
- 用具体的主标题、片头和小标题（尽可能使用专有名词）
- 提供详细信息的链接
- 描述链接
- 使用相关的图片
- 保持文本的连续性（不要用图片、侧栏等打断文字）
- 吸引住读者（回复评论）

14 刊物与平台

本书的其他章节均有关写作风格、理论、结构和技术等方面，本章的内容则更加实用：如何出版。对于新手作者而言，最令人兴奋的事情莫过于处女作发表，看到自己的名字出现在作者署名处了。然而，实际上，发表文章很难，很少有人能跻身上层出版界中。要确保最初的几篇文章能够发表，这要求作者坚持不懈的努力，有技巧、有运气。幸运的是，这些必要的坚持和技巧都是可以掌握的。

市场与刊物

对大多数撰稿人而言，国家消费者杂志提供了发表文章的机会，包括《男性健康》《连线》《智族》《孕事》《奥普拉杂志》等。很多刊物有网络版，接受投稿，有些大型刊物只有网络版，比如《岩石》（*Slate*）。实际上，报纸与纸质杂志的市场正在萎缩，网络刊物的市场在迅速扩大。

对大多数撰稿人而言，要想在国家级消费杂志上发表作品，这需要几年的辛勤耕耘。幸运的是，还有一些刊物也在提供宝贵的发表机会以及与编辑的合作经验，以下是部分名单：

- 协会杂志
- 贸易期刊
- 兴趣爱好杂志
- 精神与信仰杂志
- 儿童杂志
- 航空杂志
- 业务刊物（比如，公司的新闻通讯、公司杂志以及年度报告）
- 博客
- 消费者通讯
- 大学的刊物

- 报纸（自由职业者有时为特别板块提供特稿、游记和文章）

有大量优秀的资源提供自由撰稿信息。《作家市场》（*Writer's Market*）可以说是了解刊物和自由写作机会的最佳来源。如果读者对消费杂志感兴趣，Mediabistro（www. mediabistro. com）上有很多很好的建议，关于如何营销、如何提供编辑日历、报头、工作列表、课程等。还有一些有用的电子杂志、通讯和网站，包括 Journalism Jobs（www. journalismjobs. com）、《作家周刊》（*Writers Weekly*（www. writersweekly. com）），以及 *Writing for DOLLARS*！（www. writingfordollars. com）。如果读者对企业刊物感兴趣，可以看看美国商业媒体（www. americanbusinessmedia. com）。最后，如果想了解所有刊物的名单，请查看《盖尔出版暨广播媒体名录》（*Gale Directory for Publicaiton and Broadcast Media*）。

最近，媒体公司、品牌和非营利机构一直在聘用撰稿人制作“新闻”内容，有一家公司力图以一种新的方式将此过程商业化，这家公司就是 Contently。作者通过 Contently 提交作品，一旦被接受，Contently 就将作者的才能提供给合作伙伴，包括 Mashable、Buzzfeed、可口可乐。除了获得自由撰稿的机会，Contently 的社区成员还可以为其网络刊物撰稿，如《内容战略家》（*The Content Strategist*）、《自由职业战略家》（*The Freelance Strategist*），这些刊物为撰稿人提供写作建议与潮流方面的信息。

“我们认识到，这是一个机遇，用互联网过滤，将正在两端寻找机会的人们连接起来。”技术记者、Contently 联合创始人沙恩·斯诺（Shane Snow）说，“自由职业是一大趋势……品牌出版商依赖自由职业者也是一大趋势……因此，我们开发了大量新技术，来支持这些趋势。”

“在我们的平台上，我们试图模仿新闻编辑室的模式……如果出版商想要稿子，或者编辑寻找稿件，他们就在平台上表达出来……如果他们没有这方面的需求，你就不能向他们推销……”此外，Contently 客户自己选择他们想要的撰稿人。

Contently 的创始人雄心勃勃，很多计划受到个人经历的启发。斯诺说：“我做自由职业者时，要么在 Contently 上寻找工作，要么联系认识的编辑。还有一个办法就是出去社交，争取与编辑面对面交流，或者疯狂地给他们发邮件，直到最终某个人给你机会，让你尝试一下。希望有一天，我们的系统能够让每一家杂志、报纸的编辑都能在 Contently 上寻找到他们需要的稿件，希望撰稿人通过 Contently 提交自己的作品，在 Contently 上经营自己的自由职业生涯。我认为，如果我们可以将目前手动的过程数字化，这就是理想的世界。这是一项伟大的事业，需要我们一点一滴的积累。”

Contently 暗示，想要发表作品的自由职业撰稿人，未来有很多激动人心的机会。2011 年，在运营的第一年，公司收益为 100 万美元。尽管与很多纸媒相比，Contently 每个字的价格并不高，但稿酬还是相当可观的，稿酬主要根据字数、写作难度以及消息来源的数量。斯诺估计，对自由职业者而言，一篇 700 字的文章，采用一个消息来源，稿酬大概在 150 美元到 200 美元之间。

然而，Contently 目前仍处于成长的初期阶段，显然无法支撑巨大的自由职业者市场。还有一些网站为自由职业者提供发表机会，但稿酬略少。经验丰富的自由撰稿人很可能会拒绝为这些网站、刊物供稿，但写作新手为了能够发表作品，也许会考虑与其合作，同时积累经验。提醒一下：为这些刊物和客户供稿时，一定要了解你的版权，你也许不能重复发表作品。

美国在线公司（AOL）貌似要关闭旗下网站 Patch

近年来，美国在线公司已经在《赫芬顿邮报》、TechCrunch 和

Patch 上投入近 6 亿美元，竭尽全力从过时的拨号服务转型为当代网络出版商。作为 Patch 的母公司，美国在线公司已在 Patch 上投入 3 亿美元，尽管如此，2012 年，地方性和“超级地方性”新闻总收入仅为 3 500 万美元，运营成本却在 1.26 亿～1.62 亿之间。专家表示，对 Patch 的生死存亡而言，2013 财年是至关重要的一年。

美国在线首席执行官蒂姆·阿姆斯特朗（Tim Armstrong）看似并不害怕，他承诺，2013 年底公司将盈利。然而，随着 2013 年的时间一点点逝去，人员削减，困难依旧，盈利的承诺变得越来越渺茫。2013 年年中时，显然，Patch 的丧钟或许已经敲响。

就在 2013 年 8 月 9 日 Patch 举行电话会议的前一天，阿姆斯特朗宣布，Patch 的 900 个地方性新闻网站将削减到 600 个。然而 8 月 9 日的电话会议上，形势突然逆转，看似受到挫败的阿姆斯特朗在上千名同事面前解雇了 Patch 创意总监埃布尔·伦兹（Abel Lenz）。（楞次不是唯一滚蛋的高管。近期刚刚任命的 Patch 首席执行官史蒂夫·卡琳（Steve Kalin）与首席内容官雷切尔·费德森（Rachel Feddersen）也被解雇了——幸运的是，他们是关起门来被解雇的。）

电话会议之后，Patch 的经济前景变得清晰一点。我们了解到，美国在线正在关闭或合并 900 家网站中的 150 家，寻求与其他网站建立合作伙伴关系。Patch 目前有 1 000 名雇员，美国在线计划削减一半。令人悲伤的是，有些雇员是近期被其他报社解聘后到 Patch 工作的。最终，Patch 汲取了报社的经验：地方性新闻报道费钱又费事。

2013 年 2 月，美国全国广播公司关闭其超级地方性新闻网站 EveryBlock。该博客上的告别帖很有可能预示着 Patch 的未来：

我们很遗憾地向大家报告，EveryBlock 已关闭。众所周知，新闻行业正在经历一场翻天覆地的变化。在新闻界，创新的步伐激动人心，然而要想创新业务、实现盈利，挑战日益艰巨。经过多年努力，

EveryBlock 已经建立一个积极的社区，然而，我们仍然面临这一决定——结束这一切。

平台

对于刚刚崭露头角的记者而言，建立平台永远不会过早，平台是展示写作技巧与成就的机会，帮助你打造“个人品牌”，让编辑和潜在雇主相信，你是写作、共事的合适人选。

特德·斯派克精心打造自己的网络平台，成果值得一看：www.tedspiker.com。“我觉得，明智的记者、撰稿人会为自己的作品创建一个中心枢纽。我们正在进入一个新的媒体环境，如今的年轻人有新的工作类型，他们不会为一家报社工作，然后再去另一家报社，接着在他们梦想的报社工作 30 年。他们会成为企业家，也许会为这个客户做网络设计，为那个客户写故事，为另一个客户创建社交媒体平台。我觉得，今天的学生需要这种枢纽来展示自己的工作。不管是什么专业，都需要用案例展示自己的作品，用博客展示自己的写作或视觉设计才能——如果是一个视觉博客，希望博客更清晰，易于导航。当潜在的客户和雇主与你接触时，你要将他们指向某个地方，向他们展示简历上没有的内容。这就是今天的“简历求职信”资料包：博客就是你的求职信，展示了你的写作风格。你的简历就是你的个人信息页面，也许有链接、PDF 文档、幻灯片或者视频。我觉得创建平台永远不会过早。学生一旦进入我们的项目中，我们就鼓励他们尽快建立网络平台。聪明的学生一开始就创建了个人平台。强大的推特账户的确是好东西，既有专业性的内容，也带有自己的个性。”

以下是你应该考虑的一些关键的平台组成部分：

- 个人网站：如果你不太了解网页设计，不要着急。你可以在WordPress和Blogger上建立网站，或者在about.me上创建个人网页。你的网站上一定要有简要的个人信息、简历或履历链接、写作范例链接、联系方式、博客链接——推特账户（微博客）与常规博客。
- 社交媒体：开通推特账户，发送推特信息。你也许还会考虑开设领英和脸书账户。不要在脸书上发表任何尴尬的事情、可能会使共事的人感到气馁的事情——不要发醉酒照！尽力将你见过的每个人都拉进你的通讯录。比如，如果你在某次会上遇见一位编辑，联系那个人。

社交媒体平台要用心打理经营。尽量发一些有趣的、相关的推特信息，吸引受众，鼓励受众对话。（发信息时，不要用完140个字符数。将信息控制在120个字符以内，方便转发。）回复评论，与每一位理性的人交朋友——特别是推特用户。在推特上，你只能直接“私信”你的粉丝。请记住，职业平台与个人平台的宗旨不同——你不需要根据对职业平台的喜好程度来“审查”朋友。你也许想要将60%～70%的时间用于和受众对话、交流或者聊天，剩下的时间用于推广你的作品。最后一个建议，听起来或许有点自恋，可以在谷歌上搜索一下自己的网站，以便及时评估自己的网站平台。

- 博客：博客很容易创建，读者可以根据自己的想法量身定制。你可以设计自己的博客，或者利用WordPress或Blogger的主机服务。博客展示你的视觉和写作技巧、你的兴趣。创建博客吧，每周写几篇博客。

如果时间紧张，你可以存储帖子，集中发布。然而，一定要确保帖子内容相关。（存储帖子让人想起一个经济学概念，“消费平滑”。

换句话说，存储帖子是为困难时期做好准备。）

免费推广博客的一个方法就是与其他博客作者建立关系，交叉链接。（你链接到其他博客作者的帖子，反过来，其他博客作者链接到你的帖子。）还有一些方式可以为博客获取更多关注，包括在社交媒体网站上议论博客的内容。比如，写了一篇新博客之后，你可以在推特或脸书上发信息宣传一下。还可以在汤博乐账户上转发特定的博客，或者用 StumbleUpon、红迪网将用户链接到你的内容。考虑加入“雅虎投稿者网络”，该网络提供潜在的进入雅虎的入口！Yahoo! Sports，omg！Yahoo！Movies，and Shine。使用得当的话，你的平台和社交媒体能够抓住受众成员。

不要低估个人博客的价值。电影编剧迪亚波罗·科蒂编（Diablo Cody）因电影《朱诺》（*Juno*）荣获奥斯卡最佳原创剧本奖，她一举成名的部分原因就是她的博客 pussy ranch，该博客的主要内容是有关明尼阿波利斯圣保罗都会区的性产业。《纽约时报》记者布赖恩·斯泰尔特（Brian Stelter）的职业生涯也是从博客开始的。

个人博客提供了很多创作自由。可以在博客上写一些主流刊物永远不会发表的文章。在自己的博客上发文时，也无须担心编辑是否能审核通过。

博客有一个明显的弊端，那就是博客很少能产生丰厚的报酬，除非博客像病毒般扩散，可以分得广告收入，否则即使是一流刊物的博客，很多人也只能分得自己博客产生的数字广告收入的一部分。对有些刊物，比如《赫芬顿邮报》，大多数博客文章是免费的。你也许不能从博客中获取可观的收入，但是请记住，博客能够帮助你建立平台，间接地提升读者对你的认可，带来更多写作机会。比如，女权主义博客 Feministing 的创建人杰茜卡·瓦伦蒂（Jessica Valenti）就因博客而获得写书合同、咨询工作和其他机会。

- 附加功能：开阔思路，想一想你还可以提供什么，在网站上提供链接，将此作为网络平台的一部分。比如，很多作者在平台上放视频、PDF文档、电子书，记住，即使你只是想写作，但展示其他的才能和兴趣也许能帮助你获得写稿机会。如果你了解CSS，XHTML，JavaScript，或者知道如何使用Adobe Creative Suite创意套件中的部分软件，比如Dreamweaver、inDesign、Photoshop或者Illustrator，那就在平台上告诉受众。（如果你想了解如何培养这些技巧，可以考虑去大学上课或者通过Lynda.com等收费网站的扩展项目继续学习。）

视频也是平台上激动人心的部分。如果你能够制作一些优秀的智能手机新闻，那就将它们链接到Youtube、Vimeo、Viddler、Livestream或Flickr（该网站除了发布图片之外还发布视频）。有关这方面的视频，请查看美国职业记者协会网站（HootSuite）。

如果你能够进入网站源代码，那就很容易将Youtube此类网站的视频链接到自己网站。Youtube会自动生成你需要的可扩展超文本标记语言，你可以剪切粘贴到自己的网站代码中。

- 名片：制作名片，你可能会遇到能帮你发表文章或者给你自由写稿机会的人。通过Vistaprint.com等网站，可以花很少的钱打印漂亮的名片。

互随（HootSuite）和好友动态

如果你觉得打理社交媒体平台很困难，那么可以考虑采用互随和好友动态提供的组织工具。

互随通过在其界面上提供仪表盘来管理所有的社交媒体网络，提高效率。它也可以分析社交媒体网络的访问量，安排对外发送的消息。尽管商业客户付费购买优质服务，但是基础版软件是免费的。

谷歌和你的平台

谷歌有些服务可以帮助你夯实平台。首先，如果你可以获得你的网站或是博客的源代码，你可以用谷歌分析（Google Analytics）追踪网站的访问量。基础版是免费的，应该足以满足你的需求了。其次，你可以通过谷歌推广（Google AdWords）付费推广你的网站或博客，尽管也许有点昂贵。最后，如果你想要一个电话号码，专门用于联系写稿或自由项目，可以考虑谷歌语音（Google Voice）。谷歌语音提供诸多服务，包括为谷歌用户提供一个免费的电话号码，这个号码可以转接到手机或固定电话或免费的语音邮箱，可以在线查看。

通才还是专才?

创建平台时要考虑，你是想写一般性的文章还是专业性的文章?想参与一般性的项目还是专业性的项目？换句话说，你要决定，要做一个“通才”还是“专才”，两者各有利弊。比如，尽管通才可以做各种各样有趣的项目，但这样的项目通常报酬不多，也不太具有挑战性。但专才可以做一些很有挑战、报酬丰厚的项目，从而带来更多的工作机会，比如白皮书（授权的、官方的或者政府的报告、文件），会议论文集、新闻通讯、代笔。但这样的项目可能会限制你的受众和曝光率。而且，如果你未经专业的训练，没有专业背景，很难创建专业的平台。大多数撰稿人开始时是通才，根据机会和兴趣才逐渐转变为专才。

资深记者霍莉·米勒写了 3 000 多篇文章，但仍然是位通才，为各种各样的刊物写稿，她对此有一个很有趣的观点。她说：“你不需要成为你写作对象的一员，如果你是一位撰稿人，你就是被人雇用的笔杆子。”

无论如何，一定要确保平台准确地反映了你的写作技巧和兴趣，不要承诺太多（也不要承诺太少）。美国职业记者协会制作了一个视频，题为《个人品牌：你的个人品牌是什么?》（*Personal Branding: What Is Your Personal Brand?*）。劳拉·萨拉希（Lara Salahi）建议：“特别是对自由职业者而言，承诺过多，超出自己的能力范围，或是假装学识渊博，这些都有风险。线上线下保持一致，这才是确保成功的最佳方法。”

最后一点，在某种意义上，创建平台最初的艰辛正如发展中国家必须经历的纺织业阶段，之后经济才能变得富强、繁荣、多样。没有哪一个国家是从制造计算机和飞机起步的，所有的国家都是从纺织业和简单的服装业开始的，希望最终能够生产出具有良好经济效益的产品。美国、英国、日本、韩国和中国概莫能外，你也是。

15 故事创意与投稿信

投稿信

发表作品从投稿信或推介信开始。如果你此前从未与编辑合作过，你有了一个创意，不论这篇文章是长是短，你都必须写一封投稿信。

投稿信是一种专门用于投稿的信函形式，是发给刊物的请求或推销信。投稿信推销的不是有形的东西（比如香蕉），而是故事创意。

向任何刊物发投稿信或推介信之前，首先要了解该刊物。比如，如果你有兴趣在《男性杂志》上发文，那么在投稿之前，你要好好地研读这份杂志。如果给《男性杂志》投一篇有关宫颈巴氏涂片检查的故事创意，不管这个想法有多棒，都可能会被忽略。

对刊物研究的时间越长，就越能写好投稿信，从而吸引刊物编辑。罗伯特·伊里翁成功地帮助很多学生获得很多在大型消费刊物的工作，以下是他的一些建议：

> 我们仔细研究刊物的文章范例，看看文章的风格特点……当年轻的撰稿人第一次给新刊物投稿时，如果文章是根据刊物风格写的，那么撰稿人更有可能获得工作，如果他们第一稿就是以刊物期望的风格写作的，那么编辑会找到他们的。
>
> 我们要关注刊物的风格特点，其中有些是故事结构方面的，比如，典型的故事包含多少段，段落长度如何，文章是否有一个简洁明快的导语，是否采用第一人称叙事；是否采用消息来源（采访对象），消息来源是一个、两个还是三个；故事长度与消息来源预期之间的关系如何；文章是客观公正的还是个性化的，有无玩笑似的双关语；是否是吐槽的口吻；采用的衡量单位是什么；是否采用英式英语拼法。我们通常会浏览过去6～12个月的刊物。

吐槽风格

谈到新闻，吐槽可能指的是“玩世不恭”。更多例子，请看讽刺新闻刊物《洋葱》。比如下面这个导语，预设就非常简单，关于一条狗被主人遛着。

住在法国斗牛犬拉戈尔斯附近的本地居民说，这条狗一丝不挂，被绳子拴着，行动受限，在公开场合行走，而且，显而易见，这条狗不怕丑，乐在其中。

目击者表示，据说拉戈尔斯对自己放荡不羁的生活方式丝毫不以为耻。他被厚厚的带子拴着，四脚行走，对他的主人——34 岁的布瑞恩·保尔森服服帖帖。他看似从中获得某种变态的快乐。

很多刊物编辑都喜欢这种吐槽风格，比如《时尚先生》《娱乐周刊》《智族》等。下面这个导语例子摘自 *GQ* 上的一篇戏谑的服务文章，题为《你给我取什么名字?》(*You Named Me ... What?*)

恭喜，你老婆/女朋友/互惠生怀孕了！还有几个月你就会迎来新生命的喜悦。这一段时光令人期待，而最大的快乐就是头脑风暴，为下一代构思各种强大的名字。

请记住，投稿信是正式信函（通常通过电子邮件发送），开头要有正式的称谓，可能的话，直接称呼相应的编辑。（如果有两个或更多编辑可以收到你的投稿信，那么请直接称呼编辑级别中最低的，比如称呼助理编辑，而不是编辑或主编。）如果找不到相应的编辑，看一下发行人栏：刊物编辑委员会名单里有。

如今，大多数投稿信都是通过电子邮件发送的。通过电子邮件发送时，一定要确保在邮件正文标准投稿信。大部分编辑对于未知发件人发来的邮件附件十分谨慎，不会轻易打开附件。此外，邮件标题要清晰明了、有关联、吸引眼球——就像新闻标题。为了避免邮件被当作垃圾邮件，你可以用括号注明“投稿信”，并明确你要投稿的部门。注意，有些刊物允许作者通过它的网站投稿。

投稿信开头要引人入胜：有趣的花边新闻、引人入胜的问题、风趣幽默的观察——任何你觉得可能会抓住读者眼球的东西。很多撰稿人把投稿信的第一段写得像潜在的导语，特别是长篇文章的投稿信。

AARP 杂志的特稿编辑古洛夫在接收投稿信方面有多年经验，以专著、反应灵敏著称。古洛夫表示：“通过投稿信，你要让编辑感觉到你的故事会是什么样子。用奇闻趣事开头，吸引编辑进入故事……你要让读者投入投稿信中，迫切想要去了解故事的内容，接着你可以再说一说故事大概是什么，你为什么适合写这篇故事。”

《星期六晚邮报》的资深编辑霍莉·米勒建议，投稿信应该个性化：“投稿信应该充分展示作者的个性，内容正确，甚至完美无缺。这都不够。如果没有个性，毫无特色，那绝不是件好事。”

投稿信的正文应该阐释你的创意。如果有可能，请简要提供关于这个主题的事实信息，你甚至可以采用带有项目符号的清单，解释“悬念”是什么，或者为什么这个故事对刊物的读者具有新闻价值。确保投稿信的角度与杂志其他故事的角度类似。如果你有潜在的消息来源，包括计划采访的对象、相关的期刊文章，那就列举出来。此外，解释一下你为什么适合写这篇故事。鉴于很多刊物削减经济预算，为文章提供专业质量的图片也许是个好主意。为文章配图不一定是你自己拍的照片，也可以联系媒体宣传人员索要照片。

如果编辑从未与你合作过，那么一定要自我介绍一下，列举你的作品。让潜在编辑从你的网站、平台（参阅第 14 章）上获取更多信息。要让编辑相信，基于你过去的职业经历，他可以信赖你，将这篇文章交给你。最后，应该让编辑知道文章预计篇幅，以及需要的时间。编辑在杂志中有严格的预算或空间分配，决定发表哪些文章时必须小心谨慎。

尽量将投稿信的篇幅限制在500字以内（大约是一页纸，双倍行距）。大多数编辑每天要收到好几封投稿信，编辑不想看几页长的投稿信。编辑希望看到的是，作者以引人入胜、简明扼要的方式介绍自己的想法。不要让投稿信比你要写的文章还长！有些作家建议，投稿信不宜超过300字，还有一些网络刊物甚至将投稿信的篇幅限制在一百字以内！

写投稿信时，要尽量具体，将期刊文章、档案研究、杂志文章、报纸文章、人口调查、公众投票等信息和统计数据（盖洛普民意调查）囊括进来。通常，这类工作要求撰稿人通过图书馆的数据库、律商联讯、谷歌学者等搜索出来。换句话说，粗略的谷歌搜索不够。

投稿信的口吻不应狂妄自大、充满不确定性，或是唠唠叨叨、任性、冒犯、不得体或者显得漫不经心。做不到的事情就不要承诺，否则会误导编辑。比如，如果你知道你不可能采访到某个名人，他的公关人员拒绝了你的请求，那么就不要承诺会写这个采访。

碰运气

如果你觉得除非让编辑看到完整的文章，否则编辑不会接受你的故事，那么可以考虑碰碰运气。“碰运气”这个词是新闻术语，指的是只有完整呈现时编辑才会接受的文章。换句话说，如果你要提供完整的故事，你就要提前做好所有的工作，正式投入写出一篇完整的文章，希望编辑发表，然后支付稿酬。如果文章很好，编辑同意碰碰运气，你的文章很有可能会发表。但也有可能，你做了大量的工作，最后既没有得到编辑认可，自然也不能获得稿酬。注意，回忆录或第一人称叙事的文章通常非常怪异，必须完整呈现。

有时，你可能不用发邮件也能和刊物建立联系。很多声誉良好的刊物实际上会在需要稿件时向自由撰稿人征稿。刊物（博客、杂志和报纸）编辑要求作者提交投稿信、简历、写作范文，如果他们喜欢你，他们会安排电话面试。在电话面试中，他们会说明自己的刊物，以及他们想要的文章类型，让你充分地了解他们的需求。之后，编辑通常会让你发几封投稿信。因为是编辑主动约稿，如果你的投稿信满足他们的需求，你就很有可能会获得工作机会。

就很多方面而言，编辑寻找自由撰稿人以充实到自己的工作队伍中，就像是给你提供工作。对待这样的机会，要心存敬意。与编辑电话交流之前，先了解一下刊物，读一读任何可以找到的文章。（编辑也许会发一些样本，展示他们期望的文章类型。）不要忘记提出自己的疑问，帮助你确定刊物的编辑需求。

错误与过失

有些作者可能会犯一个重大错误，那就是投稿信写得比最终的作品要精彩。编辑极其讨厌这种错误，有时甚至会取消这篇稿子，然后支付一点微不足道的费用。为了避免这种让人沮丧的事情发生，努力让终稿至少和你的投稿信一样精彩，甚至更精彩。

抵制住诱惑，千万不要一稿多投，否则你可能陷入尴尬的、不道德的境地：如果不止一家刊物接受了稿子，怎么办？一稿多投可能会导致自我剽窃，引起法律纠纷。避免这一困境的方法就是从不同的角度来写一个创意，比如推销一篇有关营利性教育的文章，可以关注这些机构产生的收入，也可以关注退学率。还有一个避免困境的方法，那就是在投稿信上注明过期时间，比如“如两周内无回复，本人假定刊物已放弃这个故事创意”。

很多新手作者害怕编辑或刊物窃取自己的创意。尽管编辑窃取故事创意这种事情有可能发生，但实际上发生的几率很小。即使刊物要写同一个创意，很可能是杂志的某个人或是另一个自由撰稿人也想到了这个创意。

人们很可能会想，投稿的成功更多是基于运气和人际关系，而不是故事的价值。事实是，一封简洁有力、击中要害的投稿信总是可能会被接受的。写投稿信时，重要的是要花时间认真思考刊物风格。做足功课！记住，推销不是一个数字游戏，花几个星期，写一两页很好的投稿信，这远远比发一堆低劣的投稿信更有效。要牢牢记住，编辑的眼睛是雪亮的。

不要发垃圾投稿信还有一个原因，那就是拒稿可能会打击你的士气，令你沮丧。这种沮丧很可能会导致你放弃投稿，放弃努力。每次做好充足的功课，发出高质量的投稿信，避免重复拒稿带来的绝望感。

提交投稿信后，一定要有耐心。你可能要等上几天、几周甚至几个月，编辑才会接受你的投稿信，联系你写稿。此外，从投稿信被接受到作品发表，可能还会隔几个月的时间。不要纠缠编辑，否则只会让编辑立刻关掉手机。

故事想法

可能的话，推销故事比推销创意更好。故事有时间表、冲突、主要任务、故事弧线等。投稿信要令人心潮澎湃，尤其是当它关系到动态人物时。

记住，菜鸟几乎不可能在国家级消费杂志或主要联合会杂志上发表特稿全文。有时，打破困境的最佳方式是向某个特定栏目投一篇短文。

故事的灵感可能来自任何地方。比如，我有时写一些关于医学的文章，我喜欢翻阅同行评议期刊近期的页面，比如《新英格兰医学杂志》（*The New England Journal of Medicine*）、《美国医学会杂志》（*JAMA*）、《内科学纪事》（*Annals of Internal Medicine*）、《美国家庭医生》（*American Family Physician*）等。偶尔会在报纸或杂志上发现有用的故事线索。我还喜欢查阅 EurekAlert！寻找新闻线索。

文章的灵感来源有时比文献更为平凡。比如，我曾经与一位编辑交流，这位编辑写过一篇有关中年男子染发的文章。很显然，文章作者的灵感来自奥巴马总统染发传闻。编辑选了这篇文章，因为她喜欢这篇故事内在的"出乎意料"。

编辑日历

向刊物推销故事创意时，编辑日历非常有用。编辑日历列出了刊物未来几期计划推出的主题或话题。你可以通过编辑日历，思考想要推销的故事创意，或者思考你的故事创意是否符合刊物的未来需求。记住，不同刊物的审稿周期不同。网络刊物或周刊也许在发表前几周接受投稿，而月刊或季刊也许需要几个月的时间。

有几种方式可以获得编辑日历。首先，Mediabistro 为会员提供编辑日历指南。指南包含 50 种刊物，包括《十七岁》（*Seventeen*）、《乌檀》（*Ebony*）、《舍宾》（*Shape*）、《W 杂志》（*W*）、《健康之友》（*Woman's Day*）。其次，刊物网站上也有编辑日历。打开刊物的网站，试一试广告板块。可以看看刊物的媒体工具包，里面包含广告费、人口统计信息。要了解刊物的受众，人口统计信息可能非常有价值。最后，你可以给刊物的媒体部或广告部发电子邮件或者打电话，索取媒体工具包。

有一个聪明的投稿方法，那就是推销节假日的故事创意。很久以来，杂志稿费中就有一部分留给节日有关的故事。一定要以一种新颖的方式写节假日。比如，很多公司会发放少量的圣诞节奖金，但是如果某家公司决定不发礼物、不发钱，而是发金毛犬，如何？投节假日有关的稿件时，一定要在发表前六个月投稿。大型杂志的发表周期通常是六个月，如果你想要写一篇圣诞特稿的话，那么在 6 月份就要投稿了。

还有一个聪明的方法，那就是写周年纪念文章。一封好的投稿信会在周年纪念时回顾有新闻价值的话题，事情发生后的一周年、十周年、五十周年，甚至是一百周年。即将到周年纪念时，在网上搜索参考资料。比如，2013 年是伊拉克战争十周年，有进取心的记者也许会投有关伊拉克战争的文章，也许有关美国和英国侵略伊拉克十年之后，伊拉克人民的生活状况。

根据《读者文摘杂志写作手册》（*Writer's Digest Handbook of Magazine Article Writing*），“要搞定一篇周年纪念稿，你需要做三件事情：有趣的场合、独特的视角以及完美的时机。”该手册推荐了两个寻找周年纪念的有用资源：《纽约时报》的“历史上的今天”档案、诡异的《乐观主义者的历史指南》（*The Optimist's Guide to History*）。维基百科上也有“历史上的今天”栏目（任何来自维基百科信息，一定要核实）。

构思故事创意的一个最佳方式就是关注最新的新闻、趋势、媒体发布会和社会媒体。每天花一个小时浏览网页、阅读大众刊物，比如

《纽约时报》。这样做不仅可以奠定更加广阔的知识基础，构思故事创意，而且也会让你了解其他作者的文章。记住，一个优秀的作者也是一个如饥似渴的读者，阅读的对象包括书籍、杂志、博客等。

电影可能会提供投稿的素材，特别是纪录片。比如，纪录片《风投这东西》（*Something Ventured*）讲述的是风投的历史，电影最后几个画面中有一幕列出了最新的趋势和最先进的技术，吸引风投资本家，其中包括全息技术、植入式电子设备、量子计算、手势识别技术、生态控制、网络毒品、定位计算、智能建筑、机器人手术、器官置换、智能布料、无线能量。这个简单的列单向技术或商业作者暗示了很多故事创意。

从引言、格言、谚语、警句、模因中也会偶然获得故事创意。这些精辟的语言通常暗含更有全球性、更有新闻价值、更有趣的想法。比如，《一磅鱼》（*One Pound Fish*）一炮而红，这首歌由一位巴基斯坦卖鱼哥创作，目的是为吸引人们买他的鱼。歌曲走红之后，塞巴斯蒂安·阿博特（Sebastian Abbot）写了一篇综合报道，开篇就用了古老的格言“授人以鱼，不如授人以渔”，“穆罕默德·沙希德·纳兹尔验证了古老的谚语‘给他一条鱼，你只能养活他一天，但如果你教他唱有关鱼的歌，他的歌将迅速在英国流行音乐排行榜上攀升’。”

逆向思维同样会有助于故事构思。亿万富翁沃伦·巴菲特就是通过逆向思维获得成功的，他一直投资被别人低估的股票。比如，2011年，巴菲特投资50亿美元购买困境中的美国银行的股票，2013年，该股价值几乎翻倍。

逆向思维的人看待问题的角度与他人不同，其他人可能会觉得违反直觉或有悖常情，这是经典的“人咬狗”的故事情景。比如，牧师性侵的新闻总是会成为媒体报道素材，因为，尽管现在这样的事情不像过去那样令人震惊，但还是有悖常情。没有人会料想到一个宗教人物——一个应该保护社区、给人们提供建议的人——会性侵他人。

2007年、2008年的金融危机发生之后，出现了一种数字虚拟货币——比特币。这种货币的背后既没有财富（黄金）的支撑，也没有中央政府的支撑（法定货币），比特币本质上无法追踪，是匿名的（很显然，这使它成为网上交易非法毒品的完美货币）。可能看似很奇怪，居然有人会拿出自己真实的钞票去兑换潜在的、不稳定的虚拟货币。尽管如此，很多投机者依然支持这种货币理念，认为比特币不受政府和银行机构带来的经济动荡的影响，从而掀起比特币热。2013年，泡沫产生。这种逆向思维模式——人们花真金白银去购买虚拟货币——是一个非常好的例子。

还有一个逆向思维启发的故事创意。大多数人想到7—11时，会觉得这是一家"典型的美国机构"。很多人将7—11与它们的旗舰商品思乐冰（Slur pee）[①] 联系在一起，至少在我出生的地方是这样，很多年轻人经常在停车场吸烟。但是，令人吃惊的是，7—11其实是一家日本公司。这种怪异的日本企业文化是否影响了7—11对员工的雇用，研究一下这个会很有意思。

以下列举了一些逆向思维的故事创意，可以成为很好的故事，愉悦读者：

- 底特律的某个人买彩票中了一百万美元，但他继续领取食物券。
- 比特犬阻止了婴儿被绑架。
- 西弗吉尼亚一名少年因身着美国国家步枪协会的T恤上学被逮捕。回校后的第一天，他又穿上了那件T恤。
- 一位耄耋老人从大学毕业。

---

① 思乐冰是一款由7—11研制的沙冰饮品，在1967年首次推出。

- 一个洗衣女工将自己的毕生积蓄——15 万美元——捐给了南密西西比大学，用于设立奖学基金。

最后，请记住，无论你觉得自己的故事创意有多好，无论你在上面花费了多长时间，某些故事创意可能永远不会见光。换句话说，这个故事想法不适合任何刊物。有时，你需要果断放弃，继续前进。商业中有“沉没成本”这个概念，指的是不管如何努力，都无法收回的成本。追逐沉没成本，只会浪费时间、浪费资源。不要将时间浪费在没有买家的稿子上，将这次推销记入沉没成本，然后继续前进。或者，你可以将故事写出来，贴到自己的博客上，或是自己发表。

稿酬与合同

目前刊物支付的稿酬是每字 50 美分到 2 美元。大型刊物也许为旅游和偶然发生的事件提供预算，然而由于经费限制，这种做法越来越罕见了。刚开始做自由撰稿人时，不要对报酬斤斤计较。不管刊物愿意支付多少报酬都要接受。如果你显得很小气，要求每个人再多加几分钱的报酬，你也许会给编辑留下不良印象。老实说，刚开始时，你的目标应该是入门。尽管如此，除非是在冒险，否则一定要确保工作有回报，永远不要在没有签署合同的情况下接受付费的任务。此外，永远不要在尚未签署合同、尚未确定价格的情况下把终稿发给编辑。

如果合同没有明确规定作者出售给网络或纸媒的版权有哪些，明智的作者一定会明确这一点。当作者出售优先权时，这意味着他保留了在文章发表后再将文章卖给其他刊物的权利。换句话说，文章还有第二市场。实际上，很多作者通过文章的再次出售赚取了可观的收入。有些刊物可能会发表其他刊物发表的文章，因此会购买再版权，此类刊物一般与原载刊物的受众和发行范围不同。当作者将文章全权出售给刊物时，作者就不能再出售再版权了。联合专栏作家通过“一稿多投权”出售作品，允许同样的内容在不同刊物上发表。出售版权时还要考虑，是否出售文章的电子版权，出售哪一种电子版权，是否涵盖北美或国际发行。（电子版权指的是稿件以网络形式发表。）

最后要说的是，推销很难，这一点毫无疑问。但是这个过程还是有希望的。一旦你与编辑建立了友好的关系，推销故事的过程将会变得更简单、更顺畅。编辑会逐渐相信你的判断和见解。而关系的种子最初是由一封强有力的投稿信种下的。

他人的建议

在某种程度上，每一封投稿信都是独特的，这取决于作者的经历。为本书做调查研究时，我偶然遇到两名记者，他们提出的建议也许对读者有帮助。

向杂志投稿

2010 年，在斯坦福举行的自由撰稿人未来大会上，新闻学教授兼自由杂志撰稿人珍妮弗·卡恩（Jennifer Kahn）分享了自己对投稿信的思考。卡恩的作品在多家杂志上发表，包括《体育画报》《纽约客》《连线》。

以下概括了她的一些建议：

- 投稿前要进行大量的研究。卡恩估计，她投稿前会打 10 个电话，每个电话一个小时，在投稿被接受之前，她已经做完 25％的研究了。而且，她研究的投稿信中只有一部分最后是“可推销的”。
- 投稿前联系合适的编辑。卡恩建议，第一次向编辑投稿时，先发一封电子邮件进行简要的自我介绍，用两句话概括故事大意，然后询问编辑，是否可以发去完整的投稿信。

- 卡恩建议投稿信包含五个段落，篇幅在一页或一页半。（这比我和其他人建议的要长。很可能卡恩指的是长篇特稿，正如她的背景所示。）
- 第一段：引人入胜的概括式导语，或引人入胜的摘录，展示你的风格。
- 第二段：主旨段落。（“我们为什么要关注这个故事？”）
- 第三段：对故事的进一步支撑，说明这个故事如何影响他人。
- 第四段：组织工作，详细列出具体的消息来源和出差计划（如果有的话）。
- 第五段：重申故事主旨，说明故事为何会吸引刊物的核心受众。
- “参考文献”段落，可选。
- 说明故事的主要人物、故事弧线与故事线。如果解决方案逐渐展现，那么说明为什么任何可能的结果都具有新闻价值。
- 记住，大多数杂志都有二个月的审核周期。
- 可能的话，提一下某个名人的名字（这也是精明之举），拉近关系。
- 每隔两周提醒一下编辑，你还在等待回复，要简洁礼貌。如果你最后想要向其他刊物投稿，发邮件告知编辑。
- 对于被拒绝的投稿信，重新修改后发给其他刊物。
- 不要谎称别的杂志对你的稿子感兴趣——编辑知道这纯属胡说八道。

向报纸投稿

有些报纸不会接受冷冰冰的推销。尽管如此，对任何一个作者而言，了解如何向报纸投稿都有帮助。《达拉斯晨报》（*Dallas Morning*

News）的编辑汤姆·黄（Tom Huang）建议作者考虑下列问题：

- 你为什么对这个故事感兴趣？
- 你做了哪些研究？
- 故事有何新颖之处，为什么现在是写它的好时机？
- 这个故事在哪个时间线上？
- 这个故事为什么会引起读者的兴趣？
- 这个故事是否涉及金钱、健康、安全或者教育？
- 这个故事如何通过电子手段讲述？有网络包裹吗？适合放在平板电脑上吗？我们可以用视频讲述这个故事吗？故事适合交互设计吗？
- 需要问什么问题？你想发现什么？核心问题是什么？你需要和谁交流？
- 写这篇故事需要多长时间？你需要预留多少时间？

投稿信范例

在介绍两篇投稿信范例之前，我想向读者保证，我已经做了功课，设想自己是一位真正的自由撰稿人。让我们想象一下，我已经对某个杂志的受众风格和观点进行了详细研究，摆脱了所有的偏见和设想，完全放弃自我，迎合刊物受众的风格、资源和需求。我采纳了资深杂志撰稿人霍利·米勒的建议，为受众写作。

以下是为虚拟杂志撰写的投稿信，杂志名为《另类治愈者》。

> 那是1978年，罗杰·拉·波尔德在存在危机的痛苦挣扎之中走了，抛下了他所熟悉的一切：待遇丰厚的工作——在一家久负盛名的石油公司招聘人员，令人失望的离婚后租住的舒适的单身公寓，以及只能在周末看望的儿子。拉·波尔德想方设法来到了蒙大拿州，他曾被杰拉尔德·红麋鹿养育长大的地方。红麋鹿

是苏族医师和巫师。接下来的三年半时间，拉·波尔德都沉浸在研究中，这也是红麋鹿人生中最后的三年半时间。就在红麋鹿去世前不久，这位医师将巫师烟袋以及带有他们独特设计、用珠子点缀的平底鞋传给了拉·波尔德。拉·波尔德后来才知道，平底鞋上的饰珠代表了红麋鹿心里一直知道的事情：拉·波尔德注定要成为巫师、治愈者，重新回到这个世界。

今天的拉·波尔德住在科罗拉多山上，足迹遍布全世界（南非、台湾、以色列、法国等），致力于“促进”他人治愈。在此过程中，他帮助了拉比·拉米·夏皮罗、托马斯·基廷神父、拉·波尔德还是雪团宗教委员会的成员，该机构致力于让世界上不同宗教信仰开展对话，在这方面，该机构的历史最悠久，他的经历都记录在《平常心》一书中。

拉·波尔德最为人称道的可能就是他帮助昏迷患者的能力。根据拉·波尔德网站上的信息，脑电图研究员埃德加·威尔逊博士将拉·波尔德帮助昏迷患者的能力归因于不同寻常的脑电波活动。人们通常将拉·波尔德视为最后的救命稻草，急切地想看到他们所爱的家人有没有任何改善。根据媒体报道与医生证词，拉·波尔德救过几名昏迷患者，包括澳大利亚音乐家汉斯·鲍尔森、国际知名的直升机飞行员皮特·皮尔格雷恩。拉·波尔德挽救昏迷患者的事件曾被《不可思议》节目、英国广播公司电视等报道过。

拉·波尔德在美国多所医院、大学发表过演讲，包括加州大学圣迭戈分校医学院和怀俄明大学。此外，他还拥有来自全国各地的对抗疗法和整骨疗法的粉丝。实际上，如果投稿信被接受，我将计划采访圣迭戈的家庭医生李·莱斯博士，他是生命健康研究院的首席执行官兼医学总监。莱斯博士在亲眼目睹拉·波尔德拯救了自己的一名昏迷患者之后，力邀拉·波尔德成为自己的家庭治愈医师。

我有兴趣进一步挖掘这个故事。其中关于拉·波尔德的大部分信息将基于对他的初步采访，我想继续丰富故事。（再列举几个事实，指出还需要花更多时间……）文章篇幅预计在 2 000 字，讲述拉·波尔德与他的工作。我希望采访医生、心理学家、精神领袖、与拉·波尔德共事过的人等等。我还想在更宏观的另类医学中审视拉·波尔德的工作。

我的名字叫纳维德·萨利赫。我是一名自由撰稿人兼编辑。个人作品范例请参见 www.naveedsaleh.com。

此致

敬礼

纳维德·萨利赫

2013 年 3 月 25 日

以下是为另一家虚拟杂志《教育和社区》撰写的投稿信。

拉里·约翰逊博士是得克萨斯 A&M 大学生殖生物学教授与兽医学院研究员。1994 年，他应邀去给学校的学生们讲课。他早期讲的一门课程就是“呼吸系统健康”，他用适合这个年龄段的解剖模型作为视觉教具。他的努力颇受欢迎，很快就有进一步发展。环境健康与乡村健康的合作关系（PEER）由此诞生。

今天的 PEER 由美国国家科学基金会与美国国立卫生研究院资助。成员包括得克萨斯 A&M 大学的教授和研究生。他们通过各种各样的资源将科学、技术、工程、数学带给得克萨斯乡村的学龄儿童，为学校老师提供培训，提升课堂学习，参与多样化的拓展活动，启迪未来的科学家。PEER 作为教育模型，将得克萨斯 A&M 大学最佳的教育资源与得克萨斯乡村的学龄儿童的指导需求相衔接，从幼儿园到十二年级：近年来，该年龄段的辍学人数日趋增加。

关于 PEER，我计划写一篇 1 000 字的特稿。部分内容关注科学家与学龄儿童的互动。我计划采访约翰逊和 PEER 其他成员：得克萨斯 A&M 大学的老师、学生和乡村学校老师。我还想与教育专家和行政人员交流，看看 PEER 是否可以作为其他大学和学区类似教育项目的蓝图。

关于我的简历和近期的一些作品范例，请登录 www. naveedsaleh. com 查阅。

此致

敬礼

纳维德·萨利赫

2011 年 2 月 3 日

16 作者与编辑的关系及其他

有意思的是，很多时候，只有在稿子被拒时，你才会收到编辑的消息。无论如何，你通过邮件发送的投稿信和邮件发回的退稿信也许是你与编辑之间的唯一互动。但有时双方一拍即合：编辑通过投稿信与你建立联系，作者与编辑的关系由此开始。

尽管用投稿信追求编辑，让编辑接受你，这听起来也许很浪漫——好像编辑同意和你约会似的——但是仍然要小心谨慎，保持专业性。与编辑打交道时，建立友好的关系是必需的。但是请记住，编辑是你的老板——至少当他给你分配任务时——你应该对他保持应有的尊重（保持专业的距离），就像你对待任何老板一样。

然而，经过几年的时间，编辑和作者通常会成为好朋友——行业的性质使然。在新闻业，编辑和作者之间不存在严格的专业界限，这一点不同于新闻记者和消息来源之间的关系。在自由写作中，编辑和作者的专业角色可以互换，通常今天的编辑某一天可能会成为自由撰稿人。然而，刚开始时，最好还是和编辑保持友好、专业的距离。

沟通

如果编辑对你的投稿信表示有兴趣，给你安排一项任务，那么不要犹豫，立刻给他发邮件，询问有关问题。请记住，要用心写邮件，要简洁、专业。没有理由每次问一个问题都要写一封五段话的公函。要有新的话题，一定要在邮件标题中采用说明性的标题，不要直接回复邮件，每一封邮件都要清晰地讲述你想要采取的行动。换句话说，让发邮件的理由显而易见。通过精心写好的邮件，你可以在编辑和他人的心中树立一个强有力的形象。（有一个编辑就是因为我给他发邮件时总是一丝不苟，为我提供了一份工作。）

一定要在邮件收到后的 24 小时内回复，这是商业惯例。如果你未来几天计划外出，收不到邮件，那么建议你写一个简短的说明，自动回复。

任何文章在动笔之前，都应该通过邮件或电话弄清楚，编辑是否希望你总结事件或是信息，采访一个或多个消息来源，与特定的消息来源交流，审视相反的观点，使用侧栏等等。你也许想积极主动地预估刊物的需求，这是取悦编辑的一个很好的方式。比如，你也许想要问编辑，你是否可以帮忙拍摄高质量的照片，或是追踪高质量的照片。

现如今，很多编辑喜欢用 Dropbox① 与作者沟通交流。Dropbox 是一项免费的数据存储服务，将数据存储在虚拟的云端服务器上。文件、图片等放入 Dropbox 的文件夹，与他人共享。Dropbox 基础版是免费的，有 2GB 的网络空间。这个空间通常已经足够了，但是如果你想要更多空间，还可以购买。

完稿之后

争取在截稿前几天交稿。每个人都喜欢给自己留有余地，特别是繁忙的编辑。提前几天交稿，你就可免除最后一分钟打字的挫败感，你的守时也会给编辑留下深刻的印象。

发稿之后，给消息来源送去样刊，有时你需要给编辑发邮件索要样刊。（一直以来，我都争取在文章发表后，给消息来源送去样刊，并附上感谢信，表达谢意。如果和数字刊物打交道，我会将发表的文章作为 PDF 附件，通过电子邮件发去或者发去文章的链接，并表示感谢。）对于小型刊物，如协会杂志，通常获得终稿的唯一方式就是向编辑索取。（有时，小型刊物会礼貌地代表你为消息来源送样刊。

① Dropbox 是一款免费的网络文件同步工具，是 Dropbox 公司运行的在线存储服务，通过云计算实现因特网上的文件同步，用户可以存储并共享文件和文件夹。

即使是这样，我还是建议你以个人名义发封感谢信。记住，好的消息来源是一生的资源。）

编辑通常都很忙，可能你交稿后过了好几个月，稿子才会发表。到了要样刊的时候，你的请求也许没有编辑更紧急的顾虑重要。而且，编辑也没有义务给作者寄送终稿样刊，但是出于礼貌，编辑通常会寄送，或者让助手寄送。不要不好意思多要几份样刊，每个消息来源寄送一本，自己留几本，放进自己的作品集里。只是要合理，不要索要太多——我曾经听说有个作者想要 25 本杂志样刊，而他的消息来源只有一个！

显然，如果你是为国家级消费杂志撰稿，这类杂志报刊亭有售，无须向编辑索取。你可以去本地的书店或报刊亭，想买多少买多少。有时，编辑甚至不会告诉你文章发表在哪一期，在这种情况下，你必须每个月去几次书店、沃尔玛或者目标场地，以免错过。

向编辑交稿时，记得一定要给文章加上标题，并注明字数和消息来源名单。通常，终稿字数应在约定字数 10%的浮动范围内。完成任务后，你也许还需要提交发票。微软上有发票模板，也可以用记账软件生成的发票模板，比如 QuickBooks①。

大多数作者用 QuickBooks 这类软件记账。因此，很重要的一点是保管好出版社寄给你的发票和任何税务文件的副本。除非你从自由撰稿中获得了丰厚的收入，以至于需要组建公司，否则，大多数作者以个体户的名义报税，将记录交给会计处理，由会计报税。如果你自己纳税，那么申请免税时要谨慎。比如，如果你仅仅使用了一个房间写作，那就不要将你整个的房租作为业务支出扣除。你仅需扣除部分房租。

---

① QuickBooks 是用于个人计算机的小型商务财务软件。

如何处理编辑问题

偶尔，你可能会犯错，惹编辑生气或是冒犯编辑。如果发生这种情况，那就道歉，同样的错误不要再犯。比如，我曾经错过一位编辑的电话，这很尴尬，编辑也恼羞成怒。我向编辑道歉，并且再也没有犯过类似错误。至今，我们仍保持着很好的工作关系。

与编辑共事时，请记住，编辑的工作就是编辑，这意味着可能要对你的文章大刀阔斧地修改，可能会删掉你喜欢的部分。当你收到意见时，要尽量配合。接受那些你觉得有助于提升稿子质量的意见，对于那些你觉得会削弱稿子的意见，礼貌地表达你的担忧。正如你不要单方面地接受所有的意见，你也要小心，不要轻视任何有可能会提升稿子质量的意见。

如今，大多数编辑使用 word 修订模式编辑文章。（少数编辑使用 PDF 文件格式提出意见，这要求你会用 Adobe 专业软件直接对文件进行修改。）对某个特定的编辑意见提出疑问时，用 word 的修订模式回复。如果你不知道如何使用 word 的修订模式和编辑功能，可以在 YouTube 上找一些快速工具视频。回复编辑意见时，尽量用 5C 原则表达你的担忧：清晰（clear）、缜密（cohesive）、易于理解（comprehensible）、简洁（concise）和正确（correct）。这样做，你能够像编辑一样思考，更好地支撑你的观点。论证观点时，请为编辑提供最新的情况，你了解到的任何有关主题或消息来源的信息。

请记住，回复编辑意见时要及时、礼貌。有时，编辑“将文章批得体无完肤”。你的第一反应也许是反击，这会让情况恶化，造成双方对立。无论如何，千万不要反击！对编辑意见礼貌地回复。记住，绝大多数的编辑意见是为了提升文章和刊物的质量。而且，最终，给你分配写稿任务的刊物至少拥有优先权，有最终的权利，可以校对、编辑或是全部改写。

如果你的确认为编辑的某处修改存在争议，那么你一定要讲究策略。首先，要说明这个担忧的合理性。其次，表明你的观点，不要用无关的信息过分吹嘘——一两个好理由通常就足够了。最后，可能的话，考虑妥协。

请记住，优秀的编辑只会做出必要的修改，因此，几乎所有的编辑都是有理由的。“我做了该做的。”AARP 杂志的特稿编辑玛格丽特·古洛夫说，“即使是我自己非常喜欢的文章，也可能需要修改，为了读者。如果不需要修改，我一个字都不会动。”

有时，编辑或刊物可能会在未经作者许可的情况下修改故事，甚至可能将故事全部改写。你也许对此很不高兴，但无能为力。如果刊物没有征求你的意见，歪曲你的故事，你唯一可以做的也许就是表达你的担忧，最终的稿子（署你名字的）可能会大错特错，然后永远也不再跟这个编辑或这家刊物合作。

和编辑打交道时，有时会遇到钱的问题。初次与编辑联系时，最好不要为几个字几分钱斤斤计较。但有时候，如果你已经为编辑和刊物写过一段时间的稿子，你也许想要求增加稿酬，这种要求也许是正当的。编辑通常会理解自由撰稿人的经济需求，因为他们自己曾经也是（或者仍然是）自由撰稿人。如果编辑因资源有限无法支付稿酬——在广告收入缩减、发行量下降的时期，通常会出现这种情况——也许有其他的回报方式。你可以要求作为特约编辑出现在刊头。（“特约编辑”这个名字很花哨，通常授予某些经常给杂志供稿的人。）获得这样的荣誉可以让你的简历更好看，为你锁定未来的工作。只是要记住，有时编辑不仅会拒绝增加稿酬的要求，也会拒绝授予你特约撰稿人或特约编辑的名头。

尽管你的编辑和供稿刊物的员工给予你很大的帮助和支持，但是在法律诉讼中，你也许只能独自奋战。因此，一定要避免诽谤，避免在纸质媒体上对他人进行不公的中伤。（有人可能会混淆“诽谤”与“诋毁”。两者的意思相似，但“诋毁”指的是口头的诽谤。）如果你写的是优质新闻——前后一致、经过核实、透明的新闻——你涉及诽谤的可能性很小。此外，至少在美国，诽谤罪很难在法庭上证明。尽管如此，如果你从事的是高风险的（调查性）报道，你可以考虑购买媒体责任险，可以通过 Mediabistro 和 Author's Guild 等机构办理。

最后，要注意的是，美国新闻业最好的一个地方就是，在某种程度上，新闻记者享有特定的自由，这种自由有助于提升作品的质量。比如，尽管联邦法律中没有新闻记者庇护法，但几乎每个州都有保护新闻记者的法律。此外，由于殖民地时期的出版商约翰·彼得·曾格（John Peter Zenger）及其律师安德鲁·汉密尔顿（Andrw Hamilton）等先驱们的努力，真相可以为诽谤罪辩护——这是新闻自由的一大胜利。如果你写的是事实，那么就没有理由害怕诽谤。

后　记

读完整本书需要花很长的时间，但我希望花费的时间是值得的。我很幸运，有充裕的时间与很多人交流，能够认真地梳理文献和研究。这对我很有启发，教会了我很多关于新闻业的东西。在很多方面，新闻业是一个古老的领域，但同时又是一个崭新的领域。

通过这本书，我汇集了一部可以验证的作品，内容前后一致，必要时保持透明。本书的一切都可以追溯到某个专家或者某个文献。在教学方法上，我尽最大努力提供不同的选择和变化。此外，我尽量平衡所找到的信息，尽力说明中间和极端的内容。最后，我非常注意书后的参考文献。（更多详情，建议读者参阅书后的参考文献。）

尽管很多新闻记者都是聪明人，对世界有着坚定的理解，但是在新闻中却缺少坚实的基础。伦理、风格、角色、结构、技巧等等，对不同的人有不同的定义，即使是“新闻记者”这个词本身也没有明确的意思。

这些文字并不是教条。这是一部连贯的作品，旨在启发你的写作。请随意。我真的相信，任何人如能完全领会这部作品，都能写出充满力量的文章。我也相信，这本书将帮助有兴趣的人提升其写作水平。

请记住，在很多方面，写作的痴迷是有益的。要注意细节，但不要一叶障目。你永远不可能写出“完美的”文章，但你可以写出一篇非常精彩的文章，给他人带来愉悦和启迪。

对所有曾经给予我帮助的人，我都心存感激，感谢所有伟大的消息来源奉献出自己的时间，接受我的采访，感谢我所生活的数字时代，使我能够通过网络对各种信息进行迷你的元分析。我对技术心存敬畏。

任何人如有兴趣联系我，请发送邮件至 writer@naveedsaleh. com。

参考文献

"95-Year-Old Woman Graduates from College." *ABC News*. May 12, 2007. http://abcnews.go.com/GMA/LifeStages/story?id=3167970 (accessed August 17, 2013).

A General Summary of Aristotle's Appeals ... http://courses.durhamtech.edu/perkins/aris.html (accessed February 4, 2013).

Abbot, Sebastian. "Pakistani Fishmonger Now Pop Star with 'One Pound Fish.'" *Detroit Free Press*. December 29, 2012. http://www.freep.com/article/20121229/ENT04/121229006/Pakistani-fishmonger-pop-star-Muhammad-Shahid-Nazir-One-Pound-Fish (accessed January 21, 2013).

About Reddit. *Reddit*: http://www.reddit.com/about (accessed July 9, 2013).

Abramson, Alana. "Inscription on Martin Luther King Memorial Removed." *ABC News*. August 2, 2013. http://abcnews.go.com/blogs/headlines/2013/08/inscription-on-martin-luther-king-memorial-removed/ (accessed August 13, 2013).

Jad Abumrad and Robert Krulwich. "The Trouble with Everything" (podcast). June 13, 2013. *Radiolab*: http://www.radiolab.org/blogs/radiolab-blog/2013/jun/13/trouble-everything (accessed July 9, 2013).

Jad Abumrad and Robert Krulwich (hosts), Various episodes. *Radiolab*. NPR.

Adler, Ben. "Piecemeal Existence." *Columbia Journalism Review*. July 31, 2012. http://www.cjr.org/feature/piecemeal_existence.php?page=all (accessed February 17, 2013).

Michael Agnes, editor-in-chief. *Webster's New World College Dictionary*. Cleveland: Wiley Publishing Inc., 2004.

George A. Akerlof. *Encyclopaedia Britannica*: http://www.britannica.com/EBchecked/topic/764254/George-A-Akerlof (accessed July 9, 2013).

Sonny Albarado and the editors of the *Encyclopaedia Britannica*. "Citizen Journalism." *Encyclopaedia Britannica*. http://www.britannica.com/EBchecked/topic/1271506/citizen-journalism (accessed January 22, 2013).

Amanda Clayton, Michigan Lottery Winner Who Used Food Stamps, Charged with Welfare Fraud. April 17, 2012. The Huffington Post: http://www.huffingtonpost.com/2012/04/17/amanda-clayton-michigan-lottery-winner-food-stamps_n_1431777.html (accessed July 8, 2013).

American Diabetes Association. http://www.diabetes.org/diabetes-basics/diabetes-statistics/ (accessed February 6, 2013).

Angier, Natalie. "True Blue Stands Out in an Earthy Crowd." *The New York Times.* October 22, 2012. http://www.nytimes.com/2012/10/23/science/with-new-findings-scientists-are-captivated-by-the-color-blue.html?pagewanted=all&_r=0 (accessed February 20, 2013).

Appalachian Trail Conservancy. http://www.appalachiantrail.org/about-the-trail (accessed February 6, 2013).

Appalachian Mountain Club. http://www.outdoors.org/conservation/trails/at/at-faq.cfm (accessed January 22, 2013).

Armstrong, Tim. "AOL CEO Tim Armstrong (8/9/2013) Transcript at jimromenesko.com (digital recording)." *SoundCloud.* August 9, 2013. https://soundcloud.com/jim-romenesko/aol-ceo-tim-armstrong-8-9-2013 (accessed August 13, 2013).

Associated Press. "Disputed 'Drum Major' quote to be removed from Martin Luther King memorial by carving grooves over the lettering." *Mail Online.* July 22, 2013. http://www.dailymail.co.uk/news/article-2373139/Disputed-Drum-Major-quote-removed-Martin-Luther-King-memorial-carving-grooves-lettering.html (accessed August 13, 2013).

David Auburn et al. *Oxford American Writer's Thesaurus.* New York: Oxford University Press, 2008.

Ballotpedia. http://www.ballotpedia.org (accessed January 14, 2013).

Banco, Erin. "Sculptor Removes Phrase From Memorial to King." *The New York Times.* August 1, 2013. http://www.nytimes.com/2013/08/02/us/sculptor-removes-phrase-from-memorial-to-Martin-Luther-King-Jr.html (accessed August 13, 2013).

Barbaro, Michael. "The Candidate Next Door." *The New York Times.* June 6, 2012. http://www.nytimes.com/2012/06/07/garden/mitt-romney-the-candidate-next-door.html?pagewanted=all (accessed August 13, 2013).

Martha Barnette and Grant Barrett. Chiasmus and Antimetabole. December 29, 2012. *A Way with Words*: http://www.waywordradio.org/chiasmus-antimetabole/ (accessed July 9, 2013).

Baron, Naomi S. *Always On.* Oxford: Oxford University Press, 2010.

Barry, Dave, interview by Naveed Saleh. (November 8, 2012).

Barry, Ellen. "Protests in Moldova Explode, With Help of Twitter." *The New York Times.* April 7, 2009. http://www.nytimes.com/2009/04/08/world/europe/08moldova.html?pagewanted=all (accessed February 4, 2013).

Bartlett, John. *Bartlett's Familiar Quotations 17th edition.* New York: Little, Brown and Company (Inc.).

Becker, David. "Using Serial Commas." April 7, 2011. American Psychological Association APA Style: http://blog.apastyle.org/apastyle/2011/04/using-serial-commas.html (accessed July 9, 2013).

Beil, Laura. "The Dirty Truth About Hospitals." *Men's Health*, October 2012: 124–130.

Berger, Judson. "Plagiarism Detection Tools." *American Journalism Review*. June/July 2004. http://www.ajr.org/article.asp?id=3671 (accessed February 23, 2013).

Bernstein, Theodore M. *The Careful Writer*. New York: Atheneum, 1973.

Bevins, Vincent. "Dengue, Where is Thy Sting?" *Los Angeles Times*. November 1, 2012. http://articles.latimes.com/2012/nov/01/world/la-fg-brazil-mutant-mosquitoes-20121102 (accessed January 24, 2013).

Bezos, Jeff. *10,000 Year Clock*. http://www.10000yearclock.net/learnmore.html (accessed August 13, 2013).

Bienenstock, David. "Dear President Obama." *High Times Medical Marijuana*, Fall 2012: 4.

"Big Spending Fails to Drive Attendance." *Chicago Tribune*. March 8, 2013.

Blood, Rebecca, interview by Naveed Saleh. (November 21, 2012).

Blood, Rebecca, e-mail communication (February 14, 2013).

Deborah Blum, Mary Knudson and Robin Marantz Henig (editors). *A Field Guide for Science Writers*. New York: Oxford University Press, 2006.

Blundell, William E. *The Art and Craft of Feature Writing*. New York: Penguin Group, 1988.

"Bob Woodward." *Encyclopaedia Britannica*. http://www.britannica.com/EBchecked/topic/1016587/Bob-Woodward (accessed August 15, 2013).

Bonner, Staci. "Hard Facts on Fact Checking." *Writer's Digest*, August 1995: 37–39.

Bowden, Mark. "The Case of the Vanishing Blond." *Vanity Fair*. December 2010. http://www.vanityfair.com/culture/features/2010/12/vanishing-blonde-201012 (accessed January 25, 2013).

Boylan, James. "A History of American Literary Journalism: The Emergence of a Modern Narrative Form" (book review). *Columbia Journalism Review*, November/December 2000: 82.

Brady, John Joseph. *The Craft of Interviewing*. Cincinnati: Writer's Digest Books, 1978.

Bragg, Rick. "All She Has, $150,000, Is Going to a University." August 13, 1995. *The New York Times*: http://www.nytimes.com/1995/08/13/us/all-she-has-150000-is-going-to-a-university.html (accessed July 9, 2013).

Bragg, Rick. "Where Alabama Inmates Fade into Old Age." *The New York Times*. November 1, 1995. http://www.nytimes.com/1995/11/01/us/where-alabama-inmates-fade-into-old-age.html?pagewanted=all&src=pm (accessed January 24, 2013).

Brainard, Curtis. "Columbia Journalism Review." *Gladwell Makes Excuses for Lehrer.* June 21, 2012. http://www.cjr.org/the_kicker/malcolm_gladwell_jonah_lehrer.php (accessed February 17, 2013).

Brandt, David. "Think 'Necessary Skills,' Not 'Print Journalism.'" *Quill*, November-December 2012: 31.

Brewster, Emily. Drive Safe: In Praise of Flat Adverbs - Merriam-Webster Ask the Editor. August 5, 2011. YouTube: http://www.youtube.com/watch?v=7epnfcHy5SA (accessed July 9, 2013).

Brians, Paul. *Common Errors in English Usage.* Sherwood: William, James & Co., 2009.

Brink, Susan. "One Thing We Know About Autism: Vaccines Aren't to Blame." *National Geographic.* July 16, 2013. http://news.nationalgeographic.com/news/2013/07/130716-autism-vaccines-mccarthy-view-medicine-science/ (accessed August 13, 2013).

Brookshire, Bethany. "Dopamine is [blank]." *Slate*, July 13, 2013. http://www.slate.com/articles/health_and_science/science/2013/07/what_is_dopamine_love_lust_sex_addiction_gambling_motivation_reward.html (accessed July 11, 2013).

Bryant Jr., Robert L. "Skip the Salad, Pass the Meat." *Columbia Journalism Review*, May 1993: 72.

Bugeja, Michael J. *Guide to Writing Magazine Nonfiction.* Needham Heights: Allyn & Bacon, 1997.

Burchfield, R.W. *Fowler's Modern English Usage.* Oxford: Oxford University Press, 2004.

Bureau of Labor Statistics. http://data.bls.gov/timeseries/LNS14000000 (accessed January 27, 2013).

Burgard, Stephen D. "More Than a Mouthpiece." *Columbia Journalism Review*, March/April 2003: 61.

Burstein, David Kline and Dan. *Blog!: How the Newest Media Revolution Is Changing Politics, Business, and Culture.* Durham: CDS Books, 2005.

Campbell, John. "Numbers Can Make or Break Your Copy." *Folio*, September 1989: 108–110, 113–115.

Campbell, Titchener B. *Reviewing the Arts.* Mahwah, New Jersey: Lawrence Erlbaum Associates, 1998.

Capper, Andy. "The Vice Guide to Liberia." *CNN World.* January 27, 2010. http://www.cnn.com/2010/WORLD/africa/01/18/vbs.liberia/index.html (accessed March 9, 2013).

Carlson, Nicholas. "AOL CEO Tim Armstrong Fired Patch's Creative Director In Front Of 1,000 Coworkers (AOL)." *SFGate.* August 9, 2013. http://www.sfgate.com/technology/

businessinsider/article/AOL-CEO-Tim-Armstrong-Fired-Patch-s-Creative-4720914.php (accessed August 13, 2013).

Carlson, Nicholas. "AOL CEO Tim Armstrong Fired This Man In Front Of 1,000 Coworkers." *Business Insider.* August 9, 2013. http://www.businessinsider.com/aol-ceo-tim-armstrong-appeared-to-fire-this-man-in-front-of-1000-coworkers-2013-8 (accessed August 17, 2013).

Carlson, Nicholas. "AOL Won't Deny The Rumor That Patch's CEO Is Out After Just Two Months On The Job." *Business Insider.* August 8, 2013. http://www.businessinsider.com/aol-wont-deny-the-rumor-that-patchs-ceo-is-out-after-just-2-months-on-the-job-2013-8 (accessed August 17, 2013).

Carlson, Nicholas. "Listen to AOL CEO Tim Armstrong Fire a Patch Employee in Front of 1,000 Coworkers." *Yahoo! Finance (Business Insider).* August 12, 2013. http://finance.yahoo.com/news/listen-to-aol-ceo-tim-armstrong-fire-a-patch-employee-in-front-of-1-000-coworkers-140600015.html (accessed August 13, 2013).

Carmichael, Mary. "The Pepsi Challenge." *The Daily Beast.* July 26, 2010. http://www.thedailybeast.com/newsweek/2010/07/26/the-pepsi-challenge.html (accessed January 31, 2013).

Carr, David. "Left Alone by Its Owner, Reddit Soars." September 2, 2012. *The New York Times*: http://www.nytimes.com/2012/09/03/business/media/reddit-thrives-after-advance-publications-let-it-sink-or-swim.html (accessed July 9, 2013).

Carr, David. "Newspaper Monopoly That Lost Its Grip." *The New York Times.* May 12, 2013. http://www.nytimes.com/2013/05/13/business/media/in-new-orleans-times-picayunes-monopoly-crumbles.html?pagewanted=all&_r=0 (accessed August 13, 2013).

Carr, David. "The Washington Post Reaches the End of the Graham Era." *The New York Times.* August 5, 2013. http://www.nytimes.com/2013/08/06/business/media/the-washington-post-reaches-the-end-of-the-graham-era.html (accessed August 13, 2013).

Carl J. Caspersen, PhD, MPH, Kenneth E. Powell, MD, MPH, and Gregory M. Christenson, PhD. "Physical Activity, Exercise, and Physical Fitness: Definitions and Distinctions for Health-Related Research." *Public Health Reports*, March-April 1985: 126-131.

Jessica Chasmar and David Eldridge. "West Virginia teen returns to school with NRA shirt, classmates' support." April 22, 2013, *The Washington Times*: http://www.washingtontimes.com/news/2013/apr/22/west-virginia-teen-returns-to-school-with-nra-shir/ (accessed July 9, 2013).

Chicago Tribune staff and *South Bend Tribune*. "South Bend Plane Crash: Ex-Oklahoma QB Among Dead." *Chicago Tribune.* March 18, 2013. http://www.chicagotribune.com/ (accessed March 18, 2013).

Dan Childs and Lauren Cox. "Lancet Retracts Controversial Autism Paper." *ABC News*. February 3, 2010. http://abcnews.go.com/Health/AutismNews/autism-vaccines-lancet-retracts-controversial-autism-paper/story?id=9730805 (accessed August 13, 2013).

Edited by Darrell Christian, Sally Jacobsen, and David Minthorn. *The Associated Press Stylebook*. New York: Basic Books, 2011.

Deborah S. Chung, Eunseong Kim, Kaye D. Trammel, and Lance V. Porter. "Uses and Perceptions of Blogs: A Report on Professional Journalists and Journalism Educators." *Journalism & Mass Communication Educator*, 2007: 305–322.

Clark, Brian E. "Pick Your Own Pumpkins, and Apples, too." *JSOnline*. October 17, 2012. http://www.jsonline.com/entertainment/holidays/pick-your-own-pumpkins-and-apples-too-0377e2c-174585811.html (accessed January 26, 2013).

Clark, Roy Peter. "Beware Loaded Language in Islamic Center Debate." CNN Opinion. September 10, 2010. http://www.cnn.com/2010/OPINION/09/10/clark.islamic.center.language/index.html (accessed January 26, 2013).

Clark, Roy Peter, e-mail interview by Naveed Saleh. (November 6, 2012).

Clark, Roy Peter, *The Glamour of Grammar*, New York: Little, Brown and Company, 2010.

Clark, Roy Peter. "Joe Paterno and the Stained Soul of Penn State." CNN Opinion. November 11, 2011. http://articles.cnn.com/2011-11-11/opinion/opinion_clark-penn-paterno_1_joe-paterno-father-holy-family?_s=PM:OPINION (accessed January 26, 2013).

Clark, Roy Peter. "Stephen Colbert's Got Sway." CNN Opinion. September 24, 2010. http://www.cnn.com/2010/OPINION/09/23/clark.colbert/index.html (accessed January 26, 2013).

Clark, Roy Peter. "We Owe It to King to Revise Inscription on His Monument." March 30, 2013. http://www.cnn.com/2011/10/11/opinion/clark-king-monument-inscription (accessed April 1, 2013).

Clark, Roy Peter. *Writing Tools*. New York: Little, Brown and Company, 2008.

Clark, Taylor. "The Most Dangerous Gamer." *The Atlantic*. May 2012. http://www.theatlantic.com/magazine/archive/2012/05/the-most-dangerous-gamer/308928/ (accessed January 24, 2013).

CNN Wire Staff. "Onion: We just fooled the Chinese government!" November 28, 2012. http://www.cnn.com/2012/11/27/world/asia/north-korea-china-onion (accessed March 30, 2013).

"Code of Ethics." *Society of Professional Journalists*. http://www.spj.org/pdf/ethicscode.pdf (accessed January 20, 2013).

Cohen, Rachel. "AP Makes 'Illegals' Illegal." *The Baltimore Sun.* April 5, 2013. http://articles.baltimoresun.com/2013-04-05/news/bs-ed-ap-style-20130405_1_ap-stylebook-term-language (accessed April 6, 2013).

Cohen, Rich. "They Taught America How to Watch Football." *The Atlantic.* October 2012. http://www.theatlantic.com/magazine/archive/2012/10/they-taught-america-to-watch-football/309083/# (accessed February 20, 2013).

Congressional Diabetes Caucus. http://www.house.gov/degette/diabetes/facts.shtml (accessed February 6, 2013).

Cooke, Charles C.W. "Mitt Romney Worked as a Garbage Man." *National Review Online.* October 2, 2012. http://www.nationalreview.com/corner/329098/mitt-romney-worked-garbage-man-charles-c-w-cooke (accessed February 4, 2013).

Cooper, Marc, interview by Naveed Saleh. (November 21, 2012).

Cope, Victor Cohn and Lewis. *News & Numbers.* Ames: Iowa State Press, 2001.

"Core Purpose & Values." *The New York Times Company.* http://www.nytco.com/careers/mission.html (accessed January 20, 2013).

Corry, Carl. *Smartphone Journalism.* http://www.spj.org/trainingondemand.asp (accessed February 6, 2013).

Coyle, Jim. "'Argo': Former Ambassador Ken Taylor Sets the Record Straight." *thestar.com.* October 7, 2012. http://www.thestar.com/news/canada/article/1267937--argo-film-gives-former-canadian-ambassador-ken-taylor-chance-to-set-the-record-straight (accessed January 28, 2013)

"Crime in Chicago." *Chicago Tribune.* http://crime.chicagotribune.com/chicago/ (accessed March 14, 2013).

"Cullinan Diamond." *Encyclopaedia Britannica.* http://www.britannica.com/EBchecked/topic/146080/Cullinan-diamond (accessed April 10, 2013).

Cutler, Jeff. *Connect, Communicate and Follow the Noise.* http://www.spj.org/trainingondemand.asp (accessed February 6, 2013).

Davidson, Adam. Economic Recovery, Made in Bangladesh? May 14, 2013. *The New York Times Magazine*: http://www.nytimes.com/2013/05/19/magazine/economic-recovery-made-in-bangladesh.html?pagewanted=all&_r=0 (accessed July 9, 2013).

"Debates (Episode 119)." *Mansome.* http://screen.yahoo.com/mansome-episode-119-debates-130000987.html.

Dennis, Michael Aaron. "Blog." *Encyclopaedia Britannica.* http://www.britannica.com/EBchecked/topic/869092/blog (accessed November 30, 2013).

DePice, Dylan. "The Scientific Method for Reaching a Wider Audience." *Columbia Journalism Review.* February 11, 2011. http://www.cjr.org/the_observatory/the_scientific_method_for_reac.php?page=all (accessed February 17, 2013).

Dominick, Roger D. Wimmer and Joseph R. *Mass Media Research: An Introduction.* Boston: Wadsworth Publishing, 2011.

Martin, Douglas. "Yvonne Brill, a Pioneering Rocket Scientist, Dies at 88." *The New York Times.* March 30, 2013. http://www.nytimes.com/2013/03/31/science/space/yvonne-brill-rocket-scientist-dies-at-88.html?pagewanted=all&_r=0 (accessed April 1, 2013).

Dubinsky, Donna. *A Lesson on Sunk Costs* (video). Harvard Business School Institutional Memory: http://institutionalmemory.hbs.edu/leadership/a_lesson_on_sunk_costs.html (accessed July 8, 2013).

"Editorial Calendar Guide." *Mediabistro*: http://www.mediabistro.com/editorialcalendar-guide.html (accessed August 13, 2013).

The Editors at the *Columbia Journalism Review.* "Twitter Turns Five." *Columbia Journalism Review.* March 22, 2011. http://www.cjr.org/news_meeting/twitter_turns_five.php (accessed February 4, 2013).

Einsohn, Amy. *The Copyeditor's Handbook.* Berkeley and Los Angeles: University of California Press, 2006.

Encyclopaedia Britannica. http://www.britannica.com/ (accessed August 13, 2013).

The EveryBlock Team. "Farewell, neighbors." *EveryBlock Blog.* February 7, 2013. http://blog.everyblock.com/2013/feb/07/goodbye/ (accessed August 17, 2013).

Marcus Errico, John April, Andrew Asch, Lynnette Khalfani, Miriam A. Smith, and Xochiti R. Ybarra. *The Evolution of the Summary News Lead.* http://www.scripps.ohiou.edu/mediahistory/mhmjour1-1.htm.

Eyetracking the News: A Study of Print and Online Reading. http://www.poynter.org/extra/Eyetrack/keys_01.html (accessed January 31, 2013).

Fineman, Howard. "HuffPost Launches OffTheBus Citizen Journalism Project Ahead of 2012 Elections." *The Huffington Post.* July 7, 2011. http://www.huffingtonpost.com/howard-fineman/offthebus-huffington-post_b_891921.html (accessed January 19, 2013).

Fogarty, Mignon. "Capitalizing Titles." *Quick and Dirty Tips.* June 9, 2011. http://www.quickanddirtytips.com/education/grammar/capitalizing-titles?page=all (accessed August 13, 2013).

Fogarty, Mignon. *Grammar Girl's Quick and Dirty Tips for Better Writing.* New York: Holt Paperbacks, 2008.

Franklin, Jon. *Writing for Story.* New York: Penguin Group, 1994.

Fredette, Jean M. (editor). *Writer's Digest Handbook of Magazine Writing.* Cincinnatti: Writer's Digest Books, 1988.

Fry, Erika. "Obama's Twitter Townhall." *Columbia Journalism Review.* July 6, 2011. http://www.cjr.org/campaign_desk/obamas_twitter_townhall.php (accessed February 23, 2013).

Fryxell, David A. "Editor's Standard Time." *Writer's Digest,* June 1999: 56, 58.

Fryxell, David A. "Go Back in Time." *Writer's Digest,* July 2003: 20–22.

Fryxell, David A. "If Your Mother Says She Loves You ..." *Writer's Digest,* September 1999: 24, 26.

Fuller, Jack. (1996). *News Values: Ideas for an Information Age.* Chicago: University of Chicago Press.

Funt, Peter. "So Much Media, So Little News." *The Wall Street Journal.* October 12, 2011. http://online.wsj.com/article/SB10001424052970203499704576623022643257778.html (accessed March 7, 2013).

Gahran, Amy. "ePublishing: Why Web Writing Must Get to the Point." *Writer's Digest,* December 2002: 42.46.

Gaines, William G. *Investigative Journalism: Proven Strategies for Reporting the Story.* Washington, DC: CQ Press, 2007.

Gardner, Susannah and Shane Birley. *Blogging for Dummies.* Hoboken: John Wiley & Sons, Inc., 2012.

Bob Garfield and Brooke Gladstone (hosts). "The Future of Egyptian Media, the Bitcoin Bubble, and More." *On the Media.* NPR, April 4, 2013.

Bob Garfield and Brooke Gladstone (hosts). Various episodes. *On the Media.* NPR.

Garner, Bryan A. *A Dictionary of Modern American Usage.* Oxford: Oxford University Press, 1998.

Barbara Gastel, various communications.

Gastel, MD, MPH, Barbara. "A Strategy for Reviewing Books for Journals." *BioScience,* 1991: 635–637.

Gastel, MD, MPH, Barbara. *Health Writer's Handbook.* Ames: Blackwell Publishing, 2005.

Gee, James Paul. *George Mason University.* http://mason.gmu.edu/~lsmithg/jamespaulgee2 (accessed January 27, 2013).

Tia Ghose and LiveScience. "'Just a Theory': 7 Misused Science Words." *Scientific American.* http://www.scientificamerican.com/article.cfm?id=just-a-theory-7-misused-science-words&page=3 (accessed April 5, 2013).

Heather Gillers and Jason Grotto. "Dinosaur-Size Debt." *Chicago Tribune.* March 8, 2013. http://articles.chicagotribune.com/2013-03-08/news/ct-met-field-museum-debt-20130308_1_field-museum-public-museum-capital-projects (accessed March 31, 2013).

"How a Startup Went From Zero Revenue to $1 Million in a Year [VIDEO]." *Mashable.* December 6, 2011. http://mashable.com/2011/12/06/contently-video/ (accessed August 16, 2013).

Gordon, Joye C. "Transformative Explanations: Writing to Overcome Counterintuitive Ideas." *Journal of Extension*, 2003: http://www.joe.org/joe/2003october/tt1.php.

Gotye featuring Kimbra. "Somebody That I Used to Know" (song). *Making Mirrors* (album). 2011.

Nathan Groepper and Jon Benedict. "Time-Saving Story Forms." http://www.slideshare.net/chrissnider/alternative-story-forms.

Jacques Duchesne-Guillemin and the editors of *Encyclopaedia Britannica.* "Zoroastrianism." *Encyclopaedia Britannica.* http://www.britannica.com/topic/658081/contributors (accessed August 13, 2013).

Guroff, Margaret, interview by Naveed Saleh. (October 10, 2012).

Guroff, Margaret. "Diagnosis: Love." *AARP The Magazine*, December 2011/January 2012 December/January: 40–44 and 60–63.

Guzmán, Mónica. "After Boston, Still Learning." June 6, 2013. *Quill*: http://www.spj.org/quill_issue.asp?ref=2008 (accessed July 9, 2013).

"H.W. Fowler." *Encyclopaedia Britannica.* http://www.britannica.com/EBchecked/topic/215317/HW-Fowler (accessed August 14, 2013).

Haik, Cory Tolbert. "@seattletimes and the Social Media Wave During Lakewood Cop Shooting." *The Seattle Times.* December 1, 2009. http://seattletimes.com/html/localnews/2010398753_webwave.html (accessed February 6, 2013).

"hamartia." *Encyclopaedia Britannica.* http://www.britannica.com/EBchecked/topic/253196/hamartia (accessed August 13, 2013).

Robert J. Hamper and L. Baugh. (2011). *Handbook for Writing Proposals, Second Edition.* New York: McGraw-Hill.

Hancock, Elise. *Ideas into Words.* Baltimore: The Johns Hopkins University Press, 2003.

"Handout #6: American Society of Newspaper Editors Code of Ethics." *ASNE (American Society of Newspaper Editors).* http://www.pbs.org/newshour/extra/teachers/lessonplans/media/mediaethics_handout6.pdf (accessed January 22, 2013).

Hargrove, Dorian. “Mitt Romney moves forward on massive renovation of La Jolla home.” *San Diego Reader*. February 4, 2013. http://www.sandiegoreader.com/weblogs/news-ticker/2013/feb/04/mitt-romney-removes-hold-on-major-renovation-of-la/ (accessed August 13, 2013).

Haughney, Christine. “Bezos, Amazon’s Founder, to Buy The Washington Post.” *The New York Times*. August 5, 2013. http://www.nytimes.com/2013/08/06/business/media/amazon-com-founder-to-buy-the-washington-post.html?pagewanted=all (accessed August 13, 2013).

High Times Medical Marijuana. “The Emerald City Goes Green.” Fall 2012: 33.

HootSuite. https://hootsuite.com/ (accessed August 13, 2013).

Houston, Brant. *The Investigative Reporter’s Handbook*. Boston: Investigative Reporters and Editors, Inc., 2009.

Howard, Alexander. “Top 15 Twitter Acronyms.” *Pistachio*. January 12, 2009. http://pistachioconsulting.com/top-15-twitter-acronyms/ (accessed February 6, 2013).

Howe, DK. “Yoga Teacher Sues Bikram Choudhury for Sexual Harassment.” *examiner.com*. March 29, 2013. http://www.examiner.com/article/yoga-teacher-sues-bikram-choudhury-for-sexual-harassment (accessed March 29, 2013).

Howerton, Michael, interview by Naveed Saleh. (October 3, 2012).

Huang, Tom. “6 Questions Journalists Should Be Able to Answer Before Pitching a Story.” *Poynter Institute*. August 22, 2012. http://www.poynter.org/how-tos/newsgathering-storytelling/185746/6-questions-journalists-should-be-able-to-answer-before-pitching-a-story/ (accessed February 23, 2013).

“hubris.” *Encyclopaedia Britannica*. http://www.britannica.com/EBchecked/topic/274625/hubris (accessed August 15, 2013).

Huetteman, Emmarie. “In Response to Criticism, Officials to Remove Quote From Memorial to King.” *The New York Times*. December 12, 2012. http://www.nytimes.com/2012/12/13/us/officials-removing-quote-from-king-memorial.html?_r=0 (accessed August 13, 2013).

Hynds, Ernest C. “Changes in Editorials: A Study of Three Newspapers, 1955–1985.” *Journalism Quarterly*, Summer 1990: 302–312.

IMDB. http://www.imdb.com/ (accessed August 17, 2013).

“Income, Poverty and Health Insurance Coverage in the United States: 2011” (press release). *United States Census Bureau*. September 12, 2012. http://www.census.gov/newsroom/releases/archives/income_wealth/cb12-172.html#tablea (accessed February 6, 2013).

Information Point: Prevalence and incidence. http://www.blackwellpublishing.com/specialarticles/jcn_9_188.pdf (accessed February 5, 2013).

Information provided by Sandra G. Smith, EdD, LCSW.

Informational handouts provided by the University Writing Center at Texas A&M University.

Ipsos. http://www.ipsos.com (accessed December 26, 2012).

Irion, Robert, interview by Naveed Saleh. (October 19, 2012).

Irion, Robert. "Homing in on Black Holes." *Smithsonian.com.* April 2008. http://www.smithsonianmag.com/science-nature/black-holes.html (accessed January 25, 2013).

"Israeli Ambassador Deletes Tweet After Saying That They Would Be Willing to Sit Down with Hamas over Missile Attacks." *Mail Online.* November 18, 2012. http://www.dailymail.co.uk/news/article-2234979/Israeli-ambassador-Michael-Oren-deletes-tweet-saying-willing-sit-Hamas-missile-attacks.html#axzz2JtOwgOAl (accessed February 4, 2013).

Cheryl Iverson et al. *AMA Manual of Style A Guide for Authors and Editors* 10th edition. New York: Oxford University Press, Inc., 2007.

Jacob, Dianne. "Food Writing With Flavor." *Writer's Digest,* May/June 2013: 20–23.

Jaggard, Victoria. "James Cameron on Earth's Deepest Spot: Desolate, Lunar-Like." *National Geographic News.* March 27, 2012. http://news.nationalgeographic.com/news/2012/03/120326-james-cameron-mariana-trench-challenger-deepest-lunar-sub-science/ (accessed January 24, 2013).

Jargon, Julie. "How Do You Spell Hipster? It Could Be B-I-N-G-O." *The Wall Street Journal.* April 9, 2013. http://online.wsj.com/article/SB1000142412788732488360457839897368246 0716.html (accessed April 11, 2013).

"Jeri Ryan: Biography." *TV Guide.* http://www.tvguide.com/celebrities/jeri-ryan/bio/156757 (accessed August 13, 2013).

"John Peter Zenger." *Encyclopaedia Britannica.* http://www.britannica.com/EBchecked/topic/656490/John-Peter-Zenger (accessed April 6, 2013).

Johnson, Bradley. "Internet-Media Employment Fuels Digital Job Growth." *Ad Age.* October 1, 2012. http://adage.com/article/media/internet-media-employment-fuels-digital-job-growth/237440/ (accessed January 23, 2013).

Johnson, Larry. E-mail communication, June 4, 2013.

Johnson, Steven. *Everything Bad Is Good for You: How Today's Popular Culture Is Actually Making Us Smarter.* New York: Riverhead Books, 2005.

Johnson, Steven. *Where Good Ideas Come From.* New York: Riverhead Books, 2010.

Harold I. Kaplan M.D. and Benjamin J. Sadock M.D. *Kaplan & Sadock's Synopsis of Psychiatry.* Philadelphia: Lippincott Williams & Wilkins, 1998.

Karl, Jonathan. "A Romney-Biden Administration? It Could Happen." *ABC News.* October 23, 2012. http://abcnews.go.com/blogs/politics/2012/10/a-romney-biden-administration-it-could-happen/ (accessed January 26, 2013).

Kaufman, Leslie. "Bombings Trip Up Reddit in Its Turn in Spotlight." April 28, 2013. *The New York Times*: http://www.nytimes.com/2013/04/29/business/media/bombings-trip-up-reddit-in-its-turn-in-spotlight.html?pagewanted=all&_r=0 (accessed July 8, 2013).

Keeler, Robert. "Eight Steps to Writing Articles on Unfamiliar Topics." *Writer's Digest*, July 1991: 52.

George Kennedy, Daryl R. Moen, Don Ranly. *Beyond the Inverted Pyramid: Effective Writing for Newspapers, Magazines and Specialized Publications.* New York: St. Martin's, Inc., 1992.

Keshelashvili, Kaye D. Trammell and Ana. "Examining the New Influencers: A Self-Presentation Study of A-List Blogs." *Journalism and Mass Communication Quarterly*, Winter 2005: 968–982.

Klein, Julia M. "If You Build It ..." *Columbia Journalism Review*, November/December 2007: 40–45.

Knox, Olivier. "Energy Secretary Chu steps down, blasts climate-change skeptics." *Yahoo! News.* February 1, 2013. http://news.yahoo.com/blogs/ticket/energy-secretary-chu-steps-down-blasts-climate-change-170625879--politics.html (accessed February 1, 2013).

Komando, Kim. "Sites Make It Simple to Sell Your Writing Online." *USA Today.* June 25, 2009. http://usatoday30.usatoday.com/tech/columnist/kimkomando/2009-06-25-writing-online_N.htm (accessed February 7, 2013).

Kovach, Steve. "TIM ARMSTRONG: I Made An Emotional Mistake Firing That Guy." *Yahoo! Finance.* August 13, 2013. http://finance.yahoo.com/news/tim-armstrong-made-emotional-mistake-204926034.html (accessed August 13, 2013).

La Borde, Roger, interview by Naveed Saleh. (March 25, 2011).

La Borde, Roger. *Shaman's Door LLC.* http://www.shamansdoor.com/ (accessed April 2, 2013).

Lang, Thomas A. *How to Write, Publish and Present in the Health Sciences.* Philadelphia: American College of Physicians, 2010.

Lang, Tom. "What YOU Need to Know about Communication, Writing, & Science." (PowerPoint presentation). AuthorAID: http://www.authoraid.info/resource-library/Lang%20Aug%202008%20Slides.ppt/view?searchterm=tom%20lang (accessed July 12, 2013).

Jeff Latzke and Tom Coyne. "Ex-Oklahoma QB killed in plane crash in Indiana." *Yahoo! (Associated Press).* March 18, 2013. http://sports.yahoo.com/news/ex-oklahoma-qb-killed-plane-155316645--ncaaf.html (accessed March 18, 2013).

Laureys, Steven. "Eyes Open, Brain Shut." *Scientific American*, May 2007: 84-89.

Debbie A. Lawlor, George Davey Smith and Shah Ebrahim. "Commentary: The Hormone Replacement–Coronary Heart Disease Conundrum: Is This the Death of Observational Epidemiology?" *International Journal of Epidemiology*, 2004: 464-467.

"Lee Boyd Malvo Fast Facts." *CNN*. April 3, 2013. http://www.cnn.com/2013/04/03/us/lee-boyd-malvo-fast-facts (accessed August 15, 2013).

Lee, Edmund. "AOL's Patch Limps Toward Profitability." June 18, 2013. http://www.bloomberg.com/news/2013-06-18/aol-s-patch-limps-toward-profitability.html (accessed August 17, 2013).

Lee, Edmund. "AOL Said to be Closing or Finding Partners for 400 Patches (1)." *Bloomberg Businessweek*. August 9, 2013. http://www.businessweek.com/news/2013-08-09/aol-said-to-be-closing-or-finding-partners-for-400-patch-sites (accessed August 17, 2013).

Leibovich, Lori. "'The Kids Aren't Safe With Me.'" *The Huffington Post*. October 26, 2012. http://www.huffingtonpost.com/lori-leibovich/nanny-psychotic-break_b_2024822.html (accessed January 26, 2013).

Leydon, Joe, interview by Naveed Saleh. (October 5, 2012).

"Library Instruction: Finding Articles in Databases." *Sacramento State*. http://library.csus.edu/services/inst/ASP-4-2012.pdf (accessed February 7, 2013).

Linden, Tom, interview by Naveed Saleh. (October 17, 2012).

Tom Linden, M.D., and the writers of *The New York Times*. *The New York Times Reader: Health and Medicine*. Washington, DC: CQ Press, 2011.

Liu, Ziming. "Reading behavior in the digital environment." *Journal of Documentation*, 2005: 700–712.

Long, Priscilla, e-mail interview by Naveed Saleh. (October 4, 2012).

Lopez, Steve. "Mayoral Candidates Step into Sidewalk Debate." *Los Angeles Times*. September 30, 2012. http://articles.latimes.com/2012/sep/30/local/la-me-0930-lopez-pavement-20120930 (accessed February 4, 2013).

Lopez, Steve. "Poor Go Unheard in Presidential Race." *Los Angeles Times*. October 16, 2012. http://articles.latimes.com/2012/oct/16/local/la-me-1017-lopez-debates-20121016 (accessed February 4, 2013).

Lulofs, Neal. "The Top 25 U.S. Consumer Magazines for June 2013." *Alliance for Audited Media*. August 6, 2013. http://www.auditedmedia.com/news/blog/2013/august/the-top-25-us-consumer-magazines-for-june-2013.aspx (accessed August 14, 2013).

Regina E. Lundgren and Andrea H. McMakin. *Risk Communication: A Handbook for Communicating Environmental, Safety and Health Risks.* Hoboken: John Wiley & Sons, Inc. 2009.

Mackey, Robert. "With Rodman Stunt, American Reality TV and North Korean Propaganda Fuse." *The New York Times.* March 1, 2013. http://thelede.blogs.nytimes.com/2013/03/01/with-rodman-stunt-american-reality-tv-and-north-korean-propaganda-fuse/ (accessed March 9, 2013).

Macur, Juliet. "Details of Doping Scheme Paint Armstrong as Leader." *The New York Times.* October 10, 2012. http://www.nytimes.com/2012/10/11/sports/cycling/agency-details-doping-case-against-lance-armstrong.html?pagewanted=all (accessed February 20, 2013).

Mahoney, Mark, interview by Naveed Saleh. (September 8, 2012).

Marche, Stephen. "Is Facebook Making Us Lonely?" *The Atlantic.* May 2012. http://www.theatlantic.com/magazine/archive/2012/05/is-facebook-making-us-lonely/308930/ (accessed January 25, 2013).

Martin, Clancy. "The Overheated, Oversexed Cult of Bikram Choudhury." *Details.* February 2011. (accessed March 29, 2013).

Maxim. "How To" (department). November 2012: 25–34.

"Maya Angelou." *Encyclopaedia Britannica.* http://www.britannica.com/EBchecked/topic/24569/Maya-Angelou (accessed August 13, 2013).

McCarthy, Andrew, interview by Naveed Saleh. (November 8, 2012).

McCarthy, Andrew. "In Search of the Black Pearl." *National Geographic Traveler.* October 2010. http://www.andrewmccarthy.com/overlays/writing_ngt_blackpearl.html (accessed January 26, 2013).

Greg McCune (Reuters). "Sour End to 2012 Masks Positive Trends in America." *Yahoo! News.* December 31, 2012. http://news.yahoo.com/sour-end-2012-masks-positive-trends-america-015300137.html (accessed January 27, 2013).

Magary, Drew. "You Named Me ... *What*?" *GQ.* July 2013. http://www.gq.com/entertainment/humor/201307/nine-baby-naming-rules-2013 (accessed August 13, 2013).

"Masochist Dog Enjoys Being Walked Around On Leash While Naked." *The Onion.* August 7, 2013. http://www.theonion.com/articles/masochist-dog-enjoys-being-walked-around-on-leash,33399/ (accessed August 13, 2013).

McGaughey, Steve. "Science Reveals the Power of a Handshake." *Beckman Institute.* October 19, 2012. http://beckman.illinois.edu/news/2012/10/dolcoshandshake (accessed August 16, 2013).

McGrath, Ben. "Head Start." *The New Yorker*, October 15, 2012: 38–44.

McLaughlin, Neil. "100 Years in the Making." *Medical Economics,* March 29, 2010: 24.

"Meet Brian Stelter." *Towson University.* http://www.towson.edu/main/discovertowson/brianstelter.asp (accessed August 17, 2013).

Merriam-Webster Online Dictionary. http://www.merriam-webster.com/

Meyer, Philip. "Learning to Love Lower Profits." *American Journalism Review,* December 1995: 40–44.

Meyer, Philip. *Precision Journalism: A Reporter's Introduction to Social Science Methods.* Lanham: Rowman & Littlefield Publishers, 2002.

Miller, Holly G., interview by Naveed Saleh. (October 15, 2012).

Minneapolis/St. Paul City Pages. http://blogs.citypages.com/dcody/authors.php?author=dcody (accessed February 7, 2013).

Mitchell, Bill. "Ethics Guidelines for Poynter Publishing." *Poynter.* July 6, 2012. http://www.poynter.org/archived/about-poynter/20209/ethics-guidelines-for-poynter-publishing/ (accessed January 22, 2012).

"Mixed America's Family Trees." *The New York Times.* http://www.nytimes.com/interactive/us/family-trees.html#index.

Mogelson, Luke. "The Scariest Little Corner of the World." *The New York Times Magazine.* October 18, 2012. http://www.nytimes.com/2012/10/21/magazine/the-corner-where-afghanistan-iran-and-pakistan-meet.html?pagewanted=all&_r=0 (accessed January 25, 2013).

Montagnes, Ian. *Editing and Publication: a training manual.* Manila: International Rice Research Institute, 1991.

Mooney, Chris. "Blogonomics." *Columbia Journalism Review,* January/February 2008: 18–19.

Moretti, Anthony. "Watching the Watchdog: Bloggers as the Fifth Estate/Blogging, Citizenship and the Future of Media (book review)." *Journalism & Mass Communication Educator,* Autumn 2007: 324–326.

Morris, Roger, interview by Naveed Saleh. (November 26, 2012).

Morris, Roger. "The Best of Both Worlds." *Writer's Digest,* May/June 2012: 32-37.

Moynthan, Michael. "Nicholas Lemann: Journalism Is Doing Just Fine." *The Daily Beast.* October 14, 2012. http://www.thedailybeast.com/articles/2012/10/14/nicholas-lemann-journalism-is-doing-just-fine.html (accessed February 20, 2013).

"Muckraker." *Encyclopaedia Britannica.* http://www.britannica.com/EBchecked/topic/395831/muckraker (accessed December 24, 2012).

Mundy, Alicia. "Is the Press Any Match for Powerhouse P.R.?" *Columbia Journalism Review*, September 1992: 27–34.

Murray, Donald M. *Writing to Deadline: The Journalist at Work.* Portsmouth: Heinemann, 2000.

Myers, Steve. "Jonah Lehrer resigns from New Yorker after fabricating Bob Dylan quotes in 'Imagine.'" July 30, 2012. Poynter: http://www.poynter.org/latest-news/mediawire/183298/jonah-lehrer-accused-of-fabricating-bob-dylan-quotes-in-imagine/ (accessed July 9, 2013).

Sylvia Nasar (editor). *The Best American Science Writing 2008.* New York: Harper Perennial, 2008.

National Diabetes Fact Sheet, 2011. http://www.cdc.gov/diabetes/pubs/pdf/ndfs_2011.pdf (accessed February 6, 2013).

"#numbers." March 14, 2011. The Official Twitter Blog: https://blog.twitter.com/2011/numbers (accessed July 8, 2013).

Victor Navasky with Evan Lerner. "Magazines and Their Websites." *Columbia Journalism Review.* March 2010. http://www.cjr.org/resources/magazines_and_their_websites/index.php (accessed March 7, 2013).

Neal, Robert Wilson. *Editorials and Editorial-Writing.* Forgotten Books, 2012.

Neuts, Dana. *Freelancing.* http://www.spj.org/trainingondemand.asp (accessed February 6, 2013).

Newcott, Bill. "Everybody Loves Tony ... and the feeling is mutual." *AARP The Magazine*, September/October 2011: 70.

Nielsen, Jakob. Writing Style for Print vs. Web. June 9, 2008. NN/g Nielsen Norman Group: http://www.nngroup.com/articles/writing-style-for-print-vs-web/ (accessed June 9, 2008).

Nieva, Richard. "Washington Post just one of many wacky Bezos buys." *CNNMoney.* August 6, 2013. http://money.cnn.com/2013/08/06/technology/bezos-investments/index.html (accessed August 13, 2013).

O'Neil, L. Peat. "Wish You Were Here." *Writer's Digest*, May/June 2012: 24–27.

Ogintz, Eileen. "Your Ticket to Travel Writing." *Writer's Digest*, August 2003: 47–49.

Ohlsen, Becky. "Avoid Common Grammar Pitfalls." *Writer's Digest*, August 2002: 19–20, 53.

Olen, Helaine. "Rich Dad, Poor Dad, Bankrupt Dad?" *Forbes.* October 10, 2012. http://www.forbes.com/sites/helaineolen/2012/10/10/rich-dad-poor-dad-bankrupt-dad/ (accessed January 23, 2013).

OneLook Dictionary Search. http://www.onelook.com/.

Ortutay, Barbara. "AOL's Patch local news site to lay off up to 500." *Yahoo! Finance* (Associated Press). August 16, 2013. http://finance.yahoo.com/news/aols-patch-local-news-lay-161212222.html;_ylt=A2KJjb0cMA9SKk0AAxqTmYlQ (accessed August 17, 2013).

"Outcry after NOLA's daily paper cuts back." *60 Minutes.* January 6, 2013. http://www.cbsnews.com/video/watch/?id=50138326n (accessed August 13, 2013).

Palmer, Alex. "Freelance Writing: 10 Tips to Better Interviews." *Writer's Digest.* April 3, 2012. http://www.writersdigest.com/whats-new/freelance-writing-10-tips-to-better-interviews (accessed February 2, 2013).

Palser, Barb. "Journalism's Backseat Drivers." *American Journalism Review.* August/September 2005. http://www.ajr.org/article.asp?id=3931 (accessed January 30, 2013).

Patch. http://www.patch.com/ (accessed August 13, 2013).

PEER. http://peer.tamu.edu/.

"PEER Perspectives 2006." https://dst.sp.maricopa.edu/DWG/STPG/JuniorACE/Shared%20Documents/STEM/PEER_perspectives%20Broadening%20the%20Reach%20of%20University%20Resourc.pdf.

"PEER Perspectives, Volume II." http://www.gk12.org/files/2010/04/PEER_Perspectives_Vol_II.pdf (accessed March 19, 2013).

Perrine, Jennifer Wolff. "The New Fatherhood." *Best Life*, Fall/Winter 2012: 82–87.

Piskorski, Bill Heil and Mikolaj. "New Twitter Research: Men Follow Men and Nobody Tweets." *Harvard Business Review.* June 1, 2009. http://blogs.hbr.org/cs/2009/06/new_twitter_research_men_follo.html (accessed February 3, 2013).

"Pit Bull Saves Nayeli Garzon-Jimenez's Baby from Kidnappers During Indiana Burglary." November 24, 2012. The Huffington Post: http://www.huffingtonpost.com/2012/11/24/pit-bull-saves-nayeli-gar_n_2176158.html (accessed July 9, 2013).

Planet Money. Various episodes. NPR.

Pogue, David. "Pogue-o-Matic Product Finder." *The New York Times.* November 18, 2008. http://www.nytimes.com/interactive/2008/11/18/technology/personaltechspecial/20081118-pogue-o-matic.html (accessed February 3, 2013).

Polson, Kelli. "Eyetracking the News: Voice of the Reader." *Poynter Institute.* March 3, 2011. http://www.poynter.org/archived/poynter-high/poynter-high-reporting-writing-editing/84462/eyetracking-the-news-voice-of-the-reader/ (accessed January 31, 2013).

Ponder, Stephanie E. "Online, and Beyond." *The Costco Connection*, November 2012: 37–39.

Porsolt RD, Bertin A and Jalfre M. "Behavioral Despair in Mice: A Primary Screening Test for Antidepressants." *Archive of International Pharmacodynamics and Therapeutics*, 1977: 327–336.

Potter, Deborah. *Handbook of Independent Journalism.* United States Air Force Public Affairs Center of Excellence. http://www.au.af.mil/pace/handbooks.htm (accessed January 24, 2013).

Pratt, Timothy. "What Happens in Brooklyn Moves to Vegas." *The New York Times Magazine.* October 19, 2012. http://www.nytimes.com/2012/10/21/magazine/what-happens-in-brooklyn-moves-to-vegas.html?pagewanted=all (accessed January 25, 2013).

Price, Jonathan, interview by Naveed Saleh. (October 10, 2012).

Prohibition. Directed by Ken Burns and Lynn Novick. 2011.

"Prohibition: A Film by Ken Burns & Lynn Novick (Lois Long)." *PBS.* http://www.pbs.org/kenburns/prohibition/media_detail/2082501823-long/ (accessed August 13, 2013).

ProPublica. http://www.propublica.org (accessed February 25, 2013).

Prues, Don. "Query Letter Clinic." *1998 Writer's Market,* by Kirsten C. Holm and Don Prues, 25–35. Cincinatti: Writer's Digest Books, 1997.

"Public relations." *Encyclopaedia Britannica.* http://www.britannica.com/EBchecked/topic/482470/public-relations (accessed February 1, 2013).

Quart, Alissa. "Lost Media, Found Media." *Columbia Journalism Review.* May/June 2008: 30–34.

Quick and Dirty Tips. http://www.quickanddirtytips.com/ (accessed August 13, 2013).

Quinn, Sara, interview by Naveed Saleh. (November 19, 2012).

Quinn, Sara Dickenson. "Alternative Story Forms Are Effective." *Poynter Institute.* March 3, 2011. http://www.poynter.org/how-tos/newsgathering-storytelling/visual-voice/84368/alternative-story-forms-are-effective/ (accessed February 3, 2013).

Jennifer Rauch, K.D. Trager and Eunseong Kim. "Clinging to Tradition, Welcoming Civic Solutions: A Survey of College Students' Attitudes Toward Civic Journalism." *Journalism & Mass Communication Educator.* Summer 2003: 175–186.

Reddy, Sanhita. "Talking Shop: Karyn Ravn." *Columbia Journalism Review.* June 15, 2009. http://www.cjr.org/the_observatory/talking_shop_karen_ravn.php?page=all (accessed February 17, 2013).

Reeves, Hope. "Is There Mood Lighting, Too?" *The New York Times Magazine.* October 19, 2012. http://www.nytimes.com/2012/10/21/magazine/the-cow-jumped-over-a-water-bed.html/?_r=0 (accessed January 26, 2013).

Ries, Brian. "The Story Behind the Photo." *The Daily Beast (Yahoo! News).* November 20, 2012. http://news.yahoo.com/story-behind-photo-094500527--politics.html (accessed February 3, 2013).

Michael Roberts (The Arizona Republic). "Alternative Story Forms." http://www.slideshare.net/michael.roberts/alternative-story-forms-2116272.

Roethel, Kathryn. "The Science (Not Art) of the Magazine Pitch." *The Future of Freelancing.* http://freelance.stanford.edu/reports/pitch/ (accessed April 11, 2013).

Rosentiel, Amy Mitchell and Tom. *The Pew Research Center's Project for Excellence in Journalism: The State of the News Media 2012.* 2012. http://stateofthemedia.org/2012/overview-4/ (accessed January 31, 2013).

Rosentiel, Bill Kovack & Tom. *The Elements of Journalism.* New York: Three Rivers Press, 2007.

Page One: Inside The New York Times. Directed by Andrew Rossi. 2011.

Rovi: http://www.rovicorp.com/ (accessed July 10, 2013).

Royal, Cindy. "Convergence Culture: Where Old and New Media Collide/Information Please: Culture and Politics in the Age of Digital Machines" (book reviews). *Journalism & Mass Communication Educator*, 2008: 411–416.

"RT this: OUP Dictionary Team Monitors Twitterer's tweets." *OUP Blog.* June 4, 2009. http://blog.oup.com/2009/06/oxford-twitter/ (accessed February 3, 2013).

Edited by Michelle Ruberg and introduction by Ben Yagoda. *Writer's Digest Handbook of Magazine Article Writing.* Cincinnati: Writer's Digest Books, 2005.

Russell, Cristine. "The Hottest Thing in Science Blogging." *Columbia Journalism Review.* January 18, 2011. http://www.cjr.org/the_observatory/the_hottest_thing_in_science_b.php?page=all (accessed February 17, 2013).

Benjamin J. Sadock and Virginia A. Sadock. *Kaplan and Sadock's Synopsis of Psychiatry.* Philadelphia: Lippincott, Williams & Wilkins, 2007.

Salahi, Lara. *Personal Branding.* http://www.spj.org/trainingondemand.asp (accessed February 6, 2013).

Saleh, Naveed. "Copyediting Confusion." *Science Editor*, 2010: 65–66.

Saleh, Naveed. "Diet Soda Double Whammy." *Psychology Today.* July 31, 2011. http://www.psychologytoday.com/blog/the-red-light-district/201107/diet-soda-double-whammy (accessed January 24, 2013).

Saleh, Naveed. "Cell Phones and Brain Cancer: Should You Be Worried." *Johns Hopkins Medicine Medical Letter: Health After 50*, October 2011: 1–2.

Saleh, Naveed. "Myths and Pregnancy." *Psychology Today.* May 29, 2011. http://www.psychologytoday.com/blog/the-red-light-district/201105/myths-and-pregnancy (accessed January 24, 2013).

Saleh, Naveed. "Shake my Hand!" *Psychology Today.* October 29, 2012. http://www.psychologytoday.com/blog/the-red-light-district/201210/shake-my-hand (accessed January 31, 2013).

Saleh, Naveed. "Do Dollars Make Educational Sense?" *The New Physician*, September 2010: 14–19.

Saleh, Naveed. "Don't Mess with TCOM." *The New Physician*, January–February 2010: 12–15.

Saleh, Naveed. "If We Build Them, Who Will Come?" *The New Physician*, January–February 2011: 12–16.

Saleh, Naveed. "Monitor" (department). *The New Physician*, December 2010: 4–5.

Saleh, Naveed. "Other Trades' Tricks." *The New Physician*, April 2010: 16–18.

Saleh, Naveed. "Rethinking Disability." *The New Physician*, April 2010: 22–26.

Saleh, Naveed. "The Global Draw." *The New Physician*, December 2010: 18–22.

Saleh, Naveed. *The Red-Light District* (blog at Psychology Today). http://www.psychologytoday.com/blog/the-red-light-district.

Saleh, Naveed. "The Superhero Within." *Psychology Today.* May 9, 2011. http://www.psychologytoday.com/blog/the-red-light-district/201105/the-superhero-within (accessed March 29, 2013).

Salmon, Felix. "How Jonah Lehrer Should Blog." *Reuters.* June 20, 2012. http://blogs.reuters.com/felix-salmon/2012/06/20/how-jonah-lehrer-should-blog/ (accessed February 20, 2013).

Salmon, Felix. "The Bitcoin Bubble and the Future of Currency." *Medium.* April 3, 2013. https://medium.com/money-banking/2b5ef79482cb (accessed April 6, 2013).

Salmon, Felix. "The State of the Blog." *Columbia Journalism Review.* July 1, 2011. http://www.cjr.org/the_audit/the_state_of_the_blog.php (accessed February 20, 2013).

Salmon, Felix. "Why Twitter Will Get More Annoying." *Reuters.* March 22, 2012. http://blogs.reuters.com/felix-salmon/2012/03/22/why-twitter-will-get-more-annoying/ (accessed February 23, 2013).

Sass, Erik. "Magazine Employment Shrinks 29% in 10 years." *Mediapost News.* September 28, 2012. http://www.mediapost.com/publications/article/184075/magazine-employment-shrinks-29-in-10-years.html (accessed January 24, 2013).

Saying farewell to the extraordinary Mike Wallace. July 8, 2012. *60 Minutes*: http://www.cbsnews.com/video/watch/?id=7414222n (accessed July 9, 2013).

Scanlan, Chip. "Birth of the Inverted Pyramid: A Child of Technology, Commerce and History." *Poynter Institute.* February 16, 2011. http://www.poynter.org/how-tos/newsgathering-storytelling/chip-on-your-shoulder/12755/birth-of-the-inverted-pyramid-a-child-of-technology-commerce-and-history/ (accessed February 3, 2013).

Scanlan, Chip. "Five Boxes Story: Deconstructing a Rick Bragg Story." *Poynter News University.* http://www.newsu.org/angel/content/nwsu_wawapa06/factoids/five_boxes_deconstruction.php (accessed January 24, 2013).

Scanlan, Chip. "The Hourglass: Serving the News, Serving the Reader." *Poynter.* March 2, 2011. http://www.poynter.org/how-tos/newsgathering-storytelling/chip-on-your-shoulder/12624/the-hourglass-serving-the-news-serving-the-reader/ (accessed January 24, 2013).

Scanlan, Chip. "The Nut Graf and Breaking News." *Poynter.* March 2, 2011. http://www.poynter.org/how-tos/newsgathering-storytelling/chip-on-your-shoulder/11472/the-nut-graf-and-breaking-news/ (accessed January 24, 2013).

Scanlan, Chip. "The Nut Graf, Part 1." *Poynter.* March 2, 2011. http://www.poynter.org/how-tos/newsgathering-storytelling/chip-on-your-shoulder/11371/the-nut-graf-part-i/ (accessed January 24, 2013).

Scanlan, Chip. "Too Young to Diet." *Poynter.* March 2, 2011. http://www.poynter.org/how-tos/newsgathering-storytelling/chip-on-your-shoulder/11380/too-young-to-diet/ (accessed January 24, 2013).

Scanlan, Chip. "Write Tight!" *Poynter Institute.* August 13, 2002. http://www.poynter.org/uncategorized/1786/write-tight/ (accessed February 23, 2013).

Scanlan, Chip. "Writing from the Top Down: Pros and Cons of the Inverted Pyramid." *Poynter Institute.* March 2, 2011. http://www.poynter.org/how-tos/newsgathering-storytelling/chip-on-your-shoulder/12754/writing-from-the-top-down-pros-and-cons-of-the-inverted-pyramid/ (accessed February 3, 2013).

Schafer, Jack. "Doubting Twitter." *Slate.* June 17, 2009. http://www.slate.com/articles/news_and_politics/press_box/2009/06/doubting_twitter.html (accessed February 23, 2013).

Schaffer, Amanda. "What's That Doing in My Head?" *Newsweek*, October 15, 2012: 11–12.

Scherer, Michael. "Does Size Matter?" *Columbia Journalism Review*, November/December 2002: 32-35.

Schultz, Connie. "A Neighborly Gesture Is a Reminder of the Kindness Hiding Inside of Us." *cleveland.com.* September 15, 2011. http://www.cleveland.com/schultz/index.ssf/2011/09/returning_the_favor_of_unearne.html (accessed January 26, 2013).

Schultz, Richard C. Overbaugh and Lynn. *Bloom's Taxonomy.* http://ww2.odu.edu/educ/roverbau/Bloom/blooms_taxonomy.htm (accessed January 29, 2013).

Science News Stylebook.

"Senate Race Sex Scandal." *The Smoking Gun.* June 22, 2004. http://www.thesmokinggun.com/documents/crime/senate-race-sex-scandal (accessed August 15, 2013).

Sherman, Scott. "'New' Journalism." *Columbia Journalism Review*, November/December 2001: 59.

Shirky, Clay. *Here Comes Everybody.* New York: The Penguin Press, 2008.

Sidley, Emily. "Editorial Calendars for Press Pitching: What They Are & How To Use Them." *Three Girls Media, Inc.* March 31, 2013. http://www.threegirlsmedia.com/2011/03/31/editorial-calendars-for-press-pitching-what-they-are-how-to-use-them/ (accessed August 13, 2013).

Siegel, Matt. "Swamped!" *The Atlantic*, October 2012: 22.

Silverman, Craig. "Is This the World's Best Twitter Account?" *Columbia Journalism Review.* April 8, 2011. http://www.cjr.org/behind_the_news/is_this_the_worlds_best_twitter_account.php?page=all (accessed February 4, 2013).

Silverman, Jacob. Jonah Lehrer's 'Self-Plagiarism' Scandal Rocks *The New Yorker.* June 20, 2012. *The Daily Beast*: http://www.thedailybeast.com/articles/2012/06/20/jonah-lehrer-s-self-plagiarism-scandal-rocks-the-new-yorker.html (accessed July 9, 2013).

Silverman, Stephen M. "Jeri Ryan's Sex Claims Dog Ex-Husband." *People.* June 22, 2004. http://www.people.com/people/article/0,,656517,00.html (accessed August 15, 2013).

Simurda, Stephen J. "Trying to Make Editorials Sing." *Columbia Journalism Review*, September/October 1997: 46–50.

Marjorie E. Skillin and Robert M. Gay. *Words Into Type.* Englewood Cliffs: Prentice-Hall, Inc., 1974.

Smolkin, Rachel. "USA Tomorrow." *American Journalism Review.* August-September 2005. http://www.ajr.org/article.asp?id=3914 (accessed February 17, 2013).

Snow, Shane, interview by Naveed Saleh. (October 27, 2012).

Sorkin, Andrew Ross. "Newspapers Are Billionaires' Latest Trophies." *Dealbook The New York Times.* August 5, 2013. http://dealbook.nytimes.com/2013/08/05/billionaires-latest-trophies-are-newspapers/ (accessed August 13, 2013).

Something Ventured. Directed by Daniel Geller and Dayna Goldfine. 2011.

Sonderman, Jeff. "NBC closes hyperlocal, data-driven publishing pioneer EveryBlock." *Poynter.* February 8, 2013. http://www.poynter.org/latest-news/top-stories/203437/nbc-closes-hyperlocal-pioneer-everyblock/ (accessed August 17, 2013).

Sony Pictures Classics. "A Dangerous Method (press kit)." http://www.sonyclassics.com/adangerousmethod/adangerousmethod_presskit.pdf.

"Speaking Bad." *Wired* (digital edition). January 2013.

Spiker, Ted, interview by Naveed Saleh. (October 16, 2012).

Spikol, Art. "Eating Your Words." *Writer's Digest*, May/June 2012: 28–31.

Stableford, Dylan. "Beef over female rocket scientist's obit prompts Times to change it." *Yahoo! News.* March 31, 2013. http://news.yahoo.com/blogs/lookout/yvonne-brill-obit-nyt-rocket-scientist-beef-184815745.html (accessed April 1, 2013).

M.L. Stein, Susan F. Paterno, and R. Christopher Burnett. *Newswriter's Handbook.* Ames: Blackwell Publishing Professional, 2006.

Stelter, Brian. "Daredevil Media Outlet Behind Rodman's Trip." *The New York Times.* March 3, 2013. http://www.nytimes.com/2013/03/04/business/media/dennis-rodman-in-north-korea-with-vice-media-as-ringleader.html?_r=0 (accessed March 9, 2013).

Stepp, Carl Sessions. "A Valentine to the Art of Writing." *American Journalism Review.* June 2000. http://www.ajr.org/article_printable.asp?id=2962 (accessed January 25, 2013).

Stepp, Carl Sessions. "Center Stage." *American Journalism Review.* April/May 2006. http://www.ajr.org/article.asp?id=4075 (accessed February 20, 2013).

Stepp, Carl Sessions. "I'll Be Brief." *American Journalism Review.* August/September 2005. http://ajr.org/Article.asp?id=3927 (accessed January 25, 2013).

Stepp, Carl Sessions. "Offering Options." *American Journalism Review.* August/September 2005. http://www.ajr.org/article.asp?id=3950 (accessed January 25, 2013).

Stepp, Carl Sessions. "Reader Friendly." *American Journalism Review.* July/August 2000. http://www.ajr.org/article.asp?id=227 (accessed February 23, 2013).

Stepp, Carl Sessions. "The Blog Revolution" (book review). *American Journalism Review.* February/March 2006. http://www.ajr.org/article.asp?id=4045 (accessed January 30, 2013).

Bruce Sterling and the editors of *Encyclopaedia Britannica*. "Science Fiction." *Encyclopaedia Britannica*: http://www.britannica.com/EBchecked/topic/528857/science-fiction (accessed July 9, 2013).

William Strunk Jr. and E. B. White. *The Elements of Style.* New York: Longman, 1999.

Sumner, David E., interview by Naveed Saleh. (October 2, 2012).

Sumner, David E., interview by Naveed Saleh. (October 5, 2012).

Sumner, David E., e-mail communication. (October 5, 2012).

David E. Sumner and Holly G. Miller. *Feature and Magazine Writing: Action, Angle and Anecdotes.* Ames: Blackwell Publishing Professional, 2005.

"Talk to the Newsroom: Interactive News Collaborative." *The New York Times.* http://www.nytimes.com/2009/01/19/business/media/19askthetimes.html?pagewanted=all (accessed February 3, 2013).

Tapply, William G. "Invisible Writing." *Writer's Digest*, January 1994: 79–80.

"The 2009 Pulitzer Prize Winners." *The Washington Times*. April 20, 2009. http://www.washingtontimes.com/news/2009/apr/20/the-2009-pulitzer-prize-winners-1/?page=all (accessed February 4, 2013).

The Chicago Manual of Style 15th Edition. Chicago: The University of Chicago Press, 2003.

The Economist. "Looking for a Google." October 6–12, 2012: 78.

"The New York Times Company Policy on Ethics in Journalism." *The New York Times Company*. http://www.nytco.com/press/ethics.html (accessed August 22, 2013).

The Pulitzer Prizes. http://www.pulitzer.org.

The Simpsons Movie. Directed by David Silverman. 2007.

Thomas, Ken. "Obama Accuses Romney of Suffering from 'Romnesia'" *Associated Press via Yahoo! News*. October 19, 2012. http://news.yahoo.com/obama-accuses-romney-suffering-romnesia-163023522--election.html (accessed January 26, 2013).

Thompson, Matt. "10 Questions to Help You Write Better Headlines." *Poynter*. August 1, 2011. http://www.poynter.org/how-tos/newsgathering-storytelling/140675/10-questions-to-help-you-write-better-headlines/ (accessed January 2012, 2013).

Thompson, Robert J., interview by Naveed Saleh. (November 8, 2012).

Thompson, Robert J. *Television's Second Golden Age*. Syracuse: Syracuse University Press, 1997.

Titchener, Campbell B. *A Method for Reviewing the Arts*. Mahwah: Lawrence Erlbaum Associates, 1998.

"Top 25 U.S. Newspapers for March 2013." *Alliance for Audited Media*. http://www.auditedmedia.com/news/research-and-data/top-25-us-newspapers-for-march-2013.aspx (accessed August 14, 2013).

"Twitter." *Encyclopaedia Britannica*. http://www.britannica.com/EBchecked/topic/1370976/Twitter (accessed February 3, 2013).

Twomey, Steve. "The Case of the Vanishing Columnist." *Columbia Journalism Review*, September/October 2005: 25–29.

United States Air Force Public Affairs Center of Excellence. http://www.au.af.mil/pace/ (accessed August 13, 2013).

United States Census Bureau. http://factfinder2.census.gov/faces/tableservices/jsf/pages/productview.xhtml?pid=ACS_11_1YR_B25010&prodType=table (accessed February 6, 2013).

George Unwin, Philip Soundy Unwin, David H. Tucker, and the editors of the *Encyclopaedia Britannica*. "History of Publishing." *Encyclopaedia Britannica*. http://www.britannica.com/EBchecked/topic/482597/history-of-publishing (accessed November 15, 2011).

Urban Dictionary: http://www.urbandictionary.com (accessed July 8, 2013).

Vaughn, Stephen L., ed. *Encyclopedia of American Journalism*. New York: Routledge, 2008.

Wang, Linda. "Barely Hanging On." *Chemical & Engineering News*. November 5, 2012. https://cen.acs.org/articles/90/i45/Barely-Hanging.html (accessed March 30, 2013).

Wang, Linda, interview by Naveed Saleh. (November 19, 2012).

Carlton Ward Jr. "Florida's Last Frontier" (Department: "Living West"). *Cowboys & Indians*, December 2012: 196–203.

Weaver, Caity. "OMG Did Taylor Swift Cheat on Conor Kennedy with His Cousin? Text Me Back When U Get This." *Gawker*. October 10, 2012. http://gawker.com/5950564/omg-did-taylor-swift-cheat-on-conor-kennedy-with-his-cousin-text-me-back-when-u-get-this (accessed January 26, 2013).

Weiner, Rachel. "Obama's Grassroots Operation Will Live On." *The Washington Post*. November 20, 2012. http://www.washingtonpost.com/blogs/post-politics/wp/2012/11/20/obamas-grassroots-operation-will-live-on/ (accessed February 4, 2013).

Weiner, Richard. *Webster's New World Dictionary of Media and Communications*. New York: Macmillan General Reference, 1996.

Weinger, Mackenzie. "Politico." *A Year in Prison, Rod Blagojevich in Good Spirits*. March 15, 2013. http://www.politico.com/story/2013/03/rod-blagojevich-jail-88904.html (accessed March 25, 2013).

Wells, Pete. "As Not Seen on TV." *The New York Times*. November 13, 2012. http://www.nytimes.com/2012/11/14/dining/reviews/restaurant-review-guys-american-kitchen-bar-in-times-square.html?_r=0 (accessed January 27, 2013).

Richard S. Westfall and the editors of *Encyclopaedia Britannica*. Sir Isaac Newton. *Encyclopaedia Britannica*: http://www.britannica.com/EBchecked/topic/413189/Sir-Isaac-Newton (accessed July 9, 2013).

Robert S. Westman and the editors of the *Encyclopaedia Britannica*. Johannes Kepler. *Encyclopaedia Britannica*: http://www.britannica.com/EBchecked/topic/315225/Johannes-Kepler (accessed July 9, 2013).

"What is the difference between jails and prisons?" *Bureau of Justice Statistics*. http://www.bjs.gov/index.cfm?ty=qa&iid=322 (accessed August 13, 2013).

"What Makes a Winning Editorial." *Columbia Journalism Review*, 1997: 50–51.

White, Kate. "Know it All." *Women's Health*, November 2012: 114–118.

Wikipedia. http://www.wikipedia.org.

Willis, Judy. "Neuroscience Insights from Video Game & Drug Addiction." *Psychology Today.* October 29, 2011. http://www.psychologytoday.com/blog/radical-teaching/201110/neuroscience-insights-video-game-drug-addiction (accessed July 11, 2013).

Winship, Scott. "What 'Lost Decade'?" *National Review*, October 1, 2012: 38–40.

Woods, Geraldine. *English Grammar for Dummies.* Hoboken: Wiley Publishing, Inc., 2001.

Worstall, Tim. "Why AOL Should Not Have Bought Huffington Post And Patch." *Forbes.* May 9, 2013. http://www.forbes.com/sites/timworstall/2013/05/09/why-aol-should-not-have-bought-huffington-post-and-patch/ (accessed August 13, 2013).

Jenna Wortham and Amy O'Leary. "Bezos Brings Promise of Innovation to Washington Post." *The New York Times.* August 6, 2013. http://www.nytimes.com/2013/08/07/business/bezos-brings-promise-of-innovation-to-washington-post.html?pagewanted=all (accessed August 13, 2013).

"Would a Man Who Doesn't Support Women Let His Wife Pick Out Any Oven She Wants for Her Birthday?" *The Onion.* October 17, 2012. http://www.theonion.com/articles/would-a-man-who-doesnt-support-women-let-his-wife,29966/ (accessed February 4, 2013).

Writer's Digest Books House Style Guidelines. March 3, 2012.

"Yellow Journalism." *Encyclopaedia Britannica.* http://www.britannica.com/EBchecked/topic/652632/yellow-journalism (accessed November 14, 2011).

Zinsser, William. *On Writing Well.* New York: Collins, 2006.

Zongker, Brett. "Martin Luther King Jr. Memorial In D.C. Has Controversial 'Drum Major' Inscription Removed." *The Huffington Post.* August 1, 2013. http://www.huffingtonpost.com/2013/08/01/martin-luther-king-jr-memorial-inscription-removed-_n_3690744.html (accessed August 13, 2013).

Zongker, Brett. "MLK Memorial 'Drum Major.'" *Huffington Post.* December 11, 2012. http://www.huffingtonpost.com/2012/12/11/mlk-memorial-drum-major-quote_n_2279440.html (accessed January 26, 2013).

“创意写作书系”介绍

这是国内首次系统引进国外创意写作成果的丛书，是关于文学创作的教科书和自学指导。

写作需要天才吗？作家可以教出来吗？文学创作需要什么天赋、才能和技艺？作家的“黑匣子”里到底隐藏着什么样的秘密？如果想自学写作，如何无师自通？如果有几个志同道合的人一起练习写作，如何相互促进？如果有一个作家班，该如何授课？“创意写作书系”为读者提供了一把通往作家之路的钥匙，帮助读者学习写作技巧、克服写作障碍、规划写作生涯。

从书书目

书名	作者	出版日期	阅读参考
《成为作家》	多萝西娅·布兰德	2011 年 1 月	一般指导
《写好前五页：出版人眼中的好作品》	诺亚·卢克曼	2013 年 1 月	一般指导
《创意写作大师课》	于尔根·沃尔夫	2013 年 7 月	一般指导
《诗性的寻找：文学作品的创作与欣赏》	刁克利	2013 年 10 月	一般指导
《你的写作教练》（第二版）	于尔根·沃尔夫	2014 年 1 月	一般指导
《创意写作教学：实用方法 50 例》	伊莱恩·沃尔克	2014 年 3 月	一般指导
《作家创意手册》	杰克·赫弗伦	2015 年 1 月	一般指导
《写作是什么：给爱写作的你》	克莉·梅杰斯	2015 年 10 月	一般指导
《从创意到畅销书：修改与自我编辑》（第二版）	詹姆斯·斯科特·贝尔	2016 年 1 月	一般指导
《开始写吧！：虚构文学创作》	雪莉·艾利斯	2011 年 1 月	虚构写作、练习
《小说写作教程：虚构文学速成全攻略》	杰里·克利弗	2011 年 1 月	虚构写作
《情节！情节！：通过人物、悬念与冲突赋予故事生命力》	诺亚·卢克曼	2012 年 7 月	虚构写作
《畅销书写作技巧》	德怀特·V·斯温	2013 年 1 月	虚构写作
《30 天写小说》	克里斯·巴蒂	2013 年 5 月	虚构写作
《故事工程：掌握成功写作的六大核心技能》	拉里·布鲁克斯	2014 年 6 月	虚构写作
《冲突与悬念：小说创作的要素》	詹姆斯·斯科特·贝尔	2014 年 6 月	虚构写作

《情节与人物：找到伟大小说的平衡点》	杰夫·格尔克	2014 年 6 月	虚构写作
《经典人物原型 45 种：创造独特角色的神话模型》（第三版）	维多利亚·林恩·施密特	2014 年 6 月	虚构写作
《写好前五十页》	杰夫·格尔克	2015 年 1 月	虚构写作
《经典情节 20 种》（第二版）	罗纳德·B·托比亚斯	2015 年 4 月	虚构写作
《故事工坊》	许道军	2015 年 5 月	虚构写作
《弗雷的小说写作坊：劲爆小说秘境游走》	詹姆斯·N·弗雷	2015 年 7 月	虚构写作
《弗雷的小说写作坊：让劲爆小说飞起来》	詹姆斯·N·弗雷	2015 年 7 月	虚构写作
《弗雷的小说写作坊：悬疑小说创作指导》	詹姆斯·N·弗雷	2015 年 10 月	虚构写作
《写小说的艺术》	安德鲁·考恩	2015 年 10 月	虚构写作
《开始写吧!：科幻、奇幻、惊悚小说创作》	劳丽·拉姆森	2016 年 1 月	虚构写作
《小说创作技能拓展》	陈鸣	2016 年 3 月	虚构写作
《故事力学：掌握故事创作的内在动力》	拉里·布鲁克斯	2016 年 4 月	虚构写作
《开始写吧!：推理小说创作》	雪莉·艾利斯	2016 年 7 月	虚构写作
《小说创作谈：重思关于写作技艺的传统观念》	大卫·姚斯	2016 年 10 月	虚构写作
《开始写吧!：非虚构文学创作》	雪莉·艾利斯	2011 年 1 月	非虚构写作、练习
《故事技巧：叙事性非虚构文学写作指南》	杰克·哈特	2012 年 7 月	非虚构写作
《一年通往作家路：提高写作技巧的 12 堂课》	苏珊·M·蒂贝尔吉安	2013 年 5 月	非虚构写作
《写作法宝：非虚构写作指南》	威廉·津瑟	2013 年 9 月	非虚构写作
《写出心灵深处的故事：非虚构创作指南》	李华	2014 年 1 月	非虚构写作
《回忆录写作》（第二版）	朱迪思·巴林顿	2014 年 6 月	非虚构写作
《开始写吧!：影视剧本创作》	雪莉·艾利斯	2012 年 7 月	剧本写作、练习
《好剧本如何讲故事》	罗伯·托宾	2015 年 3 月	剧本写作
《写我人生诗》	塞琪·科翰	2014 年 10 月	诗歌写作
《网络文学创作原理》	王祥	2015 年 4 月	网络文学写作
《写作魔法书：让故事飞起来》	加尔·卡尔森·莱文	2014 年 6 月	虚构写作
《写作魔法书：妙趣横生的创意写作练习》	白铅笔	2014 年 6 月	练习

图书在版编目（CIP）数据

新闻写作的艺术/（美）纳维德·萨利赫（Naveed Saleh）著；陶娟译．—北京：中国人民大学出版社，2017.6
（创意写作书系）
书名原文：The Complete Guide to Article Writing：How to Write Successful Articles for Online and Print Markets
ISBN 978-7-300-23910-1

Ⅰ.①新…　Ⅱ.①纳…②陶…　Ⅲ.①新闻写作　Ⅳ.①G212.2

中国版本图书馆 CIP 数据核字（2017）第 010280 号

创意写作书系
新闻写作的艺术
［美］纳维德·萨利赫　著
陶　娟　译
Xinwen Xiezuo de Yishu

出版发行	中国人民大学出版社		
社　　址	北京中关村大街 31 号	**邮政编码**	100080
电　　话	010－62511242（总编室）		010－62511770（质管部）
	010－82501766（邮购部）		010－62514148（门市部）
	010－62515195（发行公司）		010－62515275（盗版举报）
网　　址	http://www.crup.com.cn		
	http://www.ttrnet.com(人大教研网)		
经　　销	新华书店		
印　　刷	北京联兴盛业印刷股份有限公司		
规　　格	145 mm×210 mm　32 开本	**版　　次**	2017 年 6 月第 1 版
印　　张	10.875 插页 2	**印　　次**	2017 年 6 月第 1 次印刷
字　　数	242 000	**定　　价**	45.00 元